DANS LA MÊME COLLECTION

Nicolas Balzamo, *Les deux cathédrales. Mythe et histoire à Chartres.*

Louis Bardollet, *Les mythes, les dieux et l'homme. Essai sur la poésie homérique.*

Lucian Boia, *Pour une histoire de l'imaginaire.*

Régis Boyer
La mort chez les anciens Scandinaves.
Les Valkyries

Walter Burkert,
Les cultes à mystères dans l'Antiquité.
Homo Necans. Rites sacrificiels et mythes de la Grèce ancienne.
Sauvages origines. Mythes et rites sacrificiels en Grèce ancienne.

Claude Calame, *Mythe et histoire dans l'Antiquité grecque.*
La création symbolique d'une colonie.

David Brunat
Titanic. Mythe moderne et parabole pour notre temps

David Brunat, Antoine Dubuquoy
Steve Jobs. Figure mythique.

Bernard Deforge,
Le commencement est un dieu. Le Proche-Orient, Hésiode et les mythes.
Eschyle poète cosmique.
Le Festival des cadavres. Morts et mises à mort dans la tragédie grecque.
Une vie avec Eschyle.

George Devereux, *Les rêves dans la tragédie grecque*

Salvatore D'Onofrio,
Le sauvage et son double.
Les fluides d'Aristote. Lait, sang et sperme dans l'Italie du Sud.

Jacqueline Duchemin,
Mythes grecs et sources orientales.
Prométhée. Histoire du mythe, de ses origines orientales à ses incarnations modernes.

Christine Dumas-Reungoat, *La fin du Monde. Enquête sur l'origine du mythe.*

Bernard Fricker, *Mythologie, philosophie, poésie.*

Monique Halm-Tisserant, *Cannibalisme et immortalité.*
L'enfant dans le chaudron en Grèce ancienne.

François Jouan, Bernard Deforge, *Peuples et pays mythiques.*

Peter Kingsley, *Empédocle et la tradition pythagoricienne.*
Philosophie ancienne, mystère et magie

Pierre Lévêque, *Colère, sexe, rire. Le Japon des mythes anciens.*

VÉRITÉ DES MYTHES

Collection dirigée

par

Bernard Deforge

DANS LA MÊME COLLECTION (suite)

Alain Moreau,
Le mythe de Jason et Médée. Le va-nu-pied et la sorcière.
La fabrique des mythes.

Pierre et André Sauzeau, *La quatrième fonction. Altérité et marginalité dans l'idéologie des Indo-Européens.*

Bernard Sergent, *Athéna et la grande déesse indienne.*

Pierre Sineux, *Amphiaraos. Guerrier, devin et guérisseur.*

Reynal Sorel, *Chaos et éternité. Mythologie et philosophie grecques de l'Origine.*
Dictionnaire du paganisme grec. Notions et débats autour de l'époque classique.

Lucie Thévenet, *Le Personnage : du mythe au théâtre. La question de l'identité dans la tragédie grecque*

Pascal Thiercy, *Aristophane. Fiction et dramaturgie.*

Robert Triomphe, *Le lion, la vierge et le miel.*

SOURCES

Le papyrus de Derveni, traduit et présenté par Fabienne Jourdan.

Régis Boyer,
Deux sagas islandaises légendaires.
Les sagas légendaires.
Les sagas miniatures.

Luc Brisson, *Le sexe incertain. Androgynie et hermaphrodisme dans l'Antiquité gréco-romaine.*

Peter Kingsley, *Dans les antres de la sagesse. Études parménidiennes*

Giovanni Pugliese Carratelli, *Les lamelles d'or orphiques. Instructions pour le voyage d'outre-tombe des initiés grecs.*

À PARAÎTRE

Régis Boyer, *En lisant Saxo Grammaticus, le passé légendaire du Danemark.*

Jacquy Chemouni, *Savoir ou révélation : la mythologie entre Freud et Jung.*

MYTHANALYSE DE LA ROME ANTIQUE

JOËL THOMAS

MYTHANALYSE
DE LA
ROME ANTIQUE

Préface de Paul Veyne

vérité des mythes

PARIS
LES BELLES LETTRES
2015

DU MÊME AUTEUR

*Structures de l'imaginaire dans l'*Énéide, Paris, Les Belles Lettres, 1981, rééd. 2015.

*Le dépassement du quotidien dans l'*Énéide, *les* Métamorphoses *d'Apulée et le* Satiricon. *Essai sur trois univers imaginaires,* Paris, Les Belles Lettres, 1986.

*L'Arbre et la Forêt dans l'*Énéide *et l'*Énéas. *De la psyché antique à la psyché médiévale*, Paris-Genève, Champion-Slatkine, 1997, en collaboration avec Pierre Gallais.

Introduction aux méthodologies de l'imaginaire (J. Thomas dir.), Paris, Ellipses, 1998.

Virgile, *Bucoliques, Géorgiques*, Paris, Ellipses, coll. « Textes fondateurs », 1998.

Mythes et littérature, Paris, PUF, coll. « Que sais-je ? », 2002 (rééd. 2012), en collaboration avec F. Monneyron.

L'Imaginaire de l'homme romain. Dualité et complexité, Bruxelles, Latomus, 2006.

www.lesbelleslettres.com

Retrouvez Les Belles Lettres sur Facebook et Twitter.

ISBN : 978-2-251-38570-9

En hommage à Gilbert Durand, *magistro et amico*

À Arlette et Juliette

Préface

Osons le dire, ce qu'on va lire sous la plume de Joël Thomas me paraît être fondamental en son domaine. Si Vladimir Nabokov, qui fut longtemps professeur de littérature, avait daigné quitter le XIXe siècle et parler de l'*Énéide*, il aurait su montrer en quoi, dans le domaine esthétique, l'*Énéide* était du grand art ; dans le domaine philologique, les latinistes anglo-américains, ou encore Eduard Norden, ont su résoudre, vers par vers, mot par mot, les nombreuses difficultés de cette épopée ; certains ont même osé reconnaître que le voyage d'Énée dans les Enfers n'était qu'une sorte de songe. Mais peut-on s'en tenir là ? Depuis un siècle, les formalistes russes et allemands ou la narratologie française ont apporté une nouvelle vision des textes ; la philologie classique ne peut que s'enrichir de ces disciplines nouvelles.

Dans le présent livre, somme des réflexions de toute une vie d'érudit, J. Thomas fait contribuer à notre compréhension des textes une autre nouvelle discipline, la mytho-analyse de Gilbert Durand ; il montre quelles sont les assises profondes, les structures privilégiées de l'imaginaire humain : structures qui étayent l'*Énéide*, et qui confèrent à la légende d'Énée, à laquelle les lecteurs antiques croyaient fort peu, sa force de conviction et, pour ainsi parler, sa vérité profonde, source de l'intérêt que nous portons à ses aventures.

Je me sens honoré et heureux de préfacer ce livre, élégamment et vivement écrit, mais je ne suis pas sûr d'en être digne, car les structures de l'imaginaire, la mytho-analyse, étaient pour moi, avant lecture de ce livre, une *terra incognita*. Que ceux de mes lecteurs, latinistes ou non, qui partagent mon ignorance se rassurent : dans ce livre, J. Thomas, non content d'analyser l'imaginaire virgilien (et, au passage, plus d'un autre imaginaire littéraire aussi), commence par faire un exposé (très personnel, semble-t-il) de cette mytho-analyse dont je vais bientôt tenter de suggérer brièvement combien elle s'impose à l'esprit. Pour beaucoup de lecteurs, ce livre va donc être une heureuse surprise et aussi une source de bénéfices de tout ordre, car, dans bien des domaines, antiques et modernes, la culture littéraire et philosophique de J. Thomas est très étendue et déborde sur les lettres contemporaines, les littératures orientales et même, parfois, les conclusions actuelles de la science physique.

Je ne vais pas résumer la doctrine de G. Durand ni l'exposé critique qu'en donne J. Thomas. Bornons-nous à suggérer quelle est la saveur de cette mytho-analyse, dont la méthode est de réfléchir, de rêver sur des récits légendaires, d'en apercevoir les structures et de conceptualiser celles-ci, comme fait toute théorie scientifique ou philosophique. Mais laissons les concepts et racontons. Dans l'*Énéide*, le poète païen Virgile raconte comment, sur l'ordre du Ciel, du Destin, son héros, Énée, quitte Troie, sa patrie, s'exile et va s'installer au loin dans une autre patrie qui est promise à un grand avenir. Voilà qui nous rappelle quelque chose : dans une des premières pages de la Bible juive et chrétienne, le Seigneur Dieu dit à Abraham : « Quitte Ur, ton pays, et va dans un pays que je te dirai, ce sera le tien ; je ferai de toi une grande nation » (*Genèse*, XII, 1-4). Il y a, pour notre imagination, je ne sais quoi de prenant dans ces histoires d'émigrants dont la fondation est promise à un grand avenir.

Mais parcourons l'*Énéide* : y sont détaillés, dans les aventures d'Énée, émigré et fondateur, d'autres schèmes mythiques qui s'imposent pareillement : le voyageur, le guerrier, l'amant. Oui, les fables, légendes et mythes sont d'abord une littérature orale, faite à plaisir, mais ce plaisir repose sur les assises universelles de notre imagination. Pour atteindre la terre que Dieu a promise à son peuple élu, les enfants d'Abraham devront s'échapper de la prison d'Égypte, et Énée devra s'arracher à l'amoureuse prison de la belle Didon. Ce n'est pas tout : pour s'établir dans la terre qui leur a été promise, les Hébreux devront livrer de longues guerres, et Énée devra combattre pareillement pour s'établir en Italie, où le Ciel veut que s'élève bientôt la cité promise, Rome, maîtresse du monde ; l'*Énéide* se structure à la fois sur l'univers disparate des images et sur un devenir tendu dans une progression héroïque.

Mais le héros ne parviendra que difficilement au terme de cette progression ; pour fonder en Italie, dans le Latium, sa nouvelle patrie, Énée devra d'abord livrer une dure guerre avec quelques-uns des peuples du pays. Et pourtant, après leur victoire, les compagnons d'Énée se mêleront aux nations italiennes vaincues, s'uniront avec elles ; les uns et les autres ne feront plus qu'un seul et même peuple, qui s'appellera un jour le peuple romain. Fallait-il donc, feint de se demander Virgile (*Énéide*, XII, 503), que s'affrontent d'abord si atrocement des peuples destinés à vivre bientôt unis en une paix éternelle ? Oui, se plaît à penser notre imagination, car rien n'est jamais solidement fondé, sauf sur une atrocité inaugurale et par le dépassement d'un conflit ; la seule union sincère est celle qui a dû démentir une désunion initiale. Il y a une connivence entre la violence et l'ordre, entre l'exclusion initiale et la fusion. Et puis, ajoute J. Thomas, cet antagonisme fondateur était aussi une façon d'exonérer l'empereur régnant, Auguste, des guerres civiles qui avaient précédé son avènement salvateur… Mais enfin, à ce prix, il y a un glorieux retour à l'origine, ou plutôt un nouveau départ encore meilleur que le départ initial : c'est la re-fondation d'« une Troie rendue encore plus grande » (*Énéide*, III, 462, où *ingentem* est un résultatif, une prolepse) ; car les Troyens ont apporté la civilisation aux Italiens valeureux mais rudes (*Énéide*, I, 264, où *viris* désigne les « féroces Italiens »), qui apportent de leur côté cette vigueur au métissage dont sortira la puissance romaine. Ces derniers mots ramènent la légende troyenne à ce que Virgile et ses lecteurs pensaient être la réalité de leurs origines. « Énée construit Rome comme une seconde Troie, en mieux », car cette nouvelle Troie sera reconquise et méritée (Thomas, p. 44).

Méritée, de par le principe d'antagonisme : rien ne sera durable qui n'a pas été coûteux. Un héros « ne peut pas faire l'économie du voyage, qui lui permet de se surpasser » en surmontant les épreuves qu'il rencontre sur sa route ; en parcourant l'espace, il tisse son propre espace intérieur et c'est pourquoi les héros voyageurs deviennent aussi des fondateurs ; ils peuvent l'être lorsqu'ils se sont fondés eux-mêmes. L'*Énéide* se déroule à deux niveaux : à un niveau eschatologique, car son héros est ou se fait l'instrument de la Volonté céleste, et à un niveau initiatique, qui fait de l'épopée virgilienne un roman individuel d'éducation ; au prix de celle-ci, de la médiocrité humaine enfin éduquée, dépassée, sortira le héros de génie, le Fondateur. Le héros se construit lui-même, préparant par là la construction d'un monde nouveau.

Roman d'éducation, donc. Dans sa propre fondation, le héros trouvera enfin sa place à lui, sa vraie place, ce qui est la fin de toute sagesse humaine, écrit J. Thomas. Ce « thème très stable, splendidement monotone », de la réintégration du voyageur exilé, devenu fondateur au terme de son exil initiatique, « irrigue de façon pérenne tout l'imaginaire de l'individuation, de l'épopée de Gilgamesh aux formes modernes du roman d'apprentissage ». Peut-on concevoir une existence héroïque sans guerre, sans expédition, sans amour et ne fondant enfin rien de grand ? Même le chef-d'œuvre de la non-épopée, que dis-je, de l'anti-roman, le roman de l'insipidité de la vie de tout homme (à l'unique exception de l'Artiste), j'ai nommé *L'Éducation sentimentale* de Flaubert, a néanmoins une Didon en Mme Arnoux, sous peine de n'avoir plus aucune colonne vertébrale, faute de reposer sur quelque grande et convaincante assise de l'imaginaire.

Le héros de *L'Éducation* (roman ainsi nommé par antiphrase) est insipide parce qu'il n'a pas eu la Révélation, cette césure verticale qui tranche le fil de l'existence d'un vrai héros. Car un héros achève de s'éduquer au prix d'une initiation, d'une rupture intérieure, d'une plongée révolutionnaire au fond de soi-même ; peu importe que tout lui soit révélé par un gourou, par une lecture ou, comme Énée, au prix d'un retour à « l'image du père ». En effet, au chant VI, Énée descend sous terre pour retrouver son défunt père aux Enfers, dans une sorte de Paradis souterrain des morts bienheureux ; il y apprend de son père (ou finit par découvrir en lui-même) qu'une destinée comme la sienne vaut d'être vécue (*Énéide*, VI, 719 *sqq.*). Pour le découvrir, il lui a fallu descendre dans la grande Nuit, le grand jour ne pouvant naître que de la nuit, son antagoniste. Ayant touché le fond souterrain du monde, Énée ne peut remonter que transformé.

Ces mots décisifs d'Anchise ramènent la légende troyenne à ce que Virgile et ses lecteurs pensaient être la réalité profonde de leurs origines et le secret de leur puissance : le métissage, nous l'avons dit. « Fondation et conservation vont de pair, le passé est conservé dans l'émergence créatrice. C'est le contraire d'un racisme ; il suffit de voir le nombre d'empereurs étrangers, la multiplication du droit de cité ; l'Empire romain a été un vaste lieu de métissage », martèle J. Thomas ; la réception d'autrui est la clé de l'histoire romaine. Rome s'est construite sur le principe d'un pouvoir centralisé et d'un métissage fédéré ; « les instances antagonistes sont génératrices d'émergence et de complémentarité » (p. 211).

Évoquons, pour finir, les réflexions de J. Thomas sur la conception gréco-romaine de la temporalité, sur l'alternance entre le *kairos* ou *punctum* (rupture dans le cours du temps, occasion à saisir, certes, mais aussi instant de la conversion, de la révélation, de la prophétie) et la *scholè*, l'*otium*, qui n'est pas le loisir, mais le « lâcher-prise » par rapport à la vie quotidienne, la sortie de soi, l'ouverture au cosmos et à soi-même, et, donc, la préparation au *kairos*. Mon auteur évoque aussi « le temps de la prophétie », cette quatrième dimension de la temporalité, car la prophétie est donnée en synchronicité, par-delà la flèche du temps (p. 258). Voilà qui m'a fort intéressé, au titre de simple traducteur de Virgile, qui a toujours reculé devant la tâche de voir plus large que le mot à mot, que le vers à vers.

Or, au chant V, celui des Jeux funèbres, je me suis heurté, comme tout le monde, à quelques vers énigmatiques, objets de grandes discussions : durant le concours de tir à l'arc, la flèche tirée par Aceste s'enflamme en plein ciel et disparaît dans les nuées. Énée salue ce prodige et y voit l'annonce d'un grand et heureux événement, mais ne dit pas quel sera cet événement et laisse dans l'ignorance ses compagnons et le lecteur. Je ne suis pas le premier, mais peut-être bien le second seulement, à dire que le prodige annonce la bataille d'Actium, victoire d'Auguste et du dieu archer Apollon, et que telle est la clé de l'énigme. Mais comment Énée le sait-il, et le sait-il vraiment ? Il sait sans savoir, il est conscient sans l'être vraiment, il « vit » Actium comme s'il en était contemporain ; car les prophéties « sont données dans une globalité et dans un souffle de grand large qui exclut nos repères et nos parapets habituels » (p. 259). Mon collègue Joël Thomas, quand il lira cette hypothèse sur le prodige de la flèche, pourra me dire ce qu'il en pense.

Paul Veyne

Introduction

« Ce qui demeure, les poètes le fondent. »

HÖLDERLIN, *Andenken*

Crede mihi, plus est quam quod videatur imago.
« Crois-moi, l'image, c'est plus que l'image. »

OVIDE, *Héroïdes*, XIII, 53

Les mythes apparaissent en même temps que l'imaginaire humain, car ils sont liés à deux de ses capacités essentielles : l'invention et l'imagination. Les scientifiques s'accordent à penser que la première forme de pensée mythique est apparue dès l'époque préhistorique, lorsque, pour la première fois, un homme a pu évoquer, par exemple, la présence d'un guépard tapi dans la savane non pas comme une menace réelle, mais *in absentia*, comme une menace virtuelle, qui l'obligeait à prendre des dispositions pour se défendre. C'est là que l'homme se sépare de l'animal qui réagit au stimulus. Pour une antilope, la mort, c'est le guépard, ce n'est pas une abstraction. Elle ne peut projeter une image du guépard si elle ne le voit ni ne le sent. C'est la limite de l'animal, qui se fait alors surprendre par ce qu'il n'a pu visualiser *in absentia*. L'homme, lui, a la capacité d'imaginer cette menace invisible sans la voir : il construit une image du guépard aussi « réelle », aussi « vraie » que le guépard lui-même, car elle lui permet d'échapper au danger d'une attaque, et à la mort qui va avec. Dès l'instant où il a fait cela, il a inventé la pensée symbolique[1]. Benveniste a bien montré que, par opposition au signal naturel (la mise en alerte d'un troupeau d'antilopes devant l'arrivée d'un jaguar), le signe humain est à la fois complexe et arbitraire ; il passe par une valeur ajoutée : le sens qui lui est conféré par la présence de l'élément symbolique.

De même, par opposition au besoin animal, le désir humain est tout à la fois infini et indéfini, inassouvi, refoulé, sublimé, réinvestissant la psyché sous des formes camouflées, par le biais du symbolique : c'est précisément ce dont s'occupe la psychanalyse[2]. Car le contrepoint de cette faculté anticipatrice de l'être humain, c'est qu'elle développe simultanément l'angoisse du danger caché. Les dangers imaginés s'ajoutent aux agressions réelles. Et la pire d'entre elles sera, pour un homme, l'évocation de sa propre mort à venir. La psyché humaine a heureusement deux façons de répondre à cette anxiété :

– quand le danger est concret, elle a la faculté néoténique, la faculté d'invention d'objets, de techniques et de stratégies qui aident à se prémunir contre lui ;

– mais elle développe aussi une capacité d'évocation du danger sous la forme du récit mythique, qui prend alors une valeur apotropaïque. C'est déjà, en quelque sorte, l'invention de la psychanalyse : dit à travers le récit mythique, le danger est en partie dépassé[3].

---

1. Et par voie de conséquence la pensée mythique, si l'on s'en tient à la définition la plus commune selon laquelle un mythe est un ensemble de symboles qui s'organisent en séquences cohérentes, et donc en récit.

2. Cf. L. Nacache, *Le Nouvel Inconscient. Freud, Christophe Colomb des neurosciences*, Paris, Odile Jacob, 2006.

3. On voit combien le verbe « démythifier » a évolué dans l'imaginaire moderne, puisqu'il a pris le sens d'« échapper à une illusion », alors que, dans les sociétés traditionnelles, le mythe se fixe inversement pour objet de révéler une réalité essentielle cachée.

Sur ce plan, tous les mythes peuvent être ramenés à une structure simple, liée à une inquiétude existentielle cruciale : la création du monde, sa fin possible, la mort des individus, l'existence de la souffrance et du mal. Ainsi, les mythes obéissent à un schéma structurel très stable, qui s'organise à travers le récit en trois temps :

– l'identification d'une inquiétude, d'une peur, concrète ou existentielle ;

– la formulation de ce schéma dans une mise en scène : une paire d'opposés incompatibles ;

– la résolution du dilemme et de l'aporie initiale, à travers la découverte d'une solution, qui soulage l'anxiété, et dépasse le problème originel.

En quelque sorte, les mythes sont faits pour dire et dépasser les angoisses humaines, et leur apporter des réponses. Voici pour l'étiologie, pour la question « pourquoi les mythes ? ». Mais peut-on aborder la question du « comment ? », et repérer une dynamique, des structures organisatrices, un système du mythe ?

L'APPORT DE GILBERT DURAND

Un de ceux qui y ont le mieux répondu est sans doute Gilbert Durand. À la suite de Jung et de Bachelard, il franchit une étape majeure en nous proposant une typologie générale de l'imaginaire, une mise en évidence des processus d'organisation qui permettent de classer les images en trois grandes constellations. Rappelons-en les grandes lignes. Enchaînant sur les travaux de M. Eliade, Durand part d'une bipartition régime diurne/régime nocturne, et repère, à l'intérieur du régime nocturne, une nouvelle bipartition entre nocturne synthétique et nocturne mystique. Cette structure peut sembler un peu ambiguë : on se demande si elle relève d'une logique binaire (deux régimes de l'imaginaire, diurne et nocturne) ou ternaire (trois schèmes archétypaux : distinguer, relier, confondre). À la lumière des acquis de la systémique, il serait sans doute intéressant de conserver la typologie, mais d'en modifier la présentation, que nous orienterions vers la définition d'un système : entre les figures du Père et de la Mère, la figure du Fils (ou de la Fille) apparaît comme une émergence, qui relie les deux mondes diurne et nocturne, et leur donne sens tout en les dépassant (cf. tableau *infra*). La démarche héroïque du Fils-voyageur et fondateur (qui tient une place importante dans le corpus mythologique) apparaît alors comme l'acte d'un passeur et d'un médiateur, qui construit le monde en se construisant, dans une progression à la fois anagogique et initiatique, proche du processus jungien d'individuation :

RÉGIMES	**DIURNE**	**NOCTURNE**	
	schizoïde	**synthétique**	**mystique**
Mots-clefs	**distinguer/ séparer**	**réconcilier les opposés**	**confondre, fusion**
	PÈRE	**FILS/FILLE métamorphose**	**MÈRE repli utérin**
Caractéristiques	Raison, lumière, connaissance	Progression, apprentissage	Intuition, folie, enthousiasme
FIGURES	**HÉROS**	**INITIÉ (voyageur) (passeur)**	**AMANT**
Dominantes	posturale (haut/bas) aurore/crépuscule	copulative rythme	digestive
Représentations mythiques	**APOLLON**	**HERMÈS**	**DIONYSOS**

Ainsi, le récit mythique est vivant, car il dit l'histoire du héros, et en même temps il la transmet, non comme un modèle, mais comme un germe à développer en soi. Le mythe va vers son lecteur, mais le lecteur devra aller vers le mythe pour que la charge mythique soit efficace. On le voit, la définition de la charge dynamique et créatrice des symboles, chez

Durand, est tout aussi forte, innovante et originale que sa typologie. Pour lui, l'imaginaire est un système, un dynamisme organisateur des images qui leur confère une profondeur en les reliant entre elles. Participant de cette définition de l'imaginaire, dont il est une représentation organisée, le mythe est donc une forme symbolique mobile, malléable, mais en même temps « immortelle », qui renaît de ses cendres même quand il semble avoir été perdu. Cette plasticité lui permet d'amortir les différences, de les transformer, et même de s'en nourrir. Loin d'être une construction univoque, éternisée, craintivement conservée, le mythe constitue une matrice archétypale à partir de laquelle l'imagination recrée, régénère, construit de nouvelles histoires. L'atlas mythique est en perpétuelle transformation. Le mythe est à la fois une mémoire et une respiration, les deux étant liées et indispensables à la vie.

Il faut donc prendre en compte un autre paramètre, qui découle de ce que nous venons de dire. Les mythes bougent, s'éparpillent en une multiplicité de variantes, susceptibles d'être reprises, modifiées. M. Eliade nous parlait de « survivance et camouflage des mythes » dans le monde contemporain[4]. La vision de G. Durand est plus positive, et fait la part belle aux mythes, y compris dans nos sociétés. Là aussi, Durand a beaucoup à nous dire. Il repère, en diachronie, et à un moment donné, trois tropismes, qui débouchent sur trois familles de mythes : des mythes finissants, ceux des générations précédentes, devenus obsolètes ou obsolescents ; des mythes dominants, ceux qui s'imposent dans la société ; enfin, des mythes naissants, qui seront ceux de la société de demain. Ce sont les plus difficiles à repérer, car ils sont encore à peine émergents. Tous ces mythes sont à la fois dans le monde, et au-delà du monde. Ils incarnent notre temps, mais ils sont au-delà de notre temps. Jung nous a aidés à le comprendre. Comme le dit Salloustios, parlant des mythes, « ces événements n'eurent lieu à aucun moment, mais existent toujours » (*De deis et mundo*, IV, 9) ; ils s'inscrivent à la fois dans une actualité et dans une pérennité qui dépasse l'instant historique. C'est pour cela que les figures mythiques sont toujours les mêmes, et sont celles qui étaient déjà dans la mythologie grecque. Par exemple, on donnerait une bonne

4. M. Eliade, « Survivance et camouflage des mythes », *Diogène*, 1963, vol. 41, p. 3-27.

description de l'évolution de notre Europe depuis le XIXe siècle en disant qu'elle a été successivement sous l'influence de Prométhée (l'Europe industrielle, coloniale et prédatrice), puis d'Hermès (la révolution des transports, puis des télécommunications et de la « toile » informatique). Toute cette organisation constitue ce que G. Durand appelle un bassin sémantique, structuré un peu à la manière d'un fleuve, par naissance d'une source, ruissellements, confluences, et finalement perte dans un delta. Dans cette perspective, l'étude anthropologique des mythes relèvera de ce que G. Durand nomme la mythanalyse, et l'étude plus particulière des mythes dans leur expression littéraire constituera un domaine spécifique : la mythocritique.

Il en ressort qu'un mythe se décline donc bien au pluriel, s'orientant vers des polarités et des tropismes actualisant chacun une partie du message herméneutique virtuel qui lui est immanent ; le mythe est une *unitas multiplex*. Au terme de ces différents parcours, le mythe apparaît bien comme une forme autoplastique et créative, cette créativité reposant paradoxalement sur une certaine démythisation, c'est-à-dire sur une altération de sa transmission littérale, sur un affaiblissement des attitudes d'adhésion, qui, dans la labilité labyrinthique du récit, laissent place à une liberté et une subjectivité apte à se réapproprier la forme et le sens, la syntaxe et la sémantique du mythe : d'où, en même temps, une remythisation par chaque époque des mythes qu'elle fait siens.

Dans ce contexte, en quelques dizaines d'années, la mythocritique a forgé des concepts opératoires, dynamisé l'analyse des textes, rajeuni l'approche des mythes littéraires : sur ce plan, G. Durand est vraiment un fondateur. Pour un excellent panorama des études sur l'imaginaire, on se référera utilement au livre de Lucian Boia, *Pour une histoire de l'imaginaire*[5], et à celui de Jean-Jacques Wunenburger, *La Raison contradictoire. Sciences et philosophie modernes : la pensée du complexe*[6]. Dans une perspective plus méthodologique, on pourra consulter *Questions de mythocritique* (D. Chauvin, A. Siganos et Ph. Walter dir.)[7], et

5. Paris, Les Belles Lettres, coll. « Vérité des mythes », 1998.
6. Paris, A. Michel, 1990.
7. Paris, Imago, 2005.

Introduction aux méthodologies de l'imaginaire (J. Thomas dir.)[8]. Sur la pensée mythique, on se référera avec profit au livre d'A. Moreau, *La Fabrique des mythes*[9], et surtout, dans la perspective qui est la nôtre, au livre de B. Deforge, *Le commencement est un dieu. Le Proche-Orient, Hésiode et les mythes*[10], qui nous donne une des meilleures définitions du mythe comme forme matricielle et constitutive de l'imaginaire humain. Il propose en particulier une étude historique de l'émergence des mythes dans les grandes civilisations méditerranéennes, une approche des différentes herméneutiques, et, en matière de bilan, un manifeste en quatre points, très heuristique pour notre propos : 1) la pensée mythique n'est pas obsolète ; 2) nous ne connaissons les mythes qu'à travers les mythologies, qui ont elles-mêmes leurs propres lois d'écriture[11] ; 3) les mythes ont un sens ; 4) le mythe est une référence originelle.

L'APPORT DE LA SYSTÉMIQUE

On a vu qu'un système, c'est le dépassement de deux polarités par une troisième instance, qui n'en est pas la simple somme, mais assume des caractéristiques nouvelles : ce que l'on appelle une émergence. Nous tenons là la définition de la complexité, et nous allons voir que cette complexité caractérise les récits mythologiques, à tel point que l'on a pu créer un nouveau paradigme explicatif : la notion de système mythologique. On ne comprend chaque épisode que si on le replace dans un contexte signifiant, dans un réseau qui lui donne sens. Ainsi, dans un contexte holiste, les récits s'éclairent les uns les autres, un peu à la manière dont, dans la mythologie hindoue, chaque perle du collier d'Indra reflétait l'ensemble du collier. La partie est dans le tout, mais le tout est dans la partie. Cela détermine une sorte de fraternité de ces familles terribles de marâtres, de fils incestueux, de parricides ou de

8. Paris, Ellipses, 1998.

9. Paris, Les Belles Lettres, coll. « Vérité des mythes », 2006.

10. Paris, Les Belles Lettres, coll. « Vérité des mythes », 1990 (2e édit. 2007).

11. Cf. là-dessus F. Monneyron et J. Thomas, *Mythes et littérature*, Paris, PUF, « Que sais-je ? », 2002 (2e édit. 2012).

matricides que la mythologie nous donne à voir. On ne comprend l'un d'eux que par rapport aux autres. Mieux : la diaspora de toutes ces grandes familles visitées par la tragédie (les Atrides, les Labdacides, etc.) part d'une origine unique : la guerre de Troie et les *nostoi*, les retours. C'est donc bien tout un réseau, une toile, un « web », qu'il est nécessaire de repérer pour replacer chaque épisode de cette vaste tragédie dans son contexte relationnel.

J. Boulogne nous propose une exploration systémique du mythe de Médée particulièrement probante[12]. Elle met en évidence la façon dont chaque mythe naît de l'accumulation de mythologèmes, c'est-à-dire d'unités de significations minimales communes à plusieurs mythes. Par exemple, J. Boulogne montre comment, autour de la figure de Médée, se cristallise un réseau complexe, mais cohérent, de divers mythologèmes, puisqu'il permet de dégager la différence spécifique de Médée : parmi toutes les infanticides, c'est la seule à obéir à un principe majeur, qui affirme l'égalité des sexes. On arrive alors, à travers le foisonnement des versions littéraires du mythe, à repérer la spécificité de la figure de Médée : différente des amoureuses résignées et délaissées, comme Ariane et la plupart des femmes mythiques des *Héroïdes* d'Ovide, mais différente aussi, à l'inverse, des Amazones castratrices et des Danaïdes réfractaires au mariage. Médée, elle, dans sa trajectoire bien spécifique, recherche une relation d'égalité avec l'autre sexe, ce qui, dans une société fondamentalement patriarcale, ne peut que lui attirer de sérieux ennuis, et la conduire au scandale et à la tragédie. L'analyse systémique apparaît alors comme une exploration du mythe au-delà des « genres » traditionnels, forcément limités pour en rendre compte : ici, la systémique est bien un outil exploratoire plus performant. Elle postule un dialogue interdisciplinaire, puisque la structure du vivant, comme celle des mythes, est universelle. Il en découle :

– que l'interprétation mythique ne s'oppose pas à l'interprétation scientifique. Bien au contraire, elles sont deux façons complémentaires d'entrer dans le mystère de la complexité du vivant ;

---

12. « Pour une approche systémique de la mythologie grecque. Le cas de Médée », in *Les Systèmes mythologiques*, Lille, Presses du Septentrion, 1997, p. 210.

– que, comme le disait Jung, il y a donc un lien, une grammaire commune, entre tous les domaines d'activité de la psyché : le rêve, le mythe, les structures sociales, les formes naturelles, obéissant aux mêmes dynamismes organisateurs. On comprend mieux que le psychanalyste jungien James Hillman ou le français Robert Desoille aient conduit leurs thérapies à partir d'un « voyage » mythique qu'ils suggéraient à leurs patients.

Revenons sur un point des théories de G. Durand sur l'imaginaire : la complémentarité entre mythanalyse et mythocritique. On l'a dit, la mythanalyse est une méthode d'analyse scientifique des mythes qui en tire non seulement le sens psychologique, mais aussi le sens sociologique [13]. Élargissant le champ individuel de la psychanalyse, la mythanalyse repose sur l'affirmation d'un « polythéisme » de la psyché [14] (particulièrement heuristique dans le cas de l'Antiquité classique) ; mais, comme l'ont bien montré J.-P. Vernant [15] et M. Detienne [16], et comme l'avait pressenti P.-A. Sorokin [17], cette mythanalyse psychologique se relie directement à une acception sociologique, puisque les mythes sont passibles d'une analyse socio-historique, et que dieux et héros apparaissent et disparaissent selon un rythme scandé par les moments et les mouvements de l'histoire.

Quant à la mythocritique, elle se situe dans une forme littéraire précise, une œuvre (poétique, épique, tragique) qui raconte le mythe et le met en forme. Car, comme le souligne E. Cassirer dans *La Philosophie des formes symboliques* [18], mythe et langage ne sont pas séparables. Ce sont deux modalités d'une seule et même pulsion de la mise en forme symbolique. Ainsi, selon la bonne formule de M. Detienne, la mythologie rassemble en elle les vertus originelles du parler et du croire [19]. Les récits mythologiques

13. Cf. G. Durand, *Figures mythiques et visages de l'œuvre*, Paris, Berg international, 1979, p. 313.

14. Cf. J. Hillman, *Le Polythéisme de l'âme*, Paris, Mercure de France-Le Mail, 1982, et D. L. Miller, *Le Nouveau Polythéisme*, Paris, Imago, 1979.

15. Cf. J.-P. Vernant, *Mythe et pensée chez les Grecs*, Paris, La Découverte, 1985.

16. Cf. M. Detienne, *L'Invention de la mythologie*, Paris, Gallimard, 1981.

17. Cf. P. A. Sorokin, *Social and Cultural Dynamics*, Boston, 1957.

18. Paris, Éd. de Minuit, 1972.

19. M. Detienne, *Les Grecs et nous*, Paris, Perrin, 2005, p. 39.

ont besoin d'une forme pour s'incarner. Donc, concomitante du langage – et des formes d'expression du sacré –, la mythologie se voit assigner une fonction centrale dans l'élaboration de l'imaginaire humain. Elle est la terre natale de toutes les formes symboliques.

Mais, puisque mythe et langage ne sont pas séparables, sont irrigués avec la même efficacité, il convient d'étudier aussi le mythe dans la cristallisation littéraire ou iconographique à travers laquelle il se donne à voir. C'est le rôle que se fixe la mythocritique, que l'on peut définir comme la mise en évidence, chez un auteur, dans une œuvre et une époque données, de certains mythes directeurs, analysés dans leurs transformations significatives. La mythocritique montre donc comment tel trait personnel de caractère de l'auteur contribue à la transformation de la mythologie en place ou, au contraire, accentue tel ou tel mythe directeur en place.

C'est sur cette distinction (et cette complémentarité) entre mythanalyse et mythocritique que se construira l'axe essentiel de notre étude, qui poursuit elle-même une réflexion amorcée dans un ouvrage précédent[20]. Nous partirons donc d'une relecture de deux monuments de la littérature antique : Virgile, et, en contrepoint, Ovide. Le Moyen Âge ne s'y trompait pas, qui en fit les deux phares, les deux références de la pensée antique romaine, sauvés du naufrage des textes antiques. Or, au-delà de l'homme romain, ces deux artistes de génie nous parlent de l'homme en général, ils parlent à chacun de nous comme si l'*Énéide*, les *Métamorphoses* étaient écrits pour lui. C'est pour cela que leurs écrits trouvent encore un écho dans notre imaginaire. Et ce pont entre antiquité et modernité, dont nous faisons d'abord l'expérience empirique, nous incite donc à une démarche plus rigoureuse et plus scientifique, en ayant recours à nos méthodologies « modernes » pour mieux comprendre l'unité de ce discours mythique.

D'où notre deuxième partie qui, après avoir présenté quelques avancées anthropologiques majeures dont l'étude des mythes ne peut pas faire l'économie, s'attachera plus particulièrement à une mythanalyse du monde antique ou, plus modestement, de certains aspects de l'imaginaire antique, à l'œuvre à la fois dans les mythes et dans l'histoire. C'est

---

20. J. Thomas, *L'Imaginaire de l'homme romain. Dualité et complexité*, Bruxelles, Latomus, 2006.

précisément pour cela que G. Durand assigne[21] deux rôles différents à l'anthropologue et à l'historien : le rôle de l'anthropologue est plutôt de repérer les synchronies, les constantes de sens ; l'historien, au contraire, sera plutôt en situation de distinguer les variations qui constituent la diachronie. Il en ressort qu'une étude globale d'une œuvre se fondera à la fois sur la récurrence et sur la rupture, puisque l'homme n'avance qu'en réconciliant sans cesse ces deux antagonismes, qui sont les moteurs de sa progression, et plus généralement du sens à donner à sa vie. Et le critique littéraire se devra d'emprunter à la fois à la démarche de l'anthropologue et à celle de l'historien ; elles ne lui seront pas de trop pour entrer dans la complexité de l'œuvre. C'est là où les théories de la complexité nous seront précieuses, car cet imaginaire gréco-romain nous apparaîtra d'abord comme un univers de la relation et de la complexité.

21. Cf. G. Durand, *Sciences de l'homme et tradition*, Paris, Berg International, 1975, p. 86.

Première partie

MYTHOCRITIQUE DE LA ROME ANTIQUE : VIRGILE ET OVIDE REVISITÉS

Comme nous le disions, c'est donc un faux problème que de poser un dilemme entre analyses du particulier (l'histoire) et synthèses tendant à proposer un système général (la philosophie). Il n'est d'approche scientifique juste que celle qui relie individuel et transpersonnel. Jung travaille à la fois dans le spécifique (il n'y a pas deux psychés identiques, c'est la base même de la psychanalyse, comme refus de toutes les formes de moule ; et donc il y aura autant de thérapies que d'individus) et dans l'universel (le moi individuel s'élargit dans le Soi, perçu comme inconscient collectif). Appliquée à l'Antiquité classique, cette méthode anthropologique privilégie le principe de la logique d'antagonismes, et du conflit générateur [1], à travers deux propositions :

– tout système provient du conflit de deux attracteurs antagonistes ;

– mais en même temps ce conflit tend à son propre dépassement.

Pour le dire autrement, un monde ne peut advenir que par la séparation, et ne peut exister que dans la relation entre les éléments

1. Cf. là-dessus J. Thomas, *L'Imaginaire de l'homme romain. Dualité et complexité*, Bruxelles, Latomus, 2006, p. 6-15.

séparés. Cette modélisation est particulièrement éclairante, appliquée à des couples d'antagonistes récurrents dans l'imaginaire antique, comme la dialectique ordre-désordre, centrée géographiquement sur une opposition-complémentarité entre le centre et la périphérie. Nous allons en prendre plusieurs exemples, empruntés à la culture de l'Antiquité, et plus particulièrement au monde de l'épopée initiatique, et à la mythologie, puisque l'on ne peut connaître le mythe en soi, mais seulement à travers le prisme de la psyché des créateurs et des artistes qui lui ont donné corps. Et, pour cela, quel meilleur guide que Virgile, ce phare de la pensée romaine, qui lui invente des origines fictives sans doute, mais finalement plus vraies, plus efficaces, que les origines réelles ? Ce sera le premier moment de notre démarche, celle qui se réfère à une mythocritique, et prend en compte la forme du mythe, à travers son écriture.

Nous allons donc nous intéresser à la figure héroïque d'Énée, à la fois dans sa réécriture virgilienne (à partir de l'Énée grec, plus particulièrement l'Énée homérique), puis dans la façon dont elle a été perçue par les générations postérieures.

Posons d'abord les bases d'une typologie de la figure héroïque d'Énée. Si l'on en cherche les caractéristiques, on peut s'accorder à dire qu'il est **un exilé, un guerrier et un passeur**. Ce sont là les traits essentiels, archétypaux, de son profil de héros voyageur et fondateur. Les méthodologies de l'imaginaire vont nous aider à dénouer la complexité de cette figure héroïque paradigmatique de l'imaginaire des Romains.

Chapitre I

QUELQUES PRISMES DE RELECTURE

L'exilé

De la déchéance à l'échéance : figures de l'exil dans l'*Énéide*[1]

« Deux choses menacent le monde : l'ordre et le désordre »

P. Valéry

Navigare necesse est ; vivere non est necesse.

Pompée, *in* Plutarque, *Vies parallèles*

Commençons par un peu de philologie : on accorde, en latin, deux étymologies au terme *exsul* (*exsilium* est dérivé, et plus tardif). La première est fausse, mais elle n'est pas inintéressante, par rapport à l'imaginaire de la période, comme souvent ces étiologies proposées par les « antiquaires », les savants encyclopédistes, Varron et Pline l'Ancien en tête. Elle met en rapport le mot *ex-sul* avec *solum*, le sol (cf. Cicéron, « *Exsules sunt,*

1. Ce développement reprend dans ses grandes lignes l'article « De la déchéance à l'échéance : figures de l'exil dans l'*Énéide* », in *Exils* (H. Carrera dir.), Perpignan, Presses universitaires, 2010, p. 199-210.

etiamsi solum non mutaverint » : « Ils sont en exil, même s'ils n'ont pas quitté le sol de la patrie », et l'expression « *exsilii causa solum vertere* », « changer de sol du fait de l'exil », « émigrer »). L'exilé, c'est alors « celui qui est hors de sa terre natale ».

Mais il existe une autre graphie, *exul*, qui implique une autre étymologie. Elle est systématique dans les inscriptions, la forme *exsul* étant seulement attestée dans les manuscrits. Sur cette base, il faudrait rattacher la forme *ex-ul* à la racine **ul*, que l'on retrouve dans *amb-ul-o*, « marcher, se déplacer ». Cette racine indo-européenne, attestée en celtique, et aussi à travers le grec *alaomai*, « errer », donne un autre sens à *exul* : « celui qui part ». Ernout et Meillet s'accordent, dans leur *Dictionnaire étymologique de la langue latine*, à privilégier cette source.

On remarquera aussi que le mot *exul* peut être rapproché étymologiquement du mot latin *exoticus*, lui-même dérivé du grec *exotikos*, « qui vient de l'extérieur », d'où « étranger », lui-même à l'origine de notre adjectif « exotique » (attesté en 1548 chez Rabelais). Il est intéressant de souligner que les deux mots, proches par leur structure étymologique, transcrivent deux mouvements inverses, deux notions presque opposées : l'exil est subi, alors que l'exotisme nous pousse à aller vers l'autre, à le découvrir. Ce peut être intéressant pour notre problématique, dans la mesure où, devant l'aspect multiforme de l'exil, on peut être tenté de faire un peu d'apophatisme, de le définir par ce qu'il n'est pas. Le champ sémantique couvert par la notion d'exil se situerait ainsi entre deux limites implicites : d'une part la prison, et d'autre part l'évasion, associée à la notion d'exotisme, d'ouverture vers la différence, l'inconnu, l'étranger[2].

Bien qu'a priori on puisse être tenté de rapprocher les deux notions, la prison n'est pas l'exil, parce que, par définition, l'emprisonnement est une stase, une immobilisation. Or pour qu'il y ait exil, il faut qu'il y ait mouvement, déplacement, transfert dans un autre groupe social, et par conséquent échange, confrontation[3]. Le prisonnier n'est donc pas un exilé.

Inversement, et à l'opposé de la prison, la démarche exotique fixe une autre limite. Elle nie elle aussi l'exil, car dans la projection exotique

2. Cf. *Exil et littérature* (J. Mounier dir.), Grenoble, ELLUG, 1986, p. 293.

3. C'est l'intitulé de notre Équipe de recherche perpignanaise, VECT, « Voyages, échanges, confrontations, transformations ».

le voyageur (ou l'écrivain, si le support est un récit littéraire) tente un « tout autrement », et manifeste la volonté d'échapper à lui-même, de donner libre cours à sa curiosité, oubliant au moins temporairement son passé et ses racines : il joue le jeu de la liberté totale, du ressourcement et du dépassement de soi.

Entre ces deux limites se situerait tout le spectre du voyage sous le signe de l'exil. L'expérience de l'exil n'est pas univoque. Elle entretient nécessairement un va-et-vient entre l'ici et l'ailleurs, entre le passé et le futur, entre l'inclusion et l'exclusion, entre la nostalgie et l'espérance, entre le Paradis perdu et la Terre promise. De là vient le malheur de l'exilé, mais aussi sa richesse ; de là aussi son rôle éminent dans la création littéraire. Car exil et retour sont indissociables : pour qu'il y ait exil, il faut toujours quelque injuste exclusion, et toujours aussi quelque espoir de retour ou de refondation.

Voici qui nous ramène à l'*Énéide*. Rome est fondée par un exilé : Énée, prince troyen chassé par la guerre de Troie. D'emblée, cet exil est sans retour : Troie est en cendres. Énée n'a plus qu'à partir devant lui, sur les routes arides de l'exil. Mais cet exil est fondateur, et constitutif. Énée vient de l'est, la terre du Soleil levant et de la naissance, désormais associée à la mort, depuis que la Ville sainte de l'Est, Troie, est morte. Il va donc inverser le cours biologique et naturel des choses : sa marche le conduit d'est en ouest, donc, géographiquement, de l'Orient à l'Occident et, étymologiquement, de la naissance (*oriri*) à la mort (*occidere*). C'est bien le propre de toute démarche initiatique que d'opérer cette inversion : la trajectoire solaire du héros va donc transformer un déclin en renaissance, et faire revivre à l'ouest, terre de la mort, le ferment vital de l'Orient : Troie renaîtra sur les champs romains, la Terre promise de l'Ouest accueillera le rêve enfoui du Paradis perdu oriental. L'exil est la condition même de la régénération. On se souvient du *Récit de l'exil occidental*, de Sohrawardî, au XIIe siècle : l'enfant de l'Orient est envoyé en exil dans une ville occidentale où il est enchaîné et jeté dans un puits (on pense à la caverne de Platon, et on se souvient des origines platoniciennes du soufisme iranien[4]). Il connaît la fatigue, l'oubli, le dégoût ;

4. Cf. H. Corbin, *En Islam iranien II. Sohrawardî et les platoniciens de Perse*, Paris, Gallimard, 1971.

il ne peut sortir de sa prison que la nuit, et encore par moments ; puis une huppe lui transmet un message de sa famille et le guide dans son retour vers l'Orient et son ascension de la montagne cosmique de Qâf. Le même thème apparaissait déjà dans le *Chant de la perle*, ce texte chrétien gnostique du VIe siècle apr. J.-C., issu des Actes apocryphes de Thomas : un jeune prince iranien est envoyé par ses parents en Égypte pour trouver, conquérir et ramener une perle sans prix. Il dépouille la robe de lumière (symbole de l'âme en exil dans le corps) que ses parents lui avaient donnée, et il arrive en terre d'exil, où il est l'Étranger. On lui fait absorber la nourriture d'oubli (qui nous fait bien sûr penser à l'épisode des Lotophages, dans les aventures d'Ulysse) ; puis, après avoir enduré ces épreuves, il se souvient de son origine, de sa mission, trouve la perle, sort d'Égypte et retrouve sa robe de lumière : « Nous étions deux, et pourtant un seul. »

Même message dans le *Colloque des oiseaux*, ce texte persan du XIIe siècle écrit par Farid Ud'in Attar : sous la conduite de la huppe, les oiseaux partent à la recherche de leur roi disparu, un être mythique nommé le Simorgh. Les uns après les autres, ils abandonnent, sous des prétextes fallacieux. Il n'en reste que trente qui ont le courage de continuer la quête ; ils finissent par arriver à la montagne sacrée de Qâf ; ils la gravissent et voient le Simorgh. Mais en persan *si-morgh* signifie aussi « trente oiseaux » : ils étaient le Simorgh et ils ne le savaient pas. Le voyage au pays de l'exil n'a finalement pour but que de faire découvrir que le trésor caché était en soi. Mais on ne fait pas l'économie du voyage en terre d'exil : il faut partir pour revenir.

C'est le même sens qu'il faut donner à ce récit de la tradition kabbalistique hassidique classique, tiré des *Khassidischen Bücher* de Martin Buber : un rabbin vivant dans un petit village de la campagne pragoise voit, à Prague, dans un rêve, un trésor sous un pont gardé par des soldats. Il quitte son village, se rend à Prague et, rôdant sous les ponts, n'osant fouiller, il intrigue un officier, qui l'arrête. Pour justifier son attitude, il lui raconte son rêve ; l'autre lui rétorque : « Mon ami, où irions-nous si nous croyions à toutes ces chimères ! Moi-même, j'ai rêvé cette nuit que je trouvais un trésor caché derrière la plaque de cheminée d'un rabbin, dans un petit village près de Prague ! » Le rabbin comprend alors qu'il s'agit de sa propre maison, retourne en hâte chez lui et découvre le trésor… : la richesse, nous l'avons en nous, mais nous sommes obligés de sortir de nous (c'est un des sens du voyage de l'exil) pour le savoir. Et il faut de surcroît que ce soit un étranger qui nous révèle le sens de notre mystérieux voyage intérieur !

UN EXIL FONDATEUR

Tous ces mythèmes sont déjà dans l'*Énéide* de Virgile, à ceci près qu'Énée ne part pas pour revenir : son voyage d'exil n'est pas circulaire, c'est, si l'on peut dire, un aller simple et non un aller-retour… Mais son exil est bien fondateur. La tragédie du sac de Troie va apparaître, au fil du temps, comme le scandale (au sens étymologique de *skandalon* : « ce qui fait trébucher »), l'écart stimulant qui projette le héros sur les routes de l'exil et lui permet de se construire.

La route de l'exilé se structure alors en itinéraire initiatique, dont le premier moment, la *tabula rasa*, apparaît comme la catharsis nécessaire à la reconstruction et à la fondation à venir. Le sac de Troie est donc la première phase indispensable : la séparation du monde ancien, du « petit moi » personnel ; période déchirante qui le projette sur les routes de l'exil et apparaît, dans un premier temps, comme une injustice, et une tragédie. Cette phase dirimante est immédiatement redoublée avec l'épisode de Carthage, autre renoncement : Énée aurait pu connaître avec Didon l'amour, la famille reconstituée, la royauté partagée ; mais ce bonheur « ordinaire » n'est pas encore pour lui, il doit encore cheminer sur les routes arides de l'exil.

On s'aperçoit alors que tout le processus du voyage d'exil est conçu sur le modèle d'une germination (thème typiquement initiatique) : pendant les sept ans que dure le voyage d'Énée, il concentre sur sa personne tout ce qui était déployé auparavant, et sera redéployé par la suite, et qui se ramène aux trois fonctions duméziliennes fondant une cité totale : celle du prêtre-roi, celle du guerrier, et la fonction économique. Comme le « sommeil » de la graine en hiver, l'exil est une période de latence, de crise, pendant laquelle Énée cumule sur sa personne, dans la matrice maternelle du navire qui le porte avec ses compagnons, trois fonctions :

celle du prêtre-roi, guide de ses compagnons, intercesseur auprès des forces du sacré (son épiclèse la plus fréquente est *pius Aeneas*, le « pieux Énée ») ; celle du protecteur et chef militaire ; et celle du pourvoyeur en nourriture (lors des étapes, c'est lui qui, le premier, part à la chasse, découvre les sources, rallume le feu nourricier). Ce n'est qu'une fois arrivé sur la Terre promise, et au terme des combats décisifs qui conduisent à l'alliance entre les trois peuples constitutifs de la Rome à venir (Troyens, Étrusques et Latins) qu'Énée va redéployer à travers ces trois groupes les trois fonctions qu'il cumulait. Le voyage de l'exil, a rendu possible un véritable métissage fonctionnel ; celui-ci est bien le terreau d'une reconstruction, et le ferment d'un espoir.

Le lien entre échéance et déchéance

Donc, l'exil est toujours un déchirement. Mais il peut avoir une fonction réparatrice, en tant que « déterritorialisation », pour reprendre le néologisme de G. Deleuze. La lecture de l'*Énéide* nous conduit à remarquer que les trois étapes de l'initiation – celles que parcourt Énée – le font passer d'une séparation d'avec l'« ancien monde » à une réintégration dans le monde nouveau. Cela revient à dire que la figure de l'exil est le paradigme le plus efficace pour rendre compte d'une structure initiatique ; mais sous forme d'un exil fécond. On retrouverait la même ambiguïté entre une réussite et un échec potentiel et menaçant, dans la figure du labyrinthe, telle qu'elle est présentée à Énée : au moment où il va affronter (victorieusement) le labyrinthe des Enfers, au début du livre VI, il lui est donné à contempler une figure de l'échec par *hybris*. C'est la légende d'Icare, gravée sur les portes du temple de la Sibylle, Icare dont le père Dédale est le créateur d'un autre labyrinthe, potentiellement négatif et mortifère : le labyrinthe de Crète ; Thésée en vient à bout, et tue le Minotaure, mais il trahit Ariane, et par là même se met dans une situation de déchéance. C'est donc l'exemple de ce qu'il ne faut pas faire qui est montré à Énée avant son épreuve qualifiante.

Le mouvement de l'exil

Le « fil rouge » de la figure de l'exil dans l'*Énéide*, c'est donc cette énantiodromie, ce mouvement d'aller et retour qui relie la déchéance et l'échéance. C'est en cela que l'exil est fort. Il explore les extrêmes. On le voit bien avec la figure d'Énée. Énée va jusqu'au bout de ce qui le sort de la communauté, de ce qui lui ôte l'aide et la chaleur de ses proches. Les circonstances en font un veuf, un solitaire, un désespéré. Il est hanté par la nostalgie de ce qu'il a perdu. Liée à l'exil, nous trouvons la notion de regret, de *desiderium*. Or l'étymologie de *desiderium* rapproche ce mot de la racine de *sidus*, l'astre, qui brille dans le ciel. Le *desiderium*, c'est le regret de ne plus voir la lumière, celle des jours heureux. On pense au vers de Catulle :

> *Fulsere vere candidi tibi soles.*
> « Oui, ils ont brûlé pour toi, ces soleils éclatants » (VIII, 8).

Amoureux délaissé, exilé, même combat, même tragédie. Dans un monde gréco-romain où vivre, c'est voir[5], on mesure l'infortune de l'abandonné, de l'exilé : c'est un aveugle, il avance dans un tunnel, et dans la nuit de son désespoir.

Mais les circonstances ne lui laissent pas le temps de s'abandonner à la nostalgie et au chagrin. Les épreuves mêmes auxquelles il est confronté sont terribles et finissent par être insoutenables. Chez Énée, cela se traduit par une aspiration au suicide, lors de l'épisode de la tempête, au livre I, où il appelle indirectement la mort :

> « Trois et quatre fois heureux ceux qui, sous les yeux de leurs parents, devant les hauts murs de Troie, eurent la chance de trouver la mort ! » (I, 94-96).

Énée a touché le fond. À partir de là, il ne pourra que mourir, ou remonter. Mais il sait d'où il revient, il est allé si près de la mort qu'il a désormais une sorte de familiarité avec elle : il est trempé pour ce qui

5. Cf. F. Frontisi-Ducroux et J.-P. Vernant, *Dans l'œil du miroir*, Paris, 1997.

l'attend. Le mouvement spiralé du voyage ne va cesser de le rapprocher de ce site axial où Troie refleurira dans les champs romains, qui semblaient l'attendre, comme ce royaume de Latinus « endormi » qu'il va réveiller. En ceci, l'exilé oriente bien sa trajectoire vers une échéance positive et féconde. Aucune complaisance chez Énée dans le regret d'un monde qui s'éloigne. Cela ne veut pas dire qu'il ne souffre pas. Mais il surmonte (et là les leçons stoïciennes ne sont pas loin) :

> « Sa raison demeure inébranlée, et c'est en vain que coulent ses larmes » (IV, 449).

Certes, Énée connaît la compassion pour ceux qui, au cours du voyage, restent sur le bord de la route, parce qu'ils sont moins forts, ou simplement parce qu'ils sont du mauvais côté des destins. Sa relation avec Didon est exemplaire sur ce point : à Carthage, au livre IV, elle lui parle, se plaint, et il se tait ; il sait qu'il devra repartir. Mais plus tard, aux Enfers, lorsqu'il rencontre Didon morte, la situation s'est inversée : il lui parle, et c'est elle qui se tait. Preuve que cet homme a un cœur, et que ce cœur saigne (on a trop hâtivement, et sommairement, fait d'Énée un goujat, un égoïste ou un insensible). Son expérience l'ouvre à l'*humanitas*, à l'empathie envers l'autre, à la compréhension de l'altérité. Mais il continue sa route. Pour certains, l'exil devient leur demeure. Ce n'est pas le cas d'Énée.

Dans l'*Énéide*, on « va vers », on parcourt une trajectoire spiralée, ascendante et centripète : on va de la périphérie vers le centre, à la différence de ce qu'on observe dans *La Pharsale* de Lucain, où la trajectoire de César, présenté comme le démon qui détruit Rome par la guerre civile, va de Rome vers Alexandrie, donc du centre vers la périphérie, dans un mouvement centrifuge. Inversement, dans la démarche centripète de l'*Énéide*, Énée n'aura de cesse d'associer ses compagnons (au moins ceux qui auront la force de le suivre, car leur troupe se réduit comme peau de chagrin, à mesure que le héros progresse), puis les populations qui sont liées à la fondation.

Les deux visages de l'exil

Ce sont les deux visages de l'exil dans l'*Énéide*. Il y a d'abord raréfaction, éloignement : les compagnons d'Énée (tels les oiseaux du *Colloque des oiseaux* d'Attar) quittent les uns après les autres la route de la quête, en particulier au livre V, lorsque les femmes de Troie incendient les vaisseaux, pour qu'ils ne puissent pas poursuivre leur route, et se fixent en Sicile. Puis ce monde de la raréfaction bascule du côté de la reconstruction et d'une solidarité complexe substituant les figures de l'alliance à celle de la guerre, les structures tripartites aux structures binaires, l'union à la séparation.

La route de l'exil, dans l'*Énéide*, est pleine de contrastes, et donc fondamentalement ambiguë. C'est pour cela qu'elle paraît à la fois dangereuse et décourageante : on ne sait jamais à quoi on a affaire. Sans cesse se dressent de nouvelles figures de l'altérité. L'exilé est placé dans cette urgence d'apprendre à lire, à déchiffrer les signes qui lui sont donnés à voir, et dont l'interprétation a, pour lui, des conséquences à la fois vitales et potentiellement mortifères. Il a de moins en moins le droit à l'erreur.

Le pauvre Anchise, le père d'Énée, avoue par moments son impuissance. Lors de son premier contact avec l'Italie, lorsqu'il voit quatre chevaux blancs paissant dans une plaine, il cherche à interpréter ce qui ne peut être qu'un présage :

> « Ô terre qui nous reçois, tu nous annonces la guerre : c'est pour la guerre qu'on arme les chevaux, c'est de la guerre que nous menacent ces bêtes puissantes. Mais parfois on les habitue à s'atteler à un char et à se soumettre au joug qu'on leur impose. Il y a donc aussi espoir de paix » (III, 539-543).

Nous voilà bien avancés. L'interprétation n'est d'ailleurs pas fausse, ni si absurde qu'il y paraît, d'un point de vue diachronique, puisque le débarquement d'Énée en Italie suscitera d'abord la guerre, puis une alliance entre les belligérants, et un traité de paix. Comme d'habitude, le problème inhérent à la prophétie, c'est qu'elle est donnée en synchronicité, dans un temps « absolu », par-delà la flèche du temps. Les hommes, pauvres exilés sur terre, ont du mal à se situer dans cette complexité du cosmos, et leurs tentatives apparaîtraient comme ridicules si elles n'étaient pitoyables et émouvantes. Nul mieux que Virgile n'a su le dire.

Mais, dans sa quête, Énée va plus loin que son père. Il apprivoise peu à peu cette ambiguïté. Pour lui, l'expérience de l'exil entretient un va-et-vient entre l'ici et l'ailleurs, entre le passé et le futur, entre la nostalgie et l'espérance, entre le Paradis perdu et la Terre promise, entre l'exclusion et l'inclusion, entre le moi et les autres. De là vient le malheur de l'exilé, mais aussi sa richesse[6].

L'EAU ET L'EXIL

Il est intéressant de voir le rôle privilégié de l'eau comme vecteur de l'exil. Elle s'installe d'emblée dans l'ambiguïté que nous évoquions. Elle est potentiellement mortifère, au même titre que le feu qui ravagea Troie : elle est le milieu instable, inhospitalier sur lequel navigue l'exilé, et elle ne demande qu'à l'engloutir, à l'image de ses monstres, Charybde et Scylla. De surcroît, elle est salée : Bachelard, ce terrien, soulignait combien est inquiétant un élément qui vous tue si vous l'absorbez. Ce n'est pas l'eau régénératrice, c'est celle qui vous empoisonne. C'est aussi celle qui, en vous noyant, vous fait glisser dans les limbes insidieux de l'indifférenciation et de l'oubli : le noyé est privé de sépulture, puisque son cadavre retournera à l'immensité cosmique de l'élément liquide. Il n'est pire hantise, pour un homme de l'Antiquité, que cette perte de l'individuation. Les montagnes d'eau qui s'abattent sur les vaisseaux d'Énée sont le symbole de la brutalité et de la violence d'un élément hostile dont il faut attendre le pire :

6. C'est sans doute pour cela que l'exil est l'objet d'une matière littéraire aussi riche : l'expérience de l'écriture semble très liée à celle de l'exil ; écrire, c'est à la fois s'éloigner et se rapprocher. On ne peut séparer l'exil du héros de la solitude de l'écrivain. Cf. *Exil et littérature*, *op. cit.*, p. 299.

> « Les rames se brisent, la proue vire et découvre aux vagues le flanc du vaisseau ; et aussitôt arrive avec toute sa masse une abrupte montagne d'eau… Le pilote est arraché et roulé la tête en avant. Trois fois, sous la poussée du flot et sans changer de place, le navire tourne sur lui-même ; et le rapace tourbillon le dévore » (I, 104-105, 115-117).

Tout ce qui symbolisait l'ordre du monde se brise et se dérobe ; et l'homme fragile, vulnérable, fait une cabriole ultime et mortifère dans ce tourbillon marin, ce vortex inverse de la spirale ascendante que le héros tente de suivre.

> « Sur le gouffre immense de rares nageurs apparaissent, et des armes, et des planches, et les trésors de Troie » (I, 118-119).

Fragilité, dispersion, solitude, dérision : voici bien l'image de la condition humaine en exil sur ce monde.

Mais l'eau est aussi lustrale : c'est l'eau douce qui purifie, en même temps qu'elle régénère l'homme épuisé par les combats de la vie. La calanque du livre I réserve cet espace (provisoire) de paradis à l'exilé, après les épreuves de la tempête :

> « En face de l'île, sous des rocs qui la surplombent, se creuse un antre avec des eaux douces et des sièges dans la pierre vive, une demeure des nymphes » (I, 166-168)[7].

Que déduire de ces deux visages contrastés ? Si l'on se souvient que l'une des épreuves majeures de l'exilé, dans l'*Énéide*, c'est d'apprendre à lire les signes, et à déchiffrer l'ambiguïté, on se dit qu'à sa manière l'élément liquide est à l'unisson des forces qui traversent l'épopée virgilienne : il s'inscrit dans cette logique de l'avertissement et de la mise à l'épreuve du héros.

---

7. Sur cet épisode, cf. J. Thomas, « La symbolique de la calanque dans l'*Énéide* de Virgile », in *Méditerranée. Imaginaires de l'espace* (P. Carmignani et J.-Y. Laurichesse dir.), Perpignan, Presses universitaires, 1995, p. 13-28.

C'est le moment d'évoquer la notion de complexité, et de risquer une hypothèse : les figures de l'exil, en particulier telles qu'elles apparaissent dans l'*Énéide*, relèvent d'une forme de « complexité », dans le sens où cette notion est évoquée par la systémique et l'école de Palo Alto. On sait que les contraires ne peuvent s'y comprendre que dans une organisation qui les dépasse, une émergence créant une nouvelle entité, qui est plus que ses composantes initiales. C'est exactement ce que la trajectoire de l'exil a permis pour Rome : Rome est une nouvelle Troie, mais une *Troia melior*, elle n'est pas la seule juxtaposition du pouvoir d'Énée, prince troyen, et de celui de Latinus, roi du Latium, qui donne sa terre et sa fille à Énée ; Rome apparaît comme une entité nouvelle jaillissant de ces composantes initiales, et les dépassant ; et c'est l'exil fécondant, germinatif, qui permet cette métamorphose.

Ainsi, la figure de l'exilé s'enrichit à travers deux remarques complémentaires :

Exil et complexité

D'abord, dans l'*Énéide*, l'exilé est, comme nous l'avons dit, dans une logique de la complexité, car il est dans un *barzakh*, au sens où Ibn'Arabî, et après lui Haydar Amolî utilisent ce mot, dans la mystique soufie : une presqu'île, un entre-deux, situé « au confluent de deux mers ». Et là ce sont les structures anthropologiques de Gilbert Durand qui nous aident à comprendre : la trajectoire de l'exilé et son voyage (associés à ce que G. Durand appelle les structures « synthétiques ») rendent possible la relation entre le monde héroïque, qui sépare et isole, et le monde mystique, celui de la fusion finale ; le voyage crée les conditions d'un dépassement. Cette mise en relation est aussi bien spatiale (l'Orient et l'Occident) que temporelle (un avant et un après). Soulignons enfin la double dimension du voyage pour le héros : extérieure à soi, et intériorisée. Énée organise le monde géographique (en le nommant, le parcourant, le civilisant), et en même temps il organise son propre chaos intérieur, en passant du désespoir à l'espoir, de l'incohérence à la cohérence. Le travail d'individuation porte globalement sur soi et sur le monde, sans que l'on puisse dissocier les deux processus.

Exil et civilisation

C'est pour cela que la trajectoire de l'exilé s'identifie, dans l'*Énéide*, à une lutte pour la civilisation et contre la barbarie. Les exilés sont le plus souvent chassés par des systèmes barbares, intolérants, violents. Ce sont la guerre de Troie et ses horreurs qui mettent Énée sur les routes de l'exil. Contre cette barbarie monocentrée, fanatique, exclusive, l'exilé va se reconstruire dans le sens d'un dialogue, d'un pluralisme, d'un métissage, qui seront identifiés à la civilisation. Pour l'homme de l'Antiquité, la civilisation, c'est tout ce qui rassemble, et la barbarie, c'est tout ce qui sépare. Énée va donc de la séparation vers l'alliance et la relation. En même temps, il tisse un espace de civilisation, pour lui et pour la Rome à venir. B. Otis l'a bien compris, qui a intitulé son ouvrage sur Virgile, devenu un classique incontournable de la bibliographie virgilienne, *Vergil. A Study in Civilized Poetry*[8]. Dans l'*Énéide*, l'exil est donc lié à une démarche à la fois initiatique et civilisatrice, comme capacité de mise en relation : cela définit clairement les caractéristiques majeures d'un espace complexe. En même temps l'exil apparaît bien comme une émergence, un métissage entre deux barbaries potentielles : d'une part, l'excès d'une structure binaire simplificatrice, d'où était issu l'affrontement de la guerre de Troie ; et d'autre part, le bariolage, le mélange indistinct de peuples différents qui se croisent mais restent isolés dans leurs diversités. Le principe issu de la trajectoire de l'exilé, c'est l'*unitas multiplex*, la capacité de fédérer et de relier des instances organisatrices autour de valeurs communes, tout en préservant leur spécificité : ce qu'E. Morin appelle la dialogique.

Enfin, il est un dernier point sur lequel nous voudrions dire un mot. C'est celui du support culturel de ces figures de l'exil. On sait que le Virgile de l'*Énéide* est très marqué par les textes spirituels de l'Antiquité : en particulier Platon, et avant lui Pythagore (alors que les *Bucoliques* et les *Géorgiques* étaient encore sous l'influence épicurienne). Il suffit de relire le récit d'Anchise, au livre VI, pour s'en convaincre. Il est clair

8. Oxford, Oxford University Press, 1964.

que Virgile a donné un support, une assise philosophique à sa réflexion sur l'exil, en plaçant l'*Énéide* sous le signe des Idées platoniciennes. Pour Platon, comme pour Pythagore, l'homme est d'abord un exilé sur cette terre, un être de lumière qui fait l'expérience des ténèbres avant de remonter à la lumière, dans un processus de décantation et d'alchimie spirituelle. Virgile a su faire coïncider cette figure philosophique de l'exil avec une lecture mythique de la figure fondatrice de l'exilé. Tous deux vont du Paradis perdu à la Terre promise ; tous deux sont engagés dans un processus de reconquête. C'est sans doute le génie de Virgile que d'avoir donné un contenu philosophique aussi fort à une entreprise de mobilisation nationale autour des forces fondatrices de Rome ; Auguste pouvait chaleureusement l'en remercier.

***

Au fond, le problème que résout Énée, à travers son exil fondateur, c'est celui du multiculturalisme. Ce sera le défi de l'*Imperium Romanum,* précurseur en ceci du théorème de Tocqueville : comment relier des peuples divers sans que certains se sentent les derniers dans l'énorme machine de l'*Imperium*, et donc la rejettent ? Déjà Énée, le fondateur, apporte une réponse ; Rome n'aura qu'à suivre le *sulcus*, le sillon, la route initiée par le héros fondateur.

C'est aussi un des enjeux majeurs de notre temps : concilier la spécificité des cultures et l'universalité des valeurs. La civilisation euro-méditerranéenne, comme métissage et mutation à partir de la civilisation gréco-romaine, est, elle aussi, dans l'équilibre actuel du monde, un pôle à construire pour l'équilibre de la mondialisation ; or elle passe aussi par une dialectique du décentrement (penser autrement, Nord-Sud, plutôt qu'Est-Ouest) et de la dépossession (le dialogue, pour pouvoir exister, doit s'accompagner d'un rééquilibrage des richesses entre riches et pauvres), conditions nécessaires à un ancrage nouveau dans lequel chacun peut se reconnaître sans perdre son originalité. L'aventure d'Énée, sa trajectoire de la déchéance à l'échéance, de la déréliction à la communion, disaient déjà cela aux Romains qui s'interrogeaient sur les principes éthiques fondateurs de l'*Imperium Romanum*. Rien que pour cette raison, il y a matière à relire et à méditer l'*Énéide* : c'est aussi cela, l'actualité de l'Antiquité.

Le sentiment de l'exil chez Virgile et Ovide[9]

« La littérature est bien la preuve que la vie ne suffit pas. »

F. Pessoa

L'EXIL D'OVIDE

Élargissons notre analyse à cette autre grande figure de la poésie latine que fut Ovide. La comparaison n'est pas gratuite : si Virgile fait d'un exilé le héros de son épopée nationale, Ovide, lui, fut comme on sait frappé de bannissement[10] en 8 apr. J.-C. Les causes de la condamnation ne sont pas claires pour nous. C'est sans doute parce que l'affaire elle-même ne l'était pas, et qu'il y avait quelque secret à cacher. Ovide lui-même dit à plusieurs reprises dans les *Tristes* que sa faute est d'avoir vu quelque chose qu'il n'aurait pas dû voir :

> « Pourquoi ai-je vu ? Pourquoi ai-je rendu mes yeux coupables ? » (II, 103 ; trad. J. André).
> « C'est parce que mes regards ont inconsciemment vu un crime que je suis frappé, et ma faute est d'avoir eu des yeux » (III, 5, 49-50).
> « Il serait long et dangereux de dire quel hasard rendit mes yeux complices d'une faute funeste » (III, 6, 27-28).

Le chef d'accusation officiel était qu'Ovide avait écrit *L'Art d'aimer*, livre scandaleux qui constituait une atteinte à la morale, surtout dans le

9. Ce développement est une version révisée et remaniée de l'article « Le sentiment de l'exil chez Virgile et Ovide », in *Euphrosyne*, XXXVI, Lisboa, 2008, p. 199-209.

10. Très exactement de relégation. La relégation était une sanction moins dure que l'exil : c'était une assignation à résidence, sur laquelle l'empereur pouvait revenir, et qui ne privait pas le condamné de ses droits civiques, ni de l'administration de ses biens.

climat de restauration des mœurs et des institutions voulu par Auguste. Mais *L'Art d'aimer* avait été publié en 1 av. J.- C. : on peut s'étonner qu'il ait fallu neuf ans à la justice impériale pour s'apercevoir de son caractère délictueux…

Une chose est sûre : Ovide était, typiquement, un mondain. Futilité, individualisme, égoïsme, élégance, sophistication, et aussi lassitude devant l'image et les valeurs obsolètes du « vieux romain » (pourtant présentes dans la rénovation morale d'Auguste) étaient les règles de son monde. Ainsi, Ovide était un transgresseur, mais au sens où on peut le dire d'un couturier ou d'un créateur de mode : ce que nous appellerions un « moderne », un tenant de la « nouvelle vague » (c'est bien ainsi que s'étaient déjà autoproclamés les *neoteroi* de Catulle). Sur ce plan, les propos que lui fait tenir D. Malouf dans son beau livre *L'Enfant du pays barbare*[11], pour romancés qu'ils soient (nous y reviendrons au chap. IV), sont dans la tonalité exacte de la situation :

> « J'étais en train d'inventer un style pour ma génération. Finies les vertus civiques, car nous savons tous à quoi elles mènent. Fini le patriotisme. Finie la glorification des hommes en armes. Finis les vers sur la manière d'élever les abeilles et de soigner les moutons, et les amours des jeunes bergers entichés de grec. Mon propos était strictement personnel et, pour parler net, j'encourageais ce genre de sujet patriotique qu'on peut traiter dans le périmètre d'un lit[12]. »

La sanction qui le frappait était pour lui, assurément, une catastrophe. L'exil l'éloignait de tout ce qui faisait, pour lui, la saveur de la vie ; c'était l'équivalent d'une condamnation à mort, une mort lente aux confins de l'*Imperium*. Car Auguste ne pouvait choisir pire endroit, aux yeux d'Ovide, pour cet exil : Tomes était un comptoir fondé par les Grecs au VIe siècle av. J.-C. sur la mer Noire, près de l'estuaire du Danube, l'Ister, entre le pays des Thraces et celui des Scythes. La Thrace avait toujours eu la réputation d'être une contrée farouche, peuplée de rudes guerriers, qui avaient âprement résisté aux Romains avant d'être colonisés ; quant à la Scythie, elle était tellement lointaine

11. Paris, Lieu Commun, 1983. Pour une relecture d'Ovide par Malouf, cf. p. 159 *sq.*
12. *Op. cit.*, p. 27.

et mal connue qu'elle appartenait déjà à la légende : elle s'ouvrait sur l'Hyperborée, le Pays du Nord, d'où était venu Apollon ; elle était la porte d'un au-delà lié aux grands vents de la steppe et au froid absolu. L'homme n'y avait pas de place.

L'EXIL DE VIRGILE

À la trentaine, Virgile connaît une situation assez semblable à celle d'Ovide : non pas l'exil, mais l'expropriation. C'est de sa maison, et non de sa patrie qu'il est expulsé. L'expérience est tout aussi traumatisante. Dans les deux cas, elle aboutit à la perte des lieux associés à l'enfance, qui ne subsistent plus que par le travail de mémoire et de reconstruction. C'est en 40 av. J.-C. qu'a lieu pour Virgile un événement déchirant qui pouvait le laisser brisé, comme Ovide, mais qui a finalement une issue heureuse. Virgile, déjà éprouvé par la mort de son jeune frère, et, quelques jours plus tard, par celle de sa mère, est exproprié de son petit domaine, au profit de vétérans de l'armée, auxquels Octave a promis des terres : c'est l'origine de la fameuse déploration de la *Ire Bucolique*... Pendant que Virgile créait son utopie arcadienne, la grande machine politique de Rome continuait de se convulser et de broyer des innocents. Virgile avait toujours vécu, jusqu'à cette date, avec le bruit de fond de la guerre civile, et de sa violence ; mais, jusqu'ici, il en avait été tenu relativement à l'écart ; là, elle déferle : chassé, il est obligé de multiplier les interventions auprès des puissants, jusqu'à Octave. Elles ont une issue heureuse : ses terres lui sont rendues. Écoutons Giono biographe de Virgile nous raconter l'affaire avec verve :

> « Après les désordres de la guerre de Pérouse, Pollion chassé de Cisalpine est remplacé par Alfenus Varus. Alors tout change. On donne un copropriétaire au domaine. C'est un soudard qui ne pense qu'à ruiner le bien et s'en faire de la ressource à bamboche. Virgile se plaint à A. Varus ; mais celui-là est aussi un traîneur de sabre, il écoute à peine ce plaideur balbutiant aux yeux vides. Il a tort : Virgile écrit la neuvième églogue. Si l'on disait à Varus que cette neuvième églogue est une arme, il rirait à s'en faire péter la sous-ventrière. Quoi ! ce radotage de vieil esclave ? Ce type qui gémit sous la courbache et qui croit que les vers de son

> patron vont faire quelque chose à l'affaire ? Oui ! Il ne faut pas exciter les timides. On ne sait pas jusqu'où peut aller Virgile quand il s'agit de défendre ses yeuses et ses chevreaux. Avec ses yeux vides et son air de s'intéresser aux mouches, il s'en va à Rome en juin 40 av. J.-C. C'est la neuvième églogue qui plaide, et Octave lui rend son patrimoine. Alors, il écrit la première églogue [13]. »

Cela nous amène à nous poser la question de l'ascension sociale de Virgile : en 40, ses amis étaient assez puissants pour l'aider dans cette affaire épineuse. Ses deux principaux soutiens sont Pollion, gouverneur de la Gaule cisalpine (et père supposé de l'enfant messianique de la *IVe Bucolique*), et Cornelius Gallus (celui-là même qui est le héros amoureux malheureux de la *Xe Bucolique*). Pollion et Gallus étaient tous deux commissaires à la répartition des terres et contribuèrent à restituer son bien à Virgile.

Ainsi, c'est grâce à ses relations amicales dans le milieu politique (celui qui broya Ovide) que Virgile put redresser une situation initialement compromise. Ce qui va nous intéresser maintenant, ce n'est pas de dénouer les fils d'un écheveau historique bien embrouillé, c'est de voir comment ces deux situations – l'exil, l'expropriation – ont eu, dans l'imaginaire de ces deux créateurs, des conséquences bien différentes.

Il est vrai que ces deux coups du sort surviennent à des moments qui ne sont guère comparables dans la vie de nos deux auteurs : lors de son expropriation, Virgile n'en est qu'au début de sa carrière d'écrivain, alors qu'Ovide, lors de son bannissement, a écrit toutes ses grandes œuvres. C'est peut-être pour cela qu'ils réagissent de façon aussi différente.

LE REGARD D'OVIDE SUR L'EXIL

En effet, Ovide est anéanti par le coup qui le frappe. Sa réaction, amplifiée par l'angoisse, est une vision clivée et un rejet absolu de son nouveau lieu de résidence, qu'il évoque comme un univers odieux et ténébreux. Ses exagérations sur le climat en sont la preuve : les rives de

---

13. J. Giono, *Les Pages immortelles de Virgile*, Paris, Buchet-Chastel, 1960, p. 11.

la mer Noire et le littoral roumain jouissent d'un climat assez doux et ensoleillé, l'hiver n'y est guère rigoureux (il gèle à peine en janvier) ; on est loin des descriptions de neiges et de glaces éternelles que nous fait Ovide, dans un passage célèbre des *Tristes*, écrit en 10 apr. J.-C., lors de son premier hiver passé à Tomes :

> « S'il est encore là-bas quelqu'un qui se souvienne de Nason exilé, et si mon nom a survécu sans moi à Rome, qu'il sache que, placé sous des étoiles qui ne touchent jamais la mer, je vis au milieu des barbares. Les Sarmates m'entourent, peuple farouche, et les Besses et les Gètes, noms combien indignes de mon inspiration ! Cependant, tant que la brise est tiède, le Danube qui nous en sépare nous sert de rempart et de son cours liquide repousse les attaques. Mais quand le triste hiver a montré son hideux visage et que le gel marmoréen a blanchi la terre, tandis que Borée et la neige s'apprêtent à s'établir à demeure au-dessous de l'Ourse, on voit ces peuples accablés par le pôle frissonnant. [...]
> Des peaux et des braies cousues les protègent des froids dangereux, et de tout leur corps seul le visage est visible. Souvent, quand ils les secouent, la glace pendue à leurs cheveux tinte et leur barbe brille, blanche du gel qui la recouvre. Le vin se tient seul, gardant la forme des jarres ; et pour boire on ne puise pas le vin, mais on en donne des morceaux.
> Que dire des ruisseaux pris et enchaînés par le froid et des eaux qu'on casse pour les arracher au lac ? L'Hister lui-même qui, aussi large que le Nil porteur de papyrus, se jette dans la vaste mer par de nombreuses embouchures, lorsque les vents durcissent ses flots bleus, gèle et coule vers la mer en cachant ses eaux. Là où passaient les navires, on va maintenant à pied, le sabot du cheval frappe les eaux prises par le froid et, sur ces ponts nouveaux sous lesquels coulent les eaux, les bœufs sarmates traînent des chariots barbares » (III, 10, v. 1-34, trad. J. André revue).

Le regard d'Ovide exilé ne voit pas le monde tel qu'il est, mais lui substitue la vision mythique et imaginaire de cette Scythie glaciale : le froid qui glace son cœur, le froid de l'exil, est projeté dans le décor. En outre, on remarquera que la barbarie et le climat glacial sont étroitement associés : la pétrification par le froid devient le symbole de la grossièreté et de l'ensauvagement, perçu comme stratification dans une nature épaissie, dense, immobilisée. La description de l'hiver scythe était, depuis longtemps, dans la littérature latine, un *topos*, opposant la rigidité mortifère de ces pays barbares enfouis sous la glace (leur anti-nature en quelque sorte) à la chaleur et à la souplesse du paysage méditerranéen. Ce thème de l'anti-nature est accentué par une figure de style classique : l'*adunaton*, l'exagération impossible ; le vin solidifié, les chariots roulant sur le fleuve évoquent la monstruosité d'un monde à l'envers, qui n'est plus régi par les normes du cosmos. Il est un passage célèbre des *Géorgiques* (III, 349-383) où Virgile décrit, dans des termes très semblables, l'hiver en Scythie ; Properce nous en a également laissé une description (IV, 3, 47), sans que l'un ni l'autre n'y aient bien sûr jamais mis les pieds ; et Ovide lui-même, avant son exil, en a donné des descriptions conventionnelles dans les *Métamorphoses* et dans les *Héroïdes* (*Mét*., I, 64 ; II, 224 ; VIII 788 *sq*. ; *Hér*., XII, 27), sans se douter qu'il aurait à y finir sa vie.

À ce phantasme de la pétrification par le froid s'ajoute un autre, celui de la coupure et de la séparation, du morcellement. Ovide nous rappelle (*Tristes,* III, 9) que c'est la légende de Médée la sorcière qui a donné son nom à la ville de Tomes ; c'est du sinistre dépeçage d'Apsyrtos, le frère de Médée, qu'est issu le nom de la cité où Médée avait abordé : Tomes, du grec *tomeïn*, « couper ». L'imaginaire de la séparation est dans le nom même de la ville de l'exil ; et si l'on se souvient qu'en grec *diabolè* signifie « séparation », Tomes est bien, pour Ovide, « diabolique ». Il est à noter que cette légende de dépeçage est comme l'inversion perverse d'un thème typiquement chamanique (et donc scythe) : le renouvellement par la cuisson et par le feu. Le même Ovide nous avait déjà raconté dans les *Métamorphoses* (VII, 297 *sq*.) une autre atrocité de Médée liée à ce thème : elle avait fait assassiner Pélias par ses propres filles, en lui laissant croire (dans la tradition de cet arrière-plan chamanique) qu'elle le ressusciterait et le rajeunirait en le coupant en morceaux et en les faisant bouillir. Il y a donc une ambiguïté dans cette symbolique du dépeçage : il est séparation irrémédiable et mortifère mais aussi prélude à une fusion mystique (une tradition rapporte que les compagnons de Romulus auraient démembré son corps, après sa mort, pour fusionner avec le fondateur). Ovide, dans les *Tristes,* n'a voulu voir que la seconde image.

Ainsi, à la trajectoire déclinante de l'homme s'ajoute celle de l'artiste. Ovide tombe deux fois, en tant qu'individu frappé de relégation et – ce qui est sans doute pire pour lui – en tant qu'artiste. Son art aurait pu le sauver en transcendant la situation contingente. Mais le charme n'opère plus.

Outre leur expérience personnelle de l'exil, Virgile et Ovide ont connu ce sentiment métaphysique d'exil, de Paradis perdu qui est le propre des créateurs, dont la plupart n'écrivent que dans l'urgence de combler un manque. En ceci, G. Bachelard, entre autres, nous a appris que la littérature est justement l'activité créatrice qui permet cette réparation, car elle achève le désir humain et le prolonge. C'est précisément ce qu'Ovide avait réussi dans ses *Métamorphoses*. Les *Métamorphoses* sont un double chant du désir. D'abord, le désir est dit, sous sa forme d'élan impossible. Le *carmen*, le chant profond de la poésie, dit d'abord que les hommes désirent, et qu'ils ne peuvent pas accéder à leur désir. Il y a donc bien là une forme d'exil. Mais ensuite, c'est l'écriture poétique qui va permettre au poète de sortir de sa déréliction, et au désir de s'affirmer comme certitude de la fusion possible, de l'unité retrouvée. Le motif scriptural, comme « inscription » (souvent florale : on pense à Hyacinthe, à Narcisse, qui deviennent fleurs, et s'inscrivent dans le rythme éternel de la nature, et aussi au murier de Pyrame et Thisbé [14]) apporte une réponse au phantasme de la déréliction et de la séparation, en même temps qu'un dépassement par l'écriture. C'est l'écriture poétique qui éternise à travers la beauté de la forme, et qui confère la mémoire, comme retrouvailles avec l'origine archétypale ; c'est donc elle qui rend authentiquement vivant. L'exemple de Niobé (*Mét.,* VI, 311-331) est clair à ce propos : à force de pleurer, elle se pétrifie, seules, ses larmes coulent éternellement ; Niobé est éternisée dans ce témoignage d'une sensibilité désormais ineffaçable, à laquelle elle est identifiée. Pétrification et écoulement, mort et vie sont associés : on le voit, la fonctionnalité de la métamorphose ovidienne est fondamentalement oxymorique, comme l'écriture poétique, dont l'oxymore, exprimant la complémentarité des contraires, est peut-être la figure reine.

---

14. Cf. « Mémoire et travail d'écriture chez Virgile et Ovide », in *Mémoire et identité. Parcours dans l'imaginaire occidental* (P.-A. Deproost, L. van Ypersele et M. Watthee-Delmotte dir.), Louvain, Presses Universitaires, 2008, p. 347-356.

Or Ovide, qui avait affirmé la capacité de l'âme à transmigrer, et aussi celle de l'œuvre poétique à dépasser les vicissitudes et les avatars de la vie, est celui-là même que nous retrouvons effondré sur les bords de la mer Noire. Dans le cas d'Ovide, la littérature ne suffit pas. Elle ne le soutient pas assez dans ses malheurs et, d'une certaine façon, il cesse d'y croire. La magie des *Métamorphoses* n'a pas le pouvoir de transformer le Pont-Euxin, le réel brutal l'emporte sur l'imaginaire. La route n'est plus qu'une déroute. Car l'histoire d'Ovide est d'autant plus frappante, elle résonne d'autant plus fort en nous qu'à sa réalité historique s'ajoute une dimension plus universelle. Le drame personnel de Nason apparaît comme ce que nous redoutons tous obscurément : un enfoncement dans la solitude et l'obscurité, une maginalisation dans la périphérie du monde, une perte du lieu de lumière et de civilisation, symbole de l'amour et du bonheur. En ceci, l'histoire d'Ovide nous apparaît comme un anti-voyage initiatique. D'ailleurs, son exil le conduit à l'extrême est du bassin méditerranéen, alors que tous les héros fondateurs suivent une trajectoire inverse, solaire, d'est en ouest. Ces héros vont dans le pays de la mort, l'Occident, mais ils y font renaître la vie. C'est la trajectoire d'Énée, de Troie à Rome ; c'est celle du jeune homme du *Chant de la perle ;* c'est encore celle de l'enfant du *Récit de l'exil occidental* de Sohrawardî.

Ainsi, les *Tristes* et les *Pontiques* sont le pendant obscur de ces textes lumineux et fondateurs du cheminement héroïque. L'histoire d'Ovide en est le paradigme, d'autant plus inquiétant que c'est une vraie histoire, et celle d'un grand poète, d'un créateur, condamné à la déroute et à la nuit. Car, dans le cas d'Ovide, il semble bien que l'ombre du drame personnel se soit projetée sur l'œuvre et ait eu raison du créateur. En lui ôtant sa dignité d'homme et de poète (car Ovide est humilié, les *Tristes* et les *Pontiques* sont la longue déploration d'un homme qui n'hésite pas à supplier pour essayer de rentrer en grâce), Auguste a frappé Ovide d'une double peine. Et l'ignorance des causes mêmes de sa condamnation accentue encore la dimension existentielle et dramatique de son histoire, comme paradigme d'une condition humaine dont le drame est à la fois d'être exilé et de ne pas savoir pourquoi. Ce portrait du créateur-voyant perdu dans les ténèbres de la Scythie dépasse le caractère anecdotique du vécu personnel pour prendre une dimension mythique.

LE REGARD DE VIRGILE SUR L'EXIL

La situation de Virgile est bien différente de celle d'Ovide, elle est même inverse. Car l'*Énéide*, est précisément, on l'a vu, l'histoire d'un exilé : Énée, transfuge de Troie, qui erre sur la Méditerranée avant d'aborder sur les terres italiennes pour y fonder ce qui deviendra Rome. Tout se passe comme si l'expérience réelle de l'expropriation faisait son chemin dans l'imaginaire virgilien, était l'occasion d'une alchimie spirituelle personnelle menant à une véritable transmutation. C'est l'évolution des *Bucoliques* à l'*Énéide*, en passant par les *Géorgiques*[15], qui légitime cette interprétation : une maturation, qui éloigne Virgile de l'Arcadie utopique pour le conduire vers la prise de conscience des réalités italiennes, de la nécessité de construire un avenir grandiose, mais plein de larmes et de souffrances. C'est à cette empathie avec le peuple romain que Virgile accède dans l'*Énéide*. Il est donc logique que la figure de l'exilé ait profondément mué à travers l'œuvre virgilienne. Dans les *Bucoliques*, Mélibée n'est qu'un pauvre homme abandonné. Il n'a plus beaucoup d'espoir, et le ton de sa dernière tirade est bien amer :

> « Est-ce que jamais, beaucoup plus tard, je reverrai le pays de mes pères et le faîte de ma pauvre chaumière chargée de gazon ? [...] Un soldat impie possédera ces terres si soigneusement défrichées ? [...] Voilà où la discorde a conduit d'infortunés citoyens ! » (trad. E. de Saint-Denis).

N'oublions pas toutefois que nous sommes dans le chant amébée : pour lui répondre, et faire le contrepoint, il y a Tityre, et sa béatitude au sein du paradis pas encore perdu ; l'exil n'est pas une malédiction, seulement une malchance, puisqu'il peut frapper ou épargner. Une objection subsiste cependant, qui contribue à accréditer la tonalité amère du poème : Tityre est un vieillard, *senex*, c'est ainsi que Mélibée le nomme à plusieurs reprises ; est-ce à dire que, dans le monde des *Bucoliques*, les jeunes sont condamnés à l'exil et que seuls les vieillards peuvent – mais pour combien de temps ? – saisir les derniers feux du soleil couchant, justement parce qu'ils sont déjà en marge de l'histoire qui les épargne, sur le bord du chemin ?

---

15. Cf. J. Thomas, *Bucoliques, Géorgiques*, Virgile, Paris, Ellipses, 1998, p. 56-61.

Dans l'*Énéide*, le ton est tout autre. Certes, Énée fait l'expérience du découragement, de la solitude, de la tentation du suicide. C'est elle qui s'exprime au début du poème, lorsque Virgile fait dire à Énée :

> « Oh trois et quatre fois heureux, ceux auxquels il échut de se faire tuer sous les yeux de leurs pères, au pied des hautes murailles de Troie ! » (*En*. I, 94-95, trad. P. Veyne).

Il semble que Virgile ne nous ait montré le héros au plus bas que pour nous rendre ensuite spectateurs de sa remontée. Car, dans l'*Énéide*, on l'a dit, l'exil prend une dimension positive de cheminement initiatique incontournable, qui permet au héros de se construire. Avec l'*Énéide*, Virgile prend le risque de faire sortir ses personnages d'une Arcadie heureuse mais débouchant sur une impasse, et il lance son héros sur les routes de l'exil, pour qu'il puisse se trouver. Le paradoxe est que, alors même que Tityre reste dans l'Arcadie, c'est ce paradis qui devient lieu d'exil et de fermeture. On ne fait pas l'économie de se lancer sur le chemin de la vie, et c'est sans doute parce que Tityre est un vieillard que cette épreuve lui est épargnée : pour lui, il est trop tard. Mais les routes de l'exil vont se révéler fécondes. Énée fait refleurir dans la Terre promise de l'Ouest Troie, la Ville sainte de l'Est, détruite.

Il est intéressant que ce chemin soit parcouru par un exilé. Le processus de l'exil apparaît lui-même, dans l'*Énéide*, comme étroitement lié à la fondation. Il est décrit, on l'a vu, comme une germination : au départ de Troie, Énée s'embarque pour une sorte d'hiver, une période de nuit, de stérilité et d'errance, pendant laquelle, comme le grain au sein de la terre, il va se mettre en veille. Ainsi, grâce à l'exilé, Troie peut renaître dans les terres italiennes.

Mais l'exil n'est pas seulement un cheminement qui aide le héros à trouver son chemin. Il s'inscrit pleinement dans l'ensemble tripartite du récit virgilien, comme structure initiatique[16]. Il est identifié à la première phase, celle de la préparation et de la séparation (qui sera suivie de la révélation des mystères majeurs, puis de leur réalisation). À ce titre,

16. Sur l'*Énéide* comme récit initiatique, cf. J. Thomas, *Structures de l'imaginaire dans l'*Énéide, Paris, Les Belles Lettres, 1981.

la perte du vieux monde, dont il est fait table rase, celui du bonheur et des certitudes, est une phase indispensable. De même que le héros doit partir pour trouver sa place, il doit aussi passer par l'épreuve concrète de l'exil, perçu comme une hypostase de l'exil métaphysique frappant la condition humaine, dans un récit virgilien tout imprégné d'influences platoniciennes et pythagoriciennes.

Dans toute la partie odysséenne de l'*Énéide*, jusqu'au livre VII, il y a un lien organique entre l'errance et l'exil. Énée, comme Jason, comme à sa manière Ulysse, sont jetés sur les routes de l'exil, qui leur permettent d'accéder aux épreuves qualifiantes, celles à travers lesquelles, peu à peu, ils apprennent à s'orienter, à trouver le sens du monde qui les entoure, dans toutes les acceptions du terme : orientation zodiacale, par rapport aux points cardinaux, à la trajectoire du soleil ; découverte du sens de leur voyage ; mais aussi découverte du sens à donner aux choses et aux situations, qui cessent d'être des énigmes pour se poser comme des signes, des jalons. Le héros devra aussi développer sa *metis*, s'adapter à des circonstances multiples, être capable d'affronter le monde ensauvagé (symbole des forces obscures en lui) par différentes stratégies : tantôt par l'attitude du « chasseur blanc [17] », frontale et royale ; tantôt par celle, plus oblique, du « chasseur noir », qui n'hésite pas à retourner contre l'ennemi ses propres pièges. Utiliser les forces obscures du monde pour démultiplier sa propre force, cela fait partie de l'apprentissage héroïque ; mais rien ne se ferait sans une capacité à comprendre le monde, au sens étymologique : rassembler ce qui est épars, transformer le labyrinthe en trajectoire, donner du sens aux signes. Apprendre à lire, c'est bien ce que l'ascèse de l'exil permet au héros voyageur, qui réussit à éduquer son regard, et à comprendre que le problème n'est pas dans le monde, mais dans son propre regard. L'exil donne au voyageur une acuité de regard, une capacité d'élucidation, qui est le contretype exact de l'aveuglement ovidien à Tomes.

Cette interprétation positive de l'exil d'Énée nous permet de mieux comprendre le lien entre les deux fondations de Rome. Car Rome a cette particularité d'être fondée en deux temps : Énée lui donne une localisation,

---

17. Cf. P. Vidal-Naquet, *Le Chasseur noir. Formes de pensée et formes de société dans le monde grec*, Paris, La Découverte, 2005 (1re éd. 1981).

mais il faudra attendre trois cent trente-trois ans pour que Romulus lui donne son cadre urbain, en fondant la *Roma quadrata*. Or les jumeaux fondateurs sont des enfants dont les parents ont disparu : on retrouve là un manque vital, de nature assez proche de l'exil d'Énée, qui a lui aussi perdu une partie de sa famille à Troie. Ces deux manques seront réparés dans le processus fondateur, qui met le héros en phase avec le cœur de l'entité collective de Rome, dont il devient le père.

Virgile a entrelacé le récit fondateur et son histoire personnelle : l'histoire de sa propre spoliation et de son expropriation a contribué à nourrir cet imaginaire de l'exil dont il fait le vecteur de la transformation initiatique et de l'alchimie spirituelle dans l'*Énéide*. Virgile réussit ce qu'Ovide a manqué : il intériorise son propre chemin d'exil, lui donne une dimension plus universelle, en même temps qu'il lui trouve un sens positif.

EXIL ET PERTE DE LA VISION

Il est un dernier point sur lequel nous voudrions revenir. C'est, chez Virgile comme chez Ovide, le lien étroit entre le sentiment de l'exil et un complexe « spectaculaire » : celui de la perte de la vision. On sait que chez les Grecs, vivre, c'est voir[18]. Dans l'*Iliade*, dans l'*Énéide*, la mort est définie par l'interruption de la vision plus que par celle de la respiration. Mourir, c'est d'abord cesser de voir et d'être vu ; c'est sans doute pour cela qu'on couvre le visage des morts. Et la théorie de la *mimèsis* viendra se greffer là-dessus, liant la *theoria* et la connaissance spirituelle, la seule qui vaille la peine : voir, c'est connaître, c'est même reconnaître, selon Platon. D'où l'importance d'une notion associée à l'exil gréco-romain : celle, déjà abordée, du *desiderium*. Le mot est de même racine que *sidus*, l'astre, que l'on voit dans le ciel. Le *desiderium*, comme sentiment privilégié de l'exilé, c'est donc le regret de la vision de ce qu'on a perdu : le pays du bonheur, de l'enfance[19]. De même, le poète comme étranger « tombé » dans le monde fait l'expérience d'entrevoir

18. Cf. F. Frontisi-Ducroux et J.-P. Vernant, *Dans l'œil du miroir*, Paris, 1997.

19. Pourrions-nous risquer un rapprochement avec la *saudade* portugaise ?

l'absolu, la lumière, par des fenêtres qui s'entrouvrent, juste assez pour lui permettre de savoir que cet au-delà existe, mais pas assez pour lui permettre de le réintégrer. Ce sentiment d'« aorasie » est omniprésent dans l'*Énéide,* où Énée ne cesse de voir sa mère Vénus sans pouvoir l'étreindre ; elle se dérobe au moment même où il veut lui manifester sa tendresse, et cet exil ontologique s'ajoute à celui, familial et terrestre, qui l'a déjà endeuillé. Il est donc dans un constant état de frustration qui est peut-être une des caractéristiques essentielles de la condition humaine[20]. Et c'est une étrange coïncidence qui associe encore l'exil d'Ovide à ce « complexe spectaculaire » : lui qui avait passé sa vie de créateur à regarder par la fenêtre (celle du voyeur des *Amores*, sensible au spectacle de la rue, du cirque, du théâtre, des jolies femmes ; puis celle, plus spirituelle, des *Métamorphoses*, avec ses échappées sur l'au-delà), il termine sa vie condamné à l'exil pour avoir vu quelque chose qu'il n'aurait pas dû voir. Il y insiste dans les *Tristes*, et associe clairement son drame personnel à ces regards interdits[21] ; mais on pourrait ajouter que les *Métamorphoses* restent un monument à la gloire de l'image et de la vision, comme victoire sur la corruption et sur la mort : curieux destin, qui a associé toute la vie et l'œuvre d'Ovide à l'image et à la vision.

***

Alors faut-il opposer un Virgile courageux à un Ovide défaitiste ? C'est plus complexe que cela : disons que Virgile et Ovide ont été portés de façon bien différente par les bourrasques de la vie, et que, chacun à leur manière, ils ont témoigné, avec sincérité, de la difficulté d'être homme. L'exil, l'expulsion, ils les ont vécus chacun à sa manière; l'expérience de l'expulsion a sans doute été pour Virgile un facteur de construction intérieure et de créativité littéraire ; pour Ovide, on serait tenté de parler de déconstruction, mais n'oublions pas que, à sa façon, l'Ovide des *Métamorphoses* est allé très loin dans sa manière de nous donner à voir

20. Cf. J. Thomas, « L'aorasie ou la Leçon de Ténèbres. Du sens caché dans l'*Énéide* », in *Être romain. Hommages in memoriam. Ch.-M. Ternes* (R. Bedon et M. Polfer éd.), Remshalden, BAG Verlag, 2007, p. 19-26.

21. Cf. les citations de *Tristes,* II 103, III, 5 49-50, III, 6 27-28, *supra* p. 47.

les chemins qui permettent de dépasser l'exil ontologique. A. Blondin écrivait : « Un jour, nous prendrons des trains qui partent. »[22] Souhaitons à Virgile et à Ovide de les avoir enfin pris.

22. In *L'Humeur vagabonde*, Paris, La Table Ronde, 2011.

Le guerrier

Énée, cet exilé, est aussi un guerrier, sans doute malgré lui, mais les activités belliqueuses occupent dans l'*Énéide* une place suffisamment importante pour qu'on s'interroge sur les motivations qui ont poussé le « doux Virgile » à décrire aussi longuement, dans la seconde moitié de l'*Énéide*, des scènes d'une violence extrême : cette « guerre » ne serait-elle pas un des moteurs de l'épopée initiatique, et n'aurait-elle pas aussi une signification symbolique dans l'économie générale de l'œuvre virgilienne ?

Virgile, les Romains, et la guerre[23]

> « Éros et Thanatos, les deux ennemis profonds et inséparables (chacun portant l'autre en lui) qui continuent plus que jamais leur lutte terrifiante. »
>
> E. Morin, *La Méthode,* V. *L'Humanité de l'humanité*, Paris, Seuil, 2001, p. 259

23. Ce développement reprend dans ses grandes lignes l'article « Virgile, les Romains et la guerre », in *La Méditerranée à feu et à sang. Poétique du récit de guerre,* Actes du colloque international de Perpignan (2-4 juin 2005), Perpignan, Presses universitaires, 2006, p. 25-33.

« Et maintenant il y a lieu d'attendre que l'autre des deux puissances célestes, l'Éros éternel, tente un effort afin de s'affirmer dans la lutte qu'il mène contre son adversaire non moins immortel. »

FREUD, *excipit* de *Malaise dans la civilisation,* PUF, 1971

UNE PERCEPTION INSTINCTIVE

Virgile a subi la guerre, il ne l'a pas faite. En ceci, il est bien éloigné d'Homère[24]. L'auteur de l'*Iliade*, lui, avait sans doute fait la guerre ; en tout cas, il la connaissait bien, et il parle avec respect, voire avec passion, de cette « vie courte » du guerrier, vie courte mais pleine de gloire, *kleos*, par opposition à la « vie longue », celle de l'homme ordinaire. Rien de tel chez Virgile. Alors, comme nous le disions en préambule, pourquoi le « doux Virgile », celui qu'on appelait *Parthenias*, la « jeune fille », nous parle-t-il de la guerre et de la violence dans l'*Énéide* ? La critique s'en est émue et en est souvent arrivée à la conclusion que Virgile haïssait la guerre (comme Properce ou Tibulle qui, lui, l'avait faite) et qu'il n'en parlait que pour la condamner. C'est l'opinion d'André Bellessort, grand traducteur de Virgile : « De tous les héros épiques, Énée est le plus humain. Il fait la guerre parce qu'il y est forcé, mais il a horreur de verser le sang[25]. » Sylvie Laigneau, un des derniers éditeurs de l'*Énéide*, est encore plus radicale : « Ce que nous montre avant tout Virgile, c'est l'horreur de la guerre et de sa boucherie[26]. » C'est sans doute vrai, mais, nous allons le voir, les choses sont un peu plus compliquées ; l'attitude de Virgile est plus ambivalente, et son ambivalence est elle-même signifiante.

D'abord, et c'est indéniable, Virgile a horreur de la guerre. Il avait de bonnes raisons pour cela ; toute la première moitié de sa vie s'était passée

24. Nous parlons d'« Homère » par commodité : on le sait, l'*Iliade* et l'*Odyssée* n'ont sans doute pas été écrites par un seul auteur, mais bien plutôt par une communauté d'aèdes. Il n'en reste pas moins qu'il y a une unité dans l'imaginaire de chacune deux œuvres.

25. Virgile, *Énéide*, éd. d'A. Bellessort, Paris, Les Belles Lettres, Collection des universités de France, 1964, tome II, note 5, p. 66.

26. Virgile, *Énéide*, éd. par S. Laigneau, Paris, LGF, 2004, p. 27.

dans les guerres : guerre civile, mais aussi guerres extérieures, guerre sociale (contre Spartacus), et même guerre contre les pirates ; la fin de la République romaine est une période chaotique pleine de bruit, de fureur et de violence, une époque déchirée et convulsive. La sensibilité de Virgile le conduit donc d'abord, peut-être plus qu'un autre, à ressentir comme une blessure cette « déchirure hétérologique » de la guerre, celle qui nous met en face de l'homme comme d'un être bien plus redoutable que l'animal, parce que plein de perversité, de méchanceté, de violence, et de bêtise, tous vices qui faisaient dire à E. Morin : « Par-delà la distinction entre *homo sapiens* et *homo demens*, seule la réserve m'a retenu d'adjoindre une troisième catégorie, *homo deconans*[27]. »

Ce sentiment d'horreur éprouvé par un civilisé, un raffiné même, l'amène à évoquer la guerre comme le summum de la dilapidation, de la consumation, du désordre. Dire la guerre, c'est à proprement parler décrire un scandale, au sens étymologique : ce qui fait sortir l'humanité de la route droite de son éthique, ce qui la fait trébucher. C'est aussi une aporie, tant l'horreur est indescriptible. Et, enfin, dire la vérité de la guerre, c'est montrer le sordide au détriment de l'épique ; l'image de la « victoire en chantant » n'y résiste pas. Dans l'*Énéide*, il n'y a plus cet éclat sauvage et cette trouble séduction de l'*Iliade*. Le point de vue de l'observateur se déplace, et le carnage, le saccage, *caedes*, remplacent les *aristeiai* (« exploits »). Sur ce plan, la description du sac de Troie, au livre II de l'*Énéide*, n'est qu'une suite de massacres, d'incendies, d'outrages aux innocents, dans un monde où plus rien n'est respecté, où les hommes sont comparés à des loups :

> « Ainsi, tels des loups ravisseurs dans le brouillard et dans la nuit [...], nous courons au milieu des flèches et des ennemis » (*Énéide*, II, 355-358).

La frénésie, la folie meurtrière n'épargnent pas non plus l'Italie, lors des combats des livres VII-XII. Virgile a su rendre par l'écriture ce vertige de la violence, ces moissons sinistres de morts : à travers même le côté répétitif, la monotonie des descriptions stéréotypées des massacres, il donne à voir l'anonymat monstrueux de la guerre,

---

27. *La Méthode*, V, p. 142.

comme machine à tuer, et comme négation de l'humanité. La guerre fauche aveuglément, refuse à l'homme sa dignité. Elle est un vertige de violence, qui s'exprime par le recours obsessionnel aux images de chute, à travers la récurrence de l'emploi du terme *volvere*, « rouler » : les guerriers, les chevaux, « roulent dans la mort » (X, 590 ; XI, 633-635 ; 640 ; 646 ; Euryale « roule dans la mort », *volvitur leto,* IX, 433). Dans un monde où l'*aequilibritas*, l'équilibre, est la science de l'acrobate et l'idéal du sage, la mort est décrite comme culbute tragique, perte de la symétrie vitale. Comme nous l'avons dit, elle est proprement scandale, ce qui fait trébucher, et en même temps, ce qui emporte dans un tourbillon mortel. De même, lorsque la folie s'empare de la reine Amata, elle tourne comme une toupie, *turbo*, à travers la ville (VII, 378 *sq.*). Cette image obsessive trouve son corollaire cosmique dans les scènes de tempêtes, avec les images de tourbillon, *vortex*, de trombe, *turbo*, de torrents déchaînés ; et son équivalent psychologique dans l'évocation de la folie (celle de Didon, celle d'Amata), cette autre glissade dans la déraison. La guerre est dispersion, dévoiement, comme la noyade de Palinure, qui est régression dans l'indifférencié de l'océan anonyme, perte dans l'immensité de la sauvagerie originelle. Virgile n'est pas manichéen : la sauvagerie n'est pas l'apanage des uns, et ses Troyens sont aussi cruels que leurs ennemis ; Énée même vacille et se laisse emporter à égorger Turnus ; l'*Énéide* se ferme sur cette image ambiguë de violence mal maîtrisée. Il s'en dégage deux conclusions : il n'y a pas de guerre propre ; et, à travers la guerre, la barbarie nous menace tous.

Mais Virgile a une autre stratégie stylistique plus subtile pour souligner les atrocités de la guerre. Il procède par antiphrase : après avoir montré crûment sa sauvagerie et l'horreur de la mort, il nous montre la beauté de ce que nous perdons en périssant ; et ce n'est pas moins poignant. D'où ces souvenirs nostalgiques qui traversent le regard des guerriers au moment où ils roulent dans la mort. Dans leurs yeux déjà obscurcis passe la vision de leur enfance, de leurs amours, de paysages riants, de tout ce qui leur était cher et qu'ils ne verront plus. Avec la mort d'Umbro, c'est tout son univers et son passé qui s'estompent. Il voit l'Italie de son enfance, les collines, les odeurs qu'il aimait .

> « Umbro, le bois d'Angitia, l'eau cristalline du Fucin, les lacs limpides t'ont pleuré » (*Énéide*, VII, 759-760).

Et lorsque Antorès meurt, en recevant, ironie du sort, la flèche destinée à un autre,

> « il lève les yeux vers le ciel et se souvient en mourant de la douce Argos » (*Énéide*, X, 781-782).

Euryale mourant est comparé à une fleur qui se fane :

> « Ses beaux membres sont baignés de sang, et sa tête défaillante retombe sur ses épaules. Ainsi une fleur éclatante, coupée par la charrue, languit et meurt ; ainsi les pavots, la tige lasse, courbent la tête sous l'averse[28] » (*Énéide*, IX, 433-437).

C'est lui qui est la vie, la beauté, le cosmos ; et c'est la mort qui est l'anti-cosmos.L'horreur de la guerre est soulignée par cet individu qui se dresse devant la mort, avec tout son passé, et qui crie : c'est moi que l'on tue. Ce moi, il émerge et prend une consistance charnelle à travers sa mémoire, à travers ce temps retrouvé une dernière fois.

En procédant ainsi, Virgile nous montre la guerre comme une monstrueuse force d'effacement de tout ce qui faisait la beauté, le charme, la qualité de la vie. Et ce n'est pas le moins efficace : la guerre apparaît comme le contraire de la vie, et même comme sa négation.

UNE RÉFLEXION PHILOSOPHIQUE

Mais on n'en reste pas là. Virgile ne s'est pas contenté de dire l'horreur de la guerre. Il a réfléchi, médité sur ce que pouvait signifier ce scandale dans l'ordre du cosmos. Il a cherché des explications à l'insoutenable, et il s'est rencontré là-dessus avec la pensée philosophique de son temps. Pour les philosophes de l'Antiquité, toute situation se définit d'abord

28. L'iconoclaste Pétrone reprendra la citation en forme de parodie, dans l'épisode où Encolpe navré contemple son sexe languissant (*Satiricon*, 132).

comme le conflit de deux attracteurs antagonistes[29], étant entendu que, dans un second temps, cette dualité qui arme le système du monde va être dépassée dans un réseau relationnel. Ainsi, Empédocle disait que le monde était mû par deux principes, la haine, *neikos*, et l'amour, *philia*. Dans cette optique-là, la guerre est alors, comme dans la *Bhagavad Gîtâ* de l'hindouisme, une métaphore de la vie ; elle pose le principe d'une « logique d'antagonismes » qui régit le monde et ses dynamismes organisateurs.

Virgile reprend ces théories à son compte. Elles lui permettent d'expliquer l'inacceptable, et de trouver une forme de réconfort, tant pour ce qui touche les affres de sa vie personnelle que pour celles de la cité. Mais, de façon plus positive, ces théories, et particulièrement la pensée présocratique et pythagoricienne, qui font de la guerre un principe du cosmos, une métaphore de la vie, l'intéressent parce que, dans leur extension à l'échelle de l'individu, elles permettent une interprétation initiatique du parcours de chacun : l'homme en route, le voyageur, le *proficiens* stoïcien ne peut se construire que dans une logique d'antagonismes et de complémentarité entre la guerre et l'amour, bien présent aussi dans l'*Énéide*, en particulier à travers le personnage de Vénus. Si l'un des constituants est absent, la polarisation, la tension disparaît, la quête est impossible. Pour ces écoles de philosophes, le désordre de la guerre a un sens dans l'économie complexe du monde.

Déjà les chants amébées des *Bucoliques* donnaient un écho atténué de ce système agonistique. Agonistique, il l'était bien, dans la façon dont les discours des bergers se répondaient et s'opposaient. Mais c'était un combat symbolique. Dans l'*Énéide*, Virgile sort de l'Arcadie heureuse. En même temps que l'histoire, il découvre la laideur de la guerre, son visage effrayant. Il faut apporter des réponses à cette horreur. « La paix peut-elle sortir de la guerre ? » Cette question, qui est une réplique du *Viva Zapata* de Kazan, Virgile la pose déjà.

Il semble que, dans l'*Énéide*, Virgile en soit arrivé à cette idée que la guerre est partout, même dans les genèses, même dans les moments de fondation. On ne peut en faire l'économie (et dire cela, c'est aussi une façon d'exonérer Auguste de la responsabilité des guerres qui avaient

29. Cf. infra p. 211.

précédé son avènement) : le mythe et l'histoire coïncident alors dans la même logique tragique. Pour montrer cette dimension anhistorique, Virgile joue sur l'anachronisme : les machines de siège sont du temps d'Auguste, pas de celui d'Énée. L'anachronisme intensifie la qualité polychronique de la narration, crée un pont entre le passé épique et le présent historique, et invite le lecteur de l'*Énéide* à s'identifier à l'histoire du passé, à ne pas la regarder comme extérieure[30]. Dans cette nouvelle définition de l'épopée, l'*Énéide* est perçue comme *Weltgedicht,* « poème du monde[31] », et la guerre y a sa place.

Les scènes de bataille ne sont donc pas là de façon conventionnelle, pour obéir à la loi du genre, comme le pensait la critique allemande, avec Heinze[32], qui en restait, comme Napoléon, à l'idée que Virgile est moins bon qu'Homère dans les descriptions de bataille parce qu'il n'avait pas fait la guerre. En fait, les combats de l'*Énéide* obéissent à une nouvelle stratégie, une nouvelle définition de l'idéologie et de l'imagerie de la guerre, opposée à celle d'Homère.

Le regard même qui est porté sur les batailles est différent. Homère et Ennius avaient un point de vue unique. Avec Virgile, on a une multiplicité de points de vue : le texte devient polycentrique, de même qu'il est polychronique. La guerre entre dans la complexité. On sort de la description de la bataille frontale, dualiste, celle du « guerrier blanc » décrite par P. Vidal-Naquet[33] : dans l'*Énéide*, logiquement, la guerre est plus complexe qu'une bataille rangée. La ruse, la *metis*, gagne ses lettres de noblesse, et cesse d'être disqualifiée comme une forme de combat non héroïque[34]. Avec Énée émerge un nouveau type de leader, plus subtil et moins brutal, qui est l'archétype d'Auguste : plus vulnérable, mais capable d'associer la politique, la diplomatie et l'art de la guerre. Énée fait sienne cette déclaration de Périclès rapportée par Thucydide :

---

30. Cf. A. Rossi, *Contexts of War. Manipulation of Genre in Virgilian Battle Narrative*, Ann Arbor, University of Michigan Press, 2004.

31. L'expression est d'A. Hardie, in *The Epic Successors of Virgil: a Study in the Dynamics of a Tradition*, Cambridge, 1993, p. 1.

32. R. Heinze, *Virgils epische Technik*, Leipzig, 1915.

33. P. Vidal-Naquet, *Le Chasseur noir*, Paris, La Découverte, 2005.

34. Cf. J. Huizinga, *Homo ludens*, Paris, Gallimard, 1988.

> « Nous savons tout à la fois faire preuve d'une audace extrême et n'entreprendre rien qu'après mûre réflexion. Chez les autres, la hardiesse est un effet de l'ignorance, et la réflexion engendre l'indécision » (Thucydide, *Guerre du Péloponnèse*, Paris, Les Belles Lettres, 2003).

C'était déjà la spécificité de l'armée romaine, dont Énée devient l'archétype. Tite-Live nous montre[35] Torquatus triomphant d'un Gaulois : le Romain est moins fort, mais il est plus rusé, plus discipliné ; au désordre inhérent au combat, au déferlement de violence incontrôlée, il oppose la maîtrise de lui-même, de son armement, de ses gestes ; et Torquatus tue le Gaulois qui, lui, est aveuglé par le *furor* guerrier et par la violence barbare.

La lucidité contre l'aveuglement : c'est l'image romaine de la guerre. La guerre est bien un « avoiement », dans le sens où elle est conformisme, volonté de se situer dans un ordre de la cité, dont elle est un reflet et un élément constitutif. Cet ordre où s'inscrit la guerre dans l'*Énéide* la range d'une certaine façon dans le sacré, car elle déchaîne des puissances terribles et mortifères qu'il faut codifier, réguler, ce qui est bien le propre du sacré dans les sociétés traditionnelles. Dans cette acception, la guerre n'est pas si différente du sacrifice ; c'est pourquoi elle admet facilement la *devotio*, qui n'est pas sans ressemblances avec l'ordalie : sacrifice d'un pour tous, comme celui, historique, de Decius (Tite-Live, *Hist. rom.*, IX, 4-9 et X, 10-12)[36] ; celui, littéraire, de Caton dans *La Pharsale* stoïcienne de Lucain.

Enfin, il ne faut pas oublier que toutes les guerres de l'*Énéide* ne prennent sens que dans leur relation avec l'alliance conclue entre les peuples belligérants, au XIIe et dernier livre de l'*Énéide*. Ainsi, la guerre est présentée comme le prélude d'un processus d'émergence qui reprend les éléments épars (Troyens, Étrusques, et Latins) en les intégrant dans la fonctionnalité de la cité : le désordre de la guerre semble contenir en germe, et même préparer l'ordre de la cité civilisée. La civilisation ne

35. *Histoire romaine*, VII, X, 7-10.

36. Cf. J. Thomas, article « *Devotio* » du *Dictionnaire critique de l'ésotérisme*, Paris, PUF, 1998, p. 404.

peut pas faire l'économie de la barbarie, sur laquelle elle se construit[37]. La guerre est donc endémique dans l'histoire[38], et le « *si vis pacem para bellum* » empêche un « *si vis pacem, para pacem* » prôné par ailleurs, à la même époque, par Tibulle ou Properce, chantres avant la lettre du « faites l'amour, pas la guerre ». Virgile, lui, sait avec tristesse que c'est en acceptant la guerre qu'Athènes sauva, à Marathon et Salamine, non seulement son indépendance, mais aussi l'avenir de la démocratie. Ce n'est qu'à ce prix et par ce processus que plus tard, peut-être, on peut désapprendre la guerre. L'Énée du livre XII de l'*Énéide* pourrait faire sienne cette phrase du patriarche Athénagoras : « J'ai passé toute ma vie à désapprendre la guerre » ; et Virgile précède Kant, qui écrit :

> « L'état de paix entre hommes vivant côte à côte n'est pas un état de nature, celui-ci étant plutôt un état de guerre [...]. Il faut donc que l'état de paix soit institué. ».[39]

La paix dans l'*Énéide* n'est plus la paix a priori de l'âge d'or ; elle est un état conquis sur la guerre. Elle surmonte la culture guerrière ancrée en nous.

Virgile, en poète, réussit à trouver une symétrie entre son récit et son écriture, qui devient un miroir, un amplificateur du sens. La stratégie de mise en ordre du monde s'applique aussi au discours. On sait que Virgile avait une formation d'avocat. Il en a gardé le goût et la science de la rhétorique. Ainsi, l'*Énéide* est ponctuée de discours militaires, dont la syntaxe impeccable fait écho à la « syntaxe » des armées (*suntattein* signifie « mettre en rang, en ordre ») : il s'agit là encore d'avoiement, et non plus de dévoiement du délire de la dilapidation[40]. Cette stratégie

---

37. De même, Fellini et Visconti construisent leur œuvre cinématographique contre l'ordre fasciste, mais en même temps ils en ont besoin : ils se posent comme créateurs en s'opposant.

38.Comme l'a soutenu G. Bouthoul, un des fondateurs de la polémologie. Cf. *La Guerre*, Paris, PUF, 1953.

39. E. Kant, *Vers la paix perpétuelle* (trad. fr.), Paris, Vrin, 2007.

40. De même, M. Paschalis a montré qu'un leitmotiv de trois termes (*doru*, la lance, *doron*, le cadeau, *dolos*, la ruse), repéré la première fois dans l'épisode du cheval de Troie,

d'écriture contribue à faire accéder le texte virgilien à une complexité étrangère au récit homérique ; car, au bout du compte, l'*Énéide* est bien le récit d'une guerre intérieure, dont la guerre extérieure n'est que le reflet : celle de la lutte de la civilisation contre la barbarie. Car la barbarie, dit Virgile, nous l'avons tous en nous. C'est le sens de l'émergence de la complexité : il est trop simple de voir les choses dans une perspective manichéiste selon laquelle l'Autre, c'est le Mal ; et Virgile, dans son édification de la complexité, évite cette simplification. Nous trouverions des preuves de cette connaturalité complexe jusque dans le langage qui associe dans une racine commune l'étymologie d'*hostis*, l'ennemi, et celle d'*hospes*, l'hôte : ambiguïté signifiante, qui souligne que le Même et l'Autre, l'ami et l'ennemi sont virtuellement dans la même personne ; la différence vient ensuite du point de vue de l'observateur, du regard que nous portons.

Oui, mais dire que la guerre est civilisée, n'est-ce pas une façon de se rassurer, de rendre présentable une atrocité ? Virgile était-il dupe d'une telle allégation ? En écrivant ce développement, je me suis demandé s'il fallait en mettre la première partie (la guerre dite comme une horreur) avant la seconde (la guerre exorcisée à travers une réflexion), ou vice-versa. C'est tout le problème de l'existence humaine : le désespoir l'emporte-t-il sur l'espoir, ou est-ce l'inverse[41] ? Tous les grands esprits se le sont posé, et Virgile aussi.

Il me semble qu'il y a répondu de façon grave et profonde. À la différence d'Homère, qui a une réflexion d'ordre essentiellement affectif devant les combats (il les aime), Virgile a réfléchi sur la guerre et la violence. L'*Énéide* est un poème poignant, qui prend en compte le malheur des hommes et leur souffrance, mais aussi leur possible dépassement. Virgile ménage une part à l'émotion et une à la raison, dans une prise de conscience de la nécessité, selon lui, d'assumer Thanatos pour faire vivre

---

revenait dans tous les épisodes guerriers, traduisant l'implacabilité d'un *fatum* soumis aux mêmes forces récurrentes. Cf. M. Paschalis, *Virgil's* Aeneid. *Semantic Relations and Proper Names*, Oxford, Clarendon Press, 1997.

41. On remarquera que la solution retenue est celle qui va dans le sens d'une lecture optimiste…

Éros, et je crois que Virgile n'aurait pas désavoué l'*excipit* de *Malaise dans la civilisation* de Freud :

> « Et maintenant, il y a lieu d'attendre que l'autre des deux puissances célestes, l'Éros éternel, tente un effort afin de s'affirmer dans la lutte qu'il mène contre [Thanatos], son adversaire non moins immortel »,

phrase complétée par celle d'E. Morin :

> « Éros et Thanatos, les deux ennemis profonds et inséparables (chacun portant l'autre en lui) qui continuent plus que jamais leur lutte terrifiante[42]. »

C'est pourquoi je préférerais dire en conclusion que l'*Énéide* de Virgile accède, sur le problème de la guerre comme sur le reste, à une pensée méridienne, une pensée équilibrée, qui veut tout dire, le laid et le beau (comme disait Flaubert, « nous autres écrivains, nous sommes tous vidangeurs et jardiniers »), une pensée qui fait la part des choses, une pensée du « partage de midi ». D'ailleurs, quand Énée arrive sur le futur site de Rome, il était midi.

---

42. E. Morin, *La Méthode*, V. *L'Humanité de l'humanité*, Paris, Seuil, 2001, p. 259.

Corps humilié et corps de transfiguration dans l'*Énéide*[43]

« Le changement des corps en lumière et de la lumière en corps est tout à fait conforme aux lois de la Nature, car la Nature semble ravie par la transmutation. »

I. NEWTON

« L'homme est quelque chose qui doit être surmonté. »

F. NIETZSCHE, *Ainsi parlait Zarathoustra*, Prologue, 3

Les corps sont les premiers atteints, dans cet univers guerrier. Virgile a attaché une importance particulière à leur représentation[44]. Dans l'*Énéide*, le corps n'est pas défini selon un canon unique qui serait, par exemple, celui de l'esthétique. Virgile nous montre des corps, sans tricher, dans toute la variété de la vie, depuis l'horrible jusqu'à la beauté sublime. En poète, il nous les donne d'abord à voir. Mais s'inscrivent-ils dans un projet plus général de l'*Énéide* ? Platon, un des maîtres de Virgile, avait beaucoup réfléchi sur la symbolique du corps, en particulier dans le *Timée*. Pour lui le corps doit se définir selon la beauté. Bien qu'on puisse le considérer comme une structure géométrique, il reste un corps animé, avec une harmonie propre. Il n'est pas une chose, mais une forme : il offre une surface de résistance et de travail pour l'âme qui l'habitera et le modèlera de l'intérieur, à la manière du potier ou du sculpteur. L'une des tâches humaines sera donc de régler

43. Ce développement est une version révisée de l'article « Corps humilié et corps de transfiguration dans l'*Énéide* », in *Le Corps dans les cultures méditerranéennes*, Actes du colloque international de Perpignan (30-31 mars et 1er avril 2006), P. Carmignani, M. Courrént, T. Éloi et J. Thomas dir., Perpignan, Presses universitaires, p. 67-75.

44. Pour une étude systématique du corps dans l'œuvre virgilienne, l'ouvrage de référence est Ph. Heuzé, *L'Image du corps dans l'œuvre de Virgile*, Paris, De Boccard, Coll. de l'École française de Rome, 1985.

l'accord de l'ensemble âme-corps, et d'entretenir le mieux possible cette harmonie[45]. Cela, c'est un discours de philosophe ; et Virgile est un poète, certes profondément marqué par la pensée platonicienne, mais avant tout un visuel et un peintre, peintre de l'âme, et des corps. Sa capacité poétique de jouer avec les images, les couleurs, les contrastes, enrichit le discours platonicien un peu froid ou abstrait : à travers les corps de l'*Énéide*, Virgile dit l'aventure humaine, dans sa profondeur et aussi son chatoiement ; ses corps ont du sang, des larmes, et c'est en ceci qu'ils vont nous toucher[46].

Dans l'*Énéide*, sa vision du monde a été enténébrée par rapport à celle des *Bucoliques*. On l'a dit, c'est la guerre civile qui en est la cause. Virgile a passé la moitié de sa vie en temps de guerre, et il en a retiré un sentiment d'amertume : l'idée que l'histoire se construisait dans et par la souffrance des peuples, et qu'il fallait prendre en compte cette souffrance, la dire, pour la dépasser, y compris, et surtout, dans le discours fondateur. Sur le plan esthétique, Virgile a transcrit dans l'*ekphrasis* cet éblouissement du traumatisme de la violence à travers un statut contrasté des corps, participant de deux univers : d'une part celui de la déchéance physique, de l'humiliation, de la torture ; d'autre part, en contrepoint, celui de la gloire, les corps glorieux appartenant soit aux dieux, soit, temporairement, aux êtres humains, et disant en quelque sorte qu'il y a une parcelle d'espoir immarcescible au cœur du désespoir.

CORPS SUPPLICIÉS ET HUMILIÉS

C'est d'abord la vision des corps suppliciés et humiliés qui s'impose à notre regard. Le constat de l'*Énéide* est très noir : la vie est une vallée de larmes et d'injustice. Tout au long du livre II, puis à partir du livre VIII, nous ne sortons pas du spectacle de la guerre et de la violence, dans une sorte de fascination douloureuse du « doux Virgile ». La critique s'est étonnée de cette complaisance, si opposée à sa nature ; c'est ne pas comprendre qu'il

---

45. Cf. C. Joubaud, *Le Corps humain dans la philosophie platonicienne. Étude à partir du* Timée, Paris, Vrin, 1991.

46. Pour une approche anthropologique du corps romain, cf. *Corps romains* (Ph. Moreau dir.), Grenoble, J. Millon, 2002.

ne pouvait pas en détacher son regard, justement parce que cet homme doux et pacifique en était horrifié, et considérait que sa mission était de dire ce scandale. L'injustice du sort est perceptible dans l'ordonnance du récit : dès que Virgile évoque le début de la guerre, avec le célèbre

> « Maintenant, Muses divines, ouvrez-moi l'Hélicon, et inspirez mes chants, dites quels rois se levèrent pour cette guerre, et quelles armées à leur suite se déployèrent dans la plaine » (VII, 641-643),

il évoque immédiatement, en parallèle, la beauté des corps, pour montrer par contraste la splendeur de ce qui va être souillé : celle de Lausus, « le plus beau des Ausoniens » (VII, 649), celle de Virbius, « un très beau guerrier » (VII, 761), celle, plus virile, de Turnus (VII, 782 *sq.*), celle enfin de l'Amazone Camille (VII, 803 *sq.*).

À partir du livre IX, la bataille fait rage. On note, dans les descriptions de corps torturés, l'obsession de la mutilation, de la fragmentation du corps, notamment à travers les scènes de décapitation par Nisus :

> « il coupe la tête pendante [de l'écuyer de Rémus], il la tranche aussi à son maître, et laisse le tronc se vider à gros bouillons » (IX, 332-333).

Dans une autre scène, c'est la tête même de Pandarus qui est fendue en deux par un coup de taille :

> « les deux moitiés de sa tête retombent également sur ses deux épaules » (IX, 754-755).

Ailleurs, ce sont des doigts coupés qui cherchent à reconstituer la main :

> « Laride, ta main coupée cherche son maître ; tes doigts à demi-morts s'agitent et voudraient ressaisir le fer » (X, 395-396).

CONVULSIONS

Ces scènes d'horreur interviennent comme un contrepoint négatif et mortifère du grand rêve platonicien de l'androgyne, l'être aux deux parties unifiées, réintégrées dans l'unité originelle. Le peintre des corps humiliés nous montre au contraire, avec réalisme, que la guerre sépare, déchire, qu'elle est fondamentalement diaspora, à travers les images de décapitation (X, 394, 554), de membres arrachés, de crânes éclatés (X, 416), de cadavres en lambeaux et méconnaissables (IX, 490). Quant aux figures de gémellité, écho de l'androgyne platonicien, ce n'est pas un hasard si elles sont elles aussi touchées. Les jumeaux Thyber et Laride, mutilés différemment (l'un est décapité, l'autre pert sa main) font l'expérience d'une dissymétrie macabre. À l'inverse, la mort simultanée des frères Lucagus et Liger en fait une sorte de caricature de gémellité (X, 591 *sq*.).

Au phantasme de la dissection s'ajoute celui du vertige. Les corps roulent dans la mort. On l'a dit, le terme récurrent est le verbe *volvere*, « rouler », dont les occurrences sont omniprésentes[47]. Ce phantasme de rotation traduit la perte de cohérence d'un monde où tout se dérobe. Il est complété par un autre : la défaite du corps, qui ploie et se couche. Nous avons vu plus haut la comparaison d'Euryale mourant à une fleur coupée par la charrue ou à un pavot dont la tige courbe la tête sous la pluie (IX, 435-437), mais on trouve aussi une description de la mort de Pallas qui s'inscrit dans la même symbolique funéraire florale (X, 68).

Certaines descriptions associent les phantasmes : en XII, 377 *sq*., le corps de Phégée est à la fois renversé par un char, écrasé et décapité par Turnus.

Le paroxysme de l'horreur est atteint dans les scènes de carnage ; lorsque les corps se mêlent en une masse indistincte et anonyme, ils sont pris dans un bourbier de sang, dans un chaos mortifère :

> « C'est le corps à corps. Alors les mourants gémissent ; les armes, les corps, les chevaux à moitié morts, mêlés aux cadavres des hommes roulent dans le sang ; un combat sans pitié fait rage » (XI, 632-635).

La guerre apparaît comme une morne et monotone moisson des corps :

47. Pour un répertoire de ces occurrences, cf. J. Thomas, *Structures de l'imaginaire dans l'*Énéide, p. 128-129.

« L'épée à la main, Énée moissonne tout sur son passage » (X, 513).

Mais, en contraste avec ces champs de mort, et ces corps suppliciés, humiliés et souillés dans leur beauté, l'*Énéide* est traversée d'images de corps glorieux, éclatants, lumineux. Ce sont bien sûr les corps des dieux, tout particulièrement Vénus, mère d'Énée et déesse de l'amour, dont le corps associe lumière et beauté : corps virginal (I, 318), corps brillant et parfumé (I, 403 *sq.*, et surtout II, 588 *sq.*) :

> « Devant moi, plus brillante que mes yeux ne l'avaient jamais vue, en pleine lumière, splendeur au milieu de la nuit, ma mère divine s'offrit à mes regards, sans voiler sa divinité, dans toute la beauté et toute la majesté avec lesquelles elle se montre aux habitants du ciel » (II, 589-592).

Auguste élevé au rang des dieux participe lui-même de cette lumière céleste. Il est décrit les tempes ceintes par deux aigrettes de lumière, qui rappellent les cornes de Moïse (VIII, 680).

De façon générale, les images de symétrie et de gémellité vont de pair avec ces évocations de l'harmonie du corps des dieux : elles évoquent l'androgynat originel, celui d'avant la « chute » prométhéenne.

Mais il est en même temps bien signifié à Énée que le corps glorieux de sa mère n'est pas de ce monde ; on l'a vu par ailleurs, il fait cruellement l'expérience de l'aorasie : la vision de ce corps céleste se dérobe à lui aussitôt manifestée, le plonge dans la frustration et le rappelle à sa situation d'exilé (I, 402 *sq.*)[48].

UNE AMBIGUÏTÉ SIGNIFIANTE

Est-ce à dire que le monde des hommes et celui des dieux, le corps des hommes et celui des dieux sont séparés par une barrière infranchissable ? C'était la leçon de l'*Iliade*. J.-P. Vernant a écrit un bel article sur le

48. Cf. là-dessus J. Thomas, « L'aorasie ou la Leçon de Ténèbres. Du sens caché dans l'*Énéide* », *op. cit.*

contraste entre le corps obscur des hommes et le corps éclatant des dieux, et il n'y a pas à y revenir[49].

Mais Virgile apporte quelque chose de plus. L'*Énéide* est, à sa manière, une œuvre tardive, et donc une œuvre de complexité. Cette complexité, que nous avons souvent repérée chez Virgile, le conduit à trouver la *coincidentia oppositorum*, l'émergence d'un dépassement des opposés, là où on n'aurait vu en surface que simple clivage.

On peut en voir un indice dans la description d'un corps glorieux et lumineux, qui s'inscrirait a priori dans le monde des dieux :

> « Il resplendit d'une vive lumière, avec le visage et les épaules d'un dieu. D'un souffle sa mère lui avait donné la beauté de la chevelure, l'éclat de pourpre de la jeunesse et la séduction du regard » (I, 588-591).

Mais ce corps, c'est celui d'Énée ! Dès le début de l'*Énéide*, Virgile juge bon de nous donner un signe fort d'espoir, au milieu de toute cette désolation. Avant même que le héros amorce sa métamorphose spirituelle, son héliomorphose (car l'*Énéide* est bien une épopée initiatique qui raconte la trajectoire solaire du héros et sa transfiguration), le poète anticipe sur sa transformation finale, et sur la réalisation de son essence.

Certes, le passage s'inspire d'Homère (*Odyssée*, VI, 229 *sq.*). La différence, c'est le contexte, qui fait d'Énée un voyageur et un passeur entre le monde des hommes et le monde des dieux. Dans l'*Iliade* (et souvent l'*Odyssée*), la communication est impossible ; dans l'*Énéide*, elle est devenue possible, même si, difficile, longue, elle advient au prix de larmes et de souffrance.

C'est sans doute pour cela que la gémellité se charge, dans l'*Énéide*, d'une forme de complémentarité : les deux colombes jumelles qui guident Énée expriment cette ambiguïté signifiante. L'une est l'oiseau de Vénus, l'autre celui d'Énée ; jumelles, elles forment un tout, elles ne sont qu'un ; à travers elles, c'est l'androgyne qui est reconstitué ; mais, prises dans une vraie complexité, elles ont deux statuts ontologiques complémentaires : celui de l'âme terrestre et celui de son *daïmon* socratique, de son ange

---

49. J.-P. Vernant, « Corps obscur, corps éclatant », in *Corps des dieux* (Ch. Malamoud et J.-P. Vernant dir.), Paris, Gallimard, 1986, p. 19-58.

gardien. De même, l'archange empourpré du mystique soufi Sohrawardî[50] a deux ailes : la droite est pure lumière, la gauche, empourprée, est assombrie par la matérialité du monde ; et à Ravenne, dans le mausolée de Galla Placidia, on peut voir deux colombes au bord d'une coupe : l'une boit, l'autre non ; l'une est au-dessus du monde, l'autre est dans le monde. Et dans la *Mundaka Upanishad* (III, 1, 1), « deux oiseaux, compagnons inséparablement unis, résident sur un même arbre ; l'un mange le fruit de l'arbre, l'autre regarde sans manger ».

Le corps mystique des dieux est caractérisé par la lumière blanche (cf. VI, 665 ; VIII, 720). Le corps mutable du héros, lié aux symboles du clair-obscur, de l'ombre, tend, au terme du voyage, vers une corporéité lumineuse et pure, jusqu'à ce que les circuits de lumière réunissent les dieux et les hommes. Déjà, tout le discours d'Anchise, au livre VI, nous dit que le corps est une pesanteur de matière qui tend à être surmontée. Au livre XII, Énée y est parvenu : lorsqu'il prononce sa dernière prière, qui est une forme de « lâcher-prise », où il ne demande plus rien, où il rend grâce, son corps est dit *flagrans*, « brûlant », pure lumière (XII, 167). On peut à juste titre parler d'une forme de transmutation, d'alchimie spirituelle dans l'*Énéide*. À sa manière, le corps d'Énée passe de l'œuvre au noir (la souffrance) à l'œuvre au blanc (le « travail »), puis à l'œuvre au rouge (la transfiguration). Virgile ne nous décrit pas lui-même cette apothéose d'Énée, qui transforme son corps de chair en corps divin ; c'est Ovide qui s'en chargera, et les psychopompes d'Énée mort seront alors Vénus et le Tibre :

> « [Le Tibre] délivre Énée, sous les eaux dont il l'arrose, de tout ce qu'il y avait en lui de mortel ; il ne lui laisse que la meilleure part de lui-même. La mère du héros répand sur son corps purifié un parfum divin ; elle lui touche les lèvres avec un mélange d'ambroisie et de nectar, elle fait de lui ce dieu que le peuple de Quirinus appelle Indigète » (*Métamorphoses*, XIV, 602-608).

50. Cf. H. Corbin, *En Islam iranien. II. Sohrawardî et les platoniciens de Perse*, Paris, Gallimard, 1971.

Mourir, pour les corps, c'est aussi, dans cette perspective, retrouver l'éternelle jeunesse (qui s'oppose paradoxalement à la pourriture du cadavre). La beauté lumineuse des corps coïncide donc logiquement avec l'idée de leur jeunesse, déjà évoquée dans la description d'Énée, et toujours associée à celle du corps des dieux : Vénus virginale (I, 318), ou Mercure (IV, 559). Ainsi émerge une figure récurrente : celle du *Puer aeternus*, sur laquelle nous reviendrons : l'Enfant divin, à l'éternelle et immortelle jeunesse[51], déjà chanté par Virgile dans la *IVe Bucolique*, et aussi par Horace (*Ép.,* II, 189), qui le présente comme conciliant en lui tous les contraires. Le *Puer aeternus*, dans l'*Énéide*, c'est Ascagne, *puer Ascanius*, paré de toutes les grâces et voué à un sort glorieux (cf. X, 132 *sq*). Il symbolise l'enfant parfait, qui prépare et incarne la résurrection et la transfiguration ; il a son double négatif dans le personnage tragique de Pallas, tout aussi beau, mais frappé par la mort, parce qu'il était du mauvais côté des destins : discret rappel de l'ombre qui pèse toujours sur le destin des mortels…

Ainsi, les corps de l'*Énéide* se chargent d'une ambiguïté signifiante : ils peuvent participer à la fois des ténèbres et de la lumière, de la mort et de la vie ; et tout leur sens est justement dans la trajectoire, le travail de métamorphose qui les fait passer du statut obscur et humilié au statut glorieux et lumineux.

Nous retrouvons une caractéristique de l'œuvre virgilienne : sa capacité à nous proposer une dimension holistique de son récit, qui intègre les séquences dans une lecture complexe et unifiée. Chaque scène, chaque portant du récit a un sens en lui-même, mais il ne prend tout son sens que quand il est relié à l'ensemble de la structure, au système mythologique mis en œuvre dans la globalité du récit.

Pour mieux le faire comprendre, risquons une comparaison. La croix dite de Lothaire, qui fait partie du trésor d'Aix-la-Chapelle et qui est datée de l'an mille, a la particularité d'avoir deux faces très contrastées : un avers de gloire et de lumière, orné de gemmes et d'ors, évoquant bien sûr la richesse temporelle de l'Église, et surtout la gloire du Créateur ;

---

51. Cf. J. Hillman, « *Senex* and *puer*: an Aspect of the Historical and Psychological Present », in Eranos Jahrbuch 1967, *Polarität des Lebens*, Rhein Verlag, Zürich, 1968, p. 301-359.

quant au revers de la croix, il nous montre un Christ au corps souffrant, torturé, tétanisé. C'est une symbolisation du double message christique : la transfiguration qu'il promet à ses fidèles passe d'abord par une voie terrestre et douloureuse. Il me semble que, sur ce point, le message virgilien est très semblable ; c'est sans doute pour cela que les corps évoqués par Virgile sont à la fois humiliés et glorieux, dans un clair-obscur, comme si on ne pouvait dissocier l'avers du revers, dans la dimension janiforme du voyage terrestre de l'*homo viator*. Le médiateur entre ces deux mondes, c'est Énée, le héros voyageur. La souffrance ne lui est pas épargnée, mais la transfiguration lui est promise. C'est la leçon des corps dans l'*Énéide*.

Ainsi, le poète Virgile ne se contente pas d'ajouter des ornements à la philosophie platonicienne : il la prolonge et l'amplifie à travers le jeu propre des images. L'idée naît de l'image, et non l'inverse. C'est cela, la poésie. On se souvient de la phrase d'A. Dumas père : « Quels historiens cela ferait que les poètes, s'ils consentaient à se faire historiens ! » On voit que les poètes n'ont rien à envier non plus aux philosophes, et que la perfection de l'esthétique rejoint et exprime la perfection de la pensée. Les scientifiques aussi semblent avoir été séduits, au moins un moment, par cette idée de l'alchimie spirituelle et de la transfiguration des corps, puisque c'est Newton qui a écrit : « Le changement des corps en lumière et de la lumière en corps est tout à fait conforme aux lois de la Nature, car la Nature semble ravie par la transmutation. » Virgile n'aurait pas parlé autrement. Mais ce qui fait sa décisive grandeur, c'est qu'il ne triche pas avec la réalité. Parce qu'il est poète, homme d'images et homme de compassion, il sait ressentir les émotions et les communiquer : il dit la laideur, mais aussi la beauté des corps ; l'obscurité et la lumière. C'est tout le sens que prennent les corps dans l'*Énéide* : ils sont des passeurs, des marqueurs aussi, ils nous montrent d'où l'homme peut revenir, et jusqu'où il peut aller. À la fois sensuels et spirituels, les corps se chargent de cette ambiguïté. C'est parce que les corps virgiliens sont à la fois laids et beaux, suppliciés et lumineux, qu'ils sont authentiquement vivants.

Le passeur. Le travail sur la mémoire

Énée est donc un exilé et un guerrier. Ces deux traits sont indissociables de sa personnalité, et, on l'a vu, il est indispensable de les prendre en compte pour comprendre comment toute une part de l'imaginaire virgilien est une réflexion sur le désir de réintégrer le Paradis perdu et sur le dépassement de la violence. Mais ce héros est en marche ; et on omettrait un trait important de sa personne si on ne lui reconnaissait pas un troisième trait constitutif : Énée est un passeur ; il passe, et fait passer. Et ce passage, pris dans un sens initiatique, est formateur : il permet à la fois l'émergence de Rome et l'individuation du héros.

Les passeurs dans l'*Énéide*[52]

L'*Énéide* de Virgile est l'histoire d'un passage : à la fois une initiation et une fondation, celle du Troyen Énée qui, sur les routes de l'exil, trouve la force de s'orienter et de construire, avec ses compagnons, son propre

---

52. Ce développement reprend dans ses grandes lignes l'article « Les Passeurs dans l'*Énéide* » in *Figures du Passeur* (P. Carmignani dir.), Perpignan, Presses universitaires, 2002, p. 199-216.

espace, en même temps que l'espace géographique qui l'entoure : ainsi va naître la cité romaine, comme nouvelle Troie identifiant le futur au passé, la Terre promise au Paradis perdu.

Pour guider Énée dans ce passage périlleux, le récit met en œuvre une série de passeurs, qui l'aident à aller d'une rive à l'autre, d'une ville à l'autre, et l'accompagnent dans sa mutation ontologique. Leur nature, les formes qu'ils prennent, sont très variables. Nous irons du moins caractérisé au plus prégnant.

LES SAISONS COMME « PASSEUSES »

On peut être étonné de voir figurer là les saisons. C'est oublier que le monde antique est animiste, et que, par exemple, la notion de l'automne comme « saison mentale » chère à Baudelaire prend toute sa force. Apollinaire lui aussi évoque un « Automne malade » qui est saison de latence, de déclin et de passage. En ceci l'automne, saison des déclins, s'oppose à l'hiver, période d'immobilité et de germination potentielle, et encore plus au printemps, saison des renouveaux et de l'élan vital, et à l'été, moment de l'assomption et de la récolte, « gloire » de la nature. Pour saisir l'intérêt du rapprochement, il faut se souvenir de ce que l'*Énéide* est construite comme un parcours solaire dans les douze signes du zodiaque, correspondant aux douze livres de l'épopée virgilienne. Sur ces bases, nous nous permettons de renvoyer le lecteur à notre développement dans les *Structures de l'imaginaire dans l'*Énéide[53], où l'on en arrive à la conclusion que l'axe Bélier-Balance correspondrait à l'axe livre VI - livre XII. La saison de l'automne se situe donc au moment des voyages et de l'errance (du Sagittaire au Capricorne ; des livres I à III) : ce sont bien les mois de l'automne, comme « passeur » et transformateur, comme préparation aussi, dans une ambiance de déclin et de mort potentielle, de vieillissement non encore maîtrisé, depuis une Troie « malade » et mourante jusqu'à Rome en germination, sur le site de laquelle Énée arrivera précisément au printemps (du Taureau aux Gémeaux ; des livres VII à VIII), après les révélations dans le silence

53. Cf. J. Thomas, *Structures de l'imaginaire dans l'*Énéide, p. 332-354.

de la Descente sous terre, au moment de l'hiver, et avant de connaître l'assomption solaire et royale des combats triomphants de l'été (des livres IX à X, du Cancer au Lion).

Donc, chaque saison aide au passage. Mais chacune d'elles a sa propre coloration, son propre rythme : déclin et régression en automne ; germination, effervescence vitale au printemps ; et métamorphose, mutation profonde en hiver et en été, avec des modalités bien différentes : mort apparente, immobilité, dans le secret de l'hiver ; maturité féconde des récoltes dans la chaleur de l'été. On remarquera que ces deux saisons, hiver et été, coïncident avec les deux solstices, comme moments de rupture et en même temps de passage entre le monde des dieux et celui des hommes, placés précisément sous la tutelle de Janus (cf. *infra*, p. 98)[54].

Cela revient à dire que dans le cycle complet du passage, chaque saison, avec son *tempo* particulier, apparaît comme une forme spécifique et particulière, personnalisée, de passeur. Ces quatre passeurs que sont alors les saisons ne peuvent d'ailleurs se concevoir les uns sans les autres, à eux quatre ils forment la totalité d'un cycle et d'un processus dynamique ; et en même temps chacun d'eux a son originalité. Ils forment donc une *unitas multiplex*.

LES ANIMAUX-PASSEURS

Franchissons un pas de plus dans le domaine de la conscience, et, après les rythmes des plantes et de la végétation, venons-en au monde animal, dont une démarche de type chamanique ou totémique amène les humains à interpréter les signes et les avertissements. On remarquera – nous y reviendrons – qu'on trouve ces animaux-passeurs dans les trois mondes : aérien, terrestre et souterrain, comme agents efficaces du passage, dans ses différentes modalités spatiales : circulation entre les mondes d'en haut, d'ici et d'en bas. Enfin, l'élément liquide, comme « autre monde », n'est pas oublié.

54. Sur les solstices, cf. J. Thomas, article « Antre des nymphes » du *Dictionnaire critique de l'ésotérisme*, Paris, PUF, 1998 ; *ibid.*, article « Janus », p. 676-677.

Les oiseaux

Les oiseaux, petits êtres charmants (dans tous les sens du terme, pour le monde de l'*Énéide*), jouent un rôle obscur, mais bien réel, de modestes « passeurs » de prophétie. Il est révélateur que l'ancêtre mythique de Latinus, Picus, ait été transformé en pivert par Circé, ou, disent certains mythographes (cf. Ovide, *Métamorphoses*, XIV, 312 *sq.*), par Canens, la nymphe fille de Janus, dont nous reparlerons : le pivert est l'oiseau oraculaire par excellence (Latinus a recours aux augures de Faunus et Picus, dans la forêt), et il joue également un rôle lors de l'enfance de Romulus et Rémus, lorsqu'il aide la louve à les nourrir ; on voit, à travers cet oiseau tutélaire, comment les deux sens de *augere,* « augmenter » et « nourrir, faire croître », se retrouvent dans *augurium*, l'oracle prophétique (*augur*, c'est celui qui donne le présage, *augurium*, assurant la réussite d'une entreprise).

Le *Lusus Troiae*, longuement développé en V, 580-602, est également lié aux oiseaux. C'est une danse rituelle, exécutée par les jeunes Troyens accompagnant Énée, lors de la halte réparatrice en Sicile, au livre V. Cette danse symbolise les figures complexes de la complémentarité des contraires et rappelle, par les figures qu'elle évoque (deux deltas qui s'interpénètrent ; un labyrinthe en mouvement), la célèbre et initiatique « danse des grues » (*geranos*) qui avait été dansée par Thésée et les deux groupes de jeunes gens et jeunes filles sauvés du Minotaure, lors de son passage à Délos[55].

Enfin – *last but non least* – il faut bien sûr faire mention des deux colombes jumelles qui servent de passeurs à Énée pour lui permettre de trouver le Rameau d'or, et de pouvoir commencer la Descente :

> « À peine avait-il dit ces mots qu'un couple de colombes sous ses yeux mêmes vint en volant du ciel et se posa sur le sol vert. Alors le grand héros reconnut les oiseaux de sa mère et, tout joyeux, il prie : "Soyez mes

---

55. Sur Thésée et la danse des grues, cf. J. Scheid et J. Svenbro, *Le Métier de Zeus. Mythe du tissage et du tissu dans le monde gréco-romain*, Paris, La Découverte, 1994, p. 105-112.

guides, oh ! s'il est quelque route, et dans les airs dirigez votre course vers le lieu saint où le précieux rameau ombrage la terre féconde." » (VI, 190-196, trad. J. Perret).

Le terme latin utilisé par Virgile, *agnovit*, « il reconnut », est intéressant pour nous. Généralement, c'est ce type de rapport que le héros voyageur a avec ses passeurs : il ne les connaît pas forcément, mais il les reconnaît, ils ne lui sont pas étrangers et, d'une manière où d'une autre, ils sont liés à lui, dans ce réseau vaste et complexe qu'est le monde de l'*Énéide*.

On retrouve alors un des grands motifs du voyage héroïque et initiatique : trouver le sens, « apprendre à lire » les signes qui sont là, mais que le héros ne sait pas déchiffrer. L'identité du passeur fait partie de ces signes.

Les colombes guident le héros vers le rameau, cet objet matériel, mais chargé de sens pour sa quête terrestre. En même temps, elles maintiennent un courant entre lui et sa mère Vénus, dont elles sont les oiseaux. C'est pourquoi nous verrons volontiers dans cette gémellité une complémentarité ontologique : colombe d'Énée et colombe de Vénus symbolisant la parenté entre la *psuchè* et le *nous*, entre l'esprit dans l'homme et l'esprit en soi (distinction de type platonicien, familière au monde de l'Antiquité) : dans leur gémellité, les colombes symbolisent bien le passage entre la matière et l'esprit, comme objet de la quête spirituelle.

La truie

Lorsque Énée arrive sur le site de Rome, au livre VIII, il découvre, sur la berge du Tibre, un chêne, une truie et trente petits. Cet animal totémique, dont on ne sait d'ailleurs s'il s'agit d'une truie ou d'une laie, et donc s'il est lié au monde de la civilisation ou à celui de la sauvagerie, joue précisément un rôle de passeur, au moment même de la fondation : dans son ambiguïté même, il est associé au rituel de la prise de possession du sol italien, à la fois dans sa double postulation vers le sauvage (le sanglier est, chez les Indo-européens, un des trois animaux-totems qui président, avec le loup et l'ours, aux rites de l'initiation royale) et vers le civilisé (à travers son sacrifice, la truie apparaît comme le « passeur » qui permet l'appropriation du territoire, comme élimination des forces de la sauvagerie, et démarche tendant à « apprivoiser » la terre italienne).

Le serpent

Habitant à la fois sous terre et sur terre, le serpent est toujours apparu dans l'Antiquité comme un de ces animaux-passeurs qui mettent en relation plusieurs mondes. En ceci, il se charge de la même ambiguïté que le phoque, animal amphibie qui vit dans l'eau et sur terre, et que l'oiseau, qui associe, dans un autre registre, le monde terrestre et le monde aérien. Il n'est donc pas étonnant qu'à un moment où Énée s'approche des révélations majeures qui lui seront faites, un serpent oraculaire lui apparaisse, comme signe annonciateur des prodiges qui se préparent :

> « Il achevait quand, du fond du sanctuaire, un serpent tira, ondoyant, sept replis prodigieux, sept anneaux, enlaçant paisiblement la tombe, se coulant entre les autels. Des taches sombres marquaient son dos, un éclat chatoyant embrasait d'or ses écailles ; tel dans les nuées l'arc-en-ciel, face au soleil, jette mille couleurs changeantes. À cette vue, Énée fut frappé de stupeur. Lui, enfin, en une longue reptation, se glissant au milieu des patères et des coupes polies, goûta aux mets sacrés, rentra pacifiquement dans le fond du tombeau, abandonna les autels où il s'était nourri. Énée reprend avec d'autant plus de ferveur les cérémonies commencées en l'honneur de son père, incertain s'il doit reconnaître en cette apparition le génie du lieu ou un serviteur du héros » (V, 84-96 ; trad. revue).

Ce serpent, qui sort de terre et y retourne, est bien passeur d'un message d'acquiescement de la volonté divine, sise dans l'autre monde, aux entreprises terrestres d'Énée. En même temps, il montre la voie de l'au-delà, assimilé, pour les hommes de l'Antiquité, au monde souterrain. Son voyage serpentin sur le sol est comme une « gullivérisation » du voyage du héros, qui métaphorise lui-même, de façon plus vaste, le voyage de l'*homo viator*.

Par ailleurs, tout dans son apparence et son comportement est sous le signe du passage et de la relation : il retourne d'où il vient, et relie l'au-delà et l'ici-bas en traversant le monde des hommes ; il a la couleur de l'arc-en-ciel, c'est-à-dire toutes les couleurs associées dans une harmonie et une structure totalisante. Il n'est pas jusqu'au nombre des replis, sept, lorsqu'il entoure la tombe d'Anchise, qui ne soit signifiant : le nombre sept est, dans l'Antiquité, l'association de trois et quatre, le nombre du dieu et le nombre de l'homme ; or le dieu et l'homme sont, comme dans le sacrifice, associés dans cet état de grâce fugitif du prodige.

Ce serpent bienveillant a pour antitype les deux dragons monstrueux du livre II qui sortent de la mer avant d'étouffer de leurs anneaux Laocoon et ses enfants (II, 199-227) : Virgile affectionne ces constructions symboliques symétriques et contrastées à la fois.

Il est intéressant de relever qu'Énée hésite sur l'interprétation à donner à ce serpent-passeur du livre V. Est-il le génie du lieu, *genius loci*, ou, de façon plus inquiétante, mais logique dans une telle situation, le gardien du seuil, « un serviteur du héros », dont nous allons parler plus loin ?

Les dauphins

Les dauphins jouent, dans l'*Énéide*, le rôle classique qui leur est attribué dans la symbolique antique : amicaux et bienveillants, ils aident les naufragés à échapper à la noyade, mais en plus, dans l'*Énéide*, ils sont des passeurs, en ouvrant la route vers les contrées mystérieuses et abyssales de l'au-delà. En ceci, ils se chargent aussi de cette dimension fascinante et un peu inquiétante qu'ils ont dans le film *Le Grand Bleu*. En IX, 117 *sq*., les vaisseaux d'Énée menacés par Turnus se métamorphosent d'eux-mêmes en nymphes, ou plus exactement ils redeviennent les nymphes qu'ils étaient à l'origine (on sait la connaturalité qu'il y avait dans la mythologie antique entre les nymphes des bois, les dryades, et les nymphes des eaux et des sources) ; comme le dit joliment J. Perret, « l'arbre qui frémissait encore dans le bois du navire peut revivre nymphe gracieuse[56] ». Or ces nymphes, associées dans cet épisode à un processus de transformation et de métamorphose, sont précisément comparées à l'animal psychopompe par excellence en milieu marin : le dauphin : « Semblables à des dauphins, plongeant leur rostre, elles gagnent les

56. J. Perret, éd. de l'*Énéide*, tome III, Paris, Les Belles Lettres, 1980, p. 8.

profondeurs » (IX, 119-120, trad. J. Perret). Au moment critique du passage, il est intéressant de trouver évoqué l'accompagnateur et le passeur qui facilite la mutation toujours difficile. De même, en VIII, 671 *sq.*, lors de l'épisode éminemment dangereux et décisif de la bataille d'Actium, où se joue le devenir de Rome, la scène guerrière et dramatique est en quelque sorte euphémisée par la présence des animaux-passeurs, les dauphins, qui laissent augurer une issue faste et favorable : « Tout autour, en cercle, de clairs dauphins d'argent balayaient la mer de leurs queues et fendaient la houle » (VIII, 672-674, trad. J. Perret).

LES GARDIENS DU SEUIL

Cerbère

Encore un animal, mais plus spécialisé, celui-là, plus stéréotypé aussi, et traditionnellement en situation de gardien du seuil, « l'énorme Cerbère, de l'aboi de ses trois gueules, fait retentir au loin ces royaumes [des morts], allongé, gigantesque, dans une caverne, en face ». La Sibylle l'endormira en lui jetant « un gâteau rendu soporifique par du miel et des graines traitées » (VI, 417-418, 420, trad. P. Veyne). Il est intéressant de trouver ici Cerbère comme antitype de la figure du passeur. Il fait partie de ces gardiens du seuil dont le rôle est exactement inverse, en apparence, de celui du passeur : il garde l'accès au monde interdit. Dans ses représentations allégoriques au-dessus de l'entrée des temples pythagoriciens, la Méduse et son regard qui tue et pétrifie jouent un rôle comparable. Mais en fait son rôle d'opposant est complémentaire de celui des adjuvants. Surmonter l'obstacle qu'il représente est une épreuve qualifiante incontournable. À ce titre, il est lui aussi rattaché à la « famille » des passeurs, de même que Junon, ennemie acharnée d'Énée, joue un rôle de premier plan dans la réalisation de son initiation[57]. En interdisant le lieu sacré, il en valorise la transgression qui, si elle est

57. Sur Junon comme passeur, cf. J. Thomas, *Structures de l'imaginaire dans l'*Énéide, p. 237, « Junon ou l'Anti-destin ».

accomplie sans déloyauté, devient qualifiante. À bien y regarder, ces « anti-passeurs » font tout aussi bien passer que les passeurs adjuvants.

Charon

Charon est le stéréotype par excellence du passeur, du *portitor*, dans la mythologie antique des Enfers. Sa figure littéraire a du mal à se dégager de ce *topos*, et d'une certaine façon elle est moins riche qu'il y paraît. Le personnage de Charon est évoqué dans un long passage de l'*Énéide* (VI, 299-4 16), juste avant l'épisode de Cerbère. Nous en citerons les passages les plus notables :

> « Un passeur effrayant monte la garde près de ces flots mouvants [l'Achéron], Charon, sale, hérissé, terrible ; des poils blancs foisonnent incultes sur son menton, ses yeux fixes sont de flamme ; un manteau sordide est noué sur ses épaules et pend. Il pousse lui-même la barque avec une perche, sert les voiles et dans sa gabare noircie transporte les corps ; vieux sans doute, mais c'est un dieu, une vieillesse verte et pleine de sang » (VI, 298-304, trad. J. Perret).

« La mort ni le soleil ne se peuvent regarder en face », disait La Rochefoucauld. C'est sans doute pour cela que le passeur Charon a un aspect aussi effrayant et répugnant, *squalidus, sordidus :* il est le reflet d'une angoisse immémoriale des hommes devant le saut dans l'inconnu de la mort.

Lorsque Charon refuse de prendre Énée à son bord, sous prétexte qu'il est vivant, la Sibylle lui objecte la volonté des dieux, et lui montre le Rameau d'or. Alors

> « la colère qui le gonflait retombe dans son cœur. Elle n'ajoute rien. Lui, admirant la baguette merveilleuse, l'auguste don qu'il n'a pas vu depuis si longtemps, tourne vers eux sa poupe sombre et s'approche de la rive. Puis d'autres âmes, assises au long des bancs, il les chasse sans ménagement, il fait de la place sur le tillac et aussitôt reçoit au creux de sa coque le gigantesque Énée. L'embarcation gémit sous ce poids, toute rapiécée ; ses crevasses livrèrent largement passage à l'eau du marais.

Enfin, au-delà du fleuve, il dépose sans encombre la prophétesse et le héros sur un limon sans forme et de glauques roseaux » (VI, 407-416, trad. J. Perret).

Charon est donc spécialisé dans le « passage du fleuve ». Dans l'épisode virgilien, la traversée a un caractère irréversible, lié à la mort. Charon ne délivre que des allers simples, et l'on ne revient pas du domaine où il fait passer les âmes des défunts. Pour passer alors que l'on est encore vivant, il faut donc le contraindre, car il ne connaît que la Loi. Déjà, Héraklès, lors de sa Descente, avait forcé Charon à le transporter dans sa barque, en lui assénant sans ménagement des coups de rame. Énée est moins coercitif, mais Charon, tout aussi réticent, n'en est pas moins sous la contrainte de la Sibylle, qui lui montre le Rameau d'or, sésame auquel il ne peut qu'obéir. L'acte relève de la magie : le dieu ou l'être surnaturel est « lié », contraint de s'exécuter par un rituel efficace. Cette relative passivité de Charon en fait autant, et même plus un gardien du seuil qu'un passeur, car il n'intervient nullement dans l'évolution *post mortem* des âmes. Son rôle, négatif, est avant tout de filtrer (nul ne peut passer qui n'ait l'obole, et la sépulture). C'est sans doute pour cela que, dans certains récits le mettant en jeu (mais pas chez Virgile), il dirige la barque, mais ce sont les âmes des morts qui rament. Le Charuns étrusque était plus actif puisque c'était lui qui tuait le mort d'un coup de maillet, et donc le faisait passer physiquement de vie à trépas.

LA SIBYLLE

La Sibylle est elle aussi liée à l'archétype du passeur. Elle apparaît à ce titre comme guide du héros, à un moment bien précis du récit : celui où, par ses conseils et sa présence, elle peut lui être utile. Avant et après, elle s'efface et disparaît. La Sibylle est toute prédisposée à jouer ce rôle de passeur, puisqu'elle-même est passage : être humain habité par des forces qui la traversent, la dépassent et la mettent en rapport avec l'autre monde. Mais, alors que chez les animaux cette appartenance multiple est en quelque sorte naturelle, il n'en va pas de même chez les hommes, où elle constitue toujours un *portentum*, un prodige et une forme de monstruosité en elle-même fort inquiétante, et difficile à vivre pour celui qui en est l'objet. C'est sans doute pour cela que la Sibylle a un aspect et un comportement peu engageants. Certes, elle est compagne d'Énée, mais une compagne austère, revêche et exigeante. Cette tradition du passeur-compagnon fera fortune dans le récit initiatique et, dans *La Divine Comédie*, Virgile lui-même deviendra le passeur de Dante. Mais la Sibylle est, dans ce rôle, à la fois archétypale et particulière. La Sibylle de Cumes est, comme on sait, une des nombreuses Sibylles (leur nombre est mal fixé) du monde méditerranéen. Elle apparaît d'abord à Énée allusivement, et *in absentia*. Il la cherche dans le sanctuaire d'Apollon à Cumes, et cette atmosphère d'attente est liée à des avertissements : avec l'histoire d'Icare gravée sur les bas-reliefs qu'il observe, on montre symboliquement à Énée les risques d'une initiation pervertie, lorsque l'*hybris* ou la *feritas* s'en mêlent. Ensuite, lorsqu'il l'a rencontrée, la Sibylle n'a de cesse de presser le héros, de l'inciter à l'engagement et au courage :

> « Tu tardes à présenter tes vœux, tes prières, Troyen Énée, dit-elle, tu tardes ? Mais elles ne s'entrouvriront pas avant, les grandes bouches de la demeure épouvantée » (VI, 50-52, trad. J. Perret).

En même temps, par un mouvement inverse, elle lui dépeint sans fards les dangers de l'entreprise, c'est-à-dire qu'implicitement elle le retient, le prévient :

> « Héros né du sang des dieux, Troyen fils d'Anchise, il est facile de descendre en l'Averne. Elle est ouverte nuit et jour, la porte du sombre Dis, mais revenir sur ses pas, se retrouver libre sous les souffles d'en haut, voilà qui est l'affaire et qui demande effort. Bien rares l'ont pu, hommes qu'aima le juste Jupiter ou que leur ardente vertu éleva jusqu'à l'empyrée, vrais fils des dieux : d'ici là les forêts tiennent tout, et alentour le Cocyte glisse ses noirs replis » (VI, 126-132, trad. J. Perret).

« *Sed revocare... hoc opus, hic labor est.* » Revenir, c'est là la grande affaire. Les passages, dans l'*Énéide*, ne sont pas des allers simples. Ce ne sont pas non plus des allers-retours. La réalité est plus complexe : il faut revenir d'où l'on vient, mais différent, enrichi et modifié par l'épreuve, l'expérience que l'on a connue. Lorsque Énée ressort des Enfers, lorsque

Thésée revient du labyrinthe, ils ne sont plus les mêmes que lorsqu'ils y sont entrés. On remarquera que les passeurs n'aident activement que pour le trajet aller. Le retour est l'affaire du voyageur, et personne ne peut plus rien pour lui s'il n'a pas tiré les fruits de la rencontre terrible et éblouissante qu'il a eue au centre des Enfers pour Énée, au cœur du labyrinthe pour Thésée.

Mais, une fois qu'Énée a solennellement affirmé sa détermination :

> « J'ai tout anticipé et dans mon âme, intérieurement, j'ai tout mené jusqu'à son terme » (VI, 105),

lorsqu'il a effectué en lui-même cette récapitulation de l'épreuve qualifiante à venir, la Sibylle l'aide inconditionnellement, et assume sans faillir son rôle de passeur, d'abord en lui révélant les indices qui lui permettront d'accéder à l'entrée (le Rameau ; la nécessité de donner une sépulture à Misène), puis en l'accompagnant (en silence, dorénavant) et en l'aidant concrètement : c'est elle qui organise le sacrifice propitiatoire (VI, 243 *sq*.), qui l'exhorte une ultime fois à la vaillance, devant l'entrée des Enfers (VI, 259-26 1), qui l'informe de l'inanité des ombres et des simulacres qu'il rencontre (VI, 290 *sq*.), qui le renseigne sur le nocher Charon (VI, 317 *sq*.), qui remet à sa place Palinure, coupable de faire perdre du temps à Énée, en lui demandant de le faire traverser le Styx, service que le héros ne peut lui rendre (VI, 373 *sq*.). Lorsque Charon, plein de suspicion, refuse d'embarquer Énée, elle le contraint de façon en quelque sorte magique en lui montrant le Rameau ; enfin, c'est elle qui endort Cerbère en lui jetant un gâteau soporifique (VI, 417).

Il est révélateur que, à mesure qu'Énée avance dans les Enfers, son passeur intervienne de moins en moins : le héros construit lui-même son propre espace de compréhension et d'intervention, et tout se déroule comme prévu. Le passeur n'est là que pour initier, éventuellement rectifier la démarche, aider le héros face à un danger imprévu ou sous-estimé ; le voyageur doit peu à peu se suffire à lui-même. La Sibylle prend l'initiative une dernière fois, pour rappeler Déiphobe, car elle le trouve un peu trop bavard dans le récit de ses malheurs à Énée. Déiphobe s'en excuse d'ailleurs et se retire (VI, 535 *sq*.). La Sibylle éclaire une dernière fois Énée, lorsqu'ils arrivent au carrefour entre les Enfers et les champs

Élysées. Puis elle n'intervient plus, si ce n'est brièvement pour demander aux élus où se trouve Anchise (VI, 669 *sq.*). Dès lors, elle ne joue plus de rôle direct, elle n'est plus mentionnée jusqu'au vers 897. Mais elle est toujours là puisqu'elle fait sortir Énée par la porte d'Ivoire[58]. Elle ne se manifeste plus, car elle s'efface devant Anchise, plus élevé qu'elle dans la hiérarchie ontologique puisqu'il est à la fois mort et réalisé spirituellement (il siège aux champs Élysées), alors que la Sibylle, comme passeur, n'est qu'un truchement, un être en relation, qui connaît les protocoles et les chemins, mais qui n'est pas habilité à délivrer des messages (ce que fait Anchise à son fils). Dans le processus du passage, il y a donc des jalons, des seuils où l'on s'arrête. Et d'une certaine façon Énée est d'une essence supérieure à la Sibylle ; car son rôle à elle est, et sera toujours d'accompagner ; alors que lui s'inscrit dans un processus de métamorphose ontologique. Quand elle l'a conduit au seuil où d'autres entités plus évoluées l'attendent, elle s'arrête, sa mission achevée ; et son rôle à elle sera toujours le même, alors que lui continue d'apprendre et d'évoluer. C'est là, dans l'*Énéide*, l'importante différence entre le passeur et celui qu'il fait passer. De même, Énée renonce, dans le monde des hommes, à ses guides terrestres (son épouse Créuse, son père mortel Anchise, sa nourrice Caiete, son pilote Palinure, qui meurent tous les uns après les autres) au profit de guides exclusivement spirituels (Anchise mort, Vénus) qui lui permettront de continuer sa quête spirituelle : à un moment du voyage, il doit pouvoir faire l'économie de ces guides terrestres.

LES DIEUX-PASSEURS

Les dieux eux-mêmes jouent un rôle fondamental de passeurs dans l'*Énéide*. Sans eux, rien ne se ferait. Car Jupiter, dieu des *Summa*, a un statut royal, mais il est coupé de la communication avec les hommes. Il n'intervient jamais directement dans leurs débats et leurs conflits, il

---

58. Sur ce qu'a d'étrange cette sortie d'Énée par la porte d'Ivoire, la porte des songes trompeurs dans l'*Iliade*, cf. J. Thomas, « Le personnage d'Énée : ses rapports aux autres et au monde » in *L'École des lettres*, numéro spécial *Virgile, l'*Énéide *livre VI*, n° 4, novembre 1995, p. 40-41.

connaît le *fatum*, il sait ce qui va arriver (de même que Zeus connaissait le moment de la mort d'Hector, dans l'*Iliade*), mais il ne peut en modifier le cours. Ce sont donc d'autres divinités qui jouent un rôle d'intercesseurs (adjuvants ou opposants) entre le monde des dieux et celui des hommes. En ceci ils seront bien passeurs d'une énergie qu'ils transmutent sur un mode que les hommes peuvent percevoir : pour le dire autrement, ils vont leur être « utiles » ou « nuisibles » ; en fait, ils vont être le ferment de leur évolution.

Mercure

Mercure, le psychopompe, est l'archétype de cette dimension de relation et de communication entre les mondes. Sa stature est plutôt moindre que celle de l'Hermès grec[59], dont il ne se démarque pas de façon originale. Comme lui, il est par excellence celui qui fait passer, et qui préside aux échanges[60] (dieu des commerçants, mais aussi dieu des voleurs…). Dans l'*Énéide*, il intervient au livre IV, dans son rôle traditionnel de messager des dieux, chargé de transmettre à Énée l'ordre de reprendre sa mission, alors que celui-ci semble s'endormir dans les délices de Carthage, s'abandonner aux charmes de l'amour que lui porte Didon. Jupiter est très clair quand il lui confie sa mission :

> « Qu'il reprenne la mer ; c'est tout dire en un mot ; sois-en notre messager » (IV, 237).

Mercure s'acquitte de cette charge avec efficacité, et sans originalité : il reprend les termes même du message de Jupiter, en y ajoutant un zeste de fermeté, une touche d'éloquence, et quelques arguments d'ordre affectif susceptibles d'émouvoir Énée, à propos d'Ascagne, l'héritier que le héros, par son inaction, frustre d'une royauté qui lui était promise :

---

59. Sur Hermès, cf. L. Kahn, *Hermès passe, ou les ambiguïtés de la communication*, Paris, 1978 ; R. Sorel, article « Hermès » du *Dictionnaire critique de l'ésotérisme*, p. 599-601.

60. Sur Mercure, cf. J. Thomas, article « Mercure » du *Dictionnaire critique de l'ésotérisme*, p. 832.

> « [Jupiter] m'ordonne lui-même de t'apporter ce message à travers les vents rapides : à quoi penses-tu ? dans quel espoir uses-tu ces jours oisifs sur les terres de Libye ? Si l'éclat d'une haute destinée n'a rien qui te touche, regarde Ascagne qui grandit, les espérances d'Iule ton héritier à qui sont dus le royaume d'Italie et la terre romaine » (IV, 268-276, trad. J. Perret).

On remarquera que Mercure, comme passeur, est totalement transparent. La Sibylle jouait un rôle bien plus personnalisé en exhortant Énée à dépasser ses craintes et ses perceptions fallacieuses, ou en l'aidant concrètement à accomplir les épreuves qualifiantes. Fonctionnaire du dieu, Mercure se contente de transmettre de façon efficace (ce qui n'est déjà pas si mal…).

Enfin Mercure, comme tous les autres passeurs divins (Anchise, et surtout Vénus, qu'Énée ne cesse de vouloir étreindre alors qu'elle se dérobe à ses sens), laisse Énée en proie aux affres de l'aorasie :

> « Ayant parlé de ce ton, le dieu du Cyllène, rompant l'entretien, se déroba aux regards humains, s'évanouit loin des yeux en un souffle léger » (IV, 276-278, trad. J. Perret).

En d'autres termes, le dieu-passeur se manifeste juste assez pour que les mortels aient la certitude de l'existence de l'autre monde, en même temps que la révélation de leur impossibilité à le connaître.

Soulignons au passage, à propos de l'évocation des « jours oisifs » à Carthage, l'existence dans l'*Énéide* d'un autre antitype de passeurs : ces personnages qui, comme Didon, lient le héros et l'immobilisent. À l'inverse, le passeur est un délieur. Mouvement, mutation (associés au passeur) et immobilité s'opposent comme sacré et profane, initiation et banalisation, esprit et matière, légèreté et pesanteur, essor et enlisement, vie et mort.

Apollon, Vénus, Hercule

L'axe majeur de la théologie de la médiation et de la métamorphose est occupé, dans l'*Énéide*, par trois divinités : Apollon, Vénus, Hercule divinisé. Tous trois sont passeurs, mais chacun dans son domaine propre, et à sa manière propre. À eux trois ils représentent les voies indispensables à Énée pour progresser dans son initiation et son expérience spirituelle : la voie de la connaissance (Apollon, le maître de la mantique et des prophéties), celle de l'amour (Vénus) et celle de l'action (Hercule, le héros des Travaux, montré en exemple à Énée par Évandre, au livre VIII). Aucun de ces trois passeurs ne délivre un message suffisant en lui-même ; mais le héros en marche ne peut faire l'économie d'aucun de ces trois messages, sous peine de rendre sa quête spirituelle incomplète et déséquilibrée. Et les trois réunis donnent un sens à l'action héroïque, en même temps qu'ils la sacralisent et lui confèrent la plénitude à travers leur complémentarité[61].

Vénus

Il convient toutefois de réserver un statut particulier à la figure de Vénus. Mère d'Énée, elle joue dans l'*Énéide* un rôle mystique d'intercesseur, de médiatrice entre la figure du Père, de son père (Jupiter), et celle du Fils, de son fils (Énée). Elle-même est en double situation de fille (de Jupiter) et de mère (d'Énée), ce qui détermine sa double trajectoire de « passeuse » : entre le monde du Père (l'Unité de l'Être, le Jupiter des stoïciens) et celui du Fils (la diaspora et la souffrance de l'initiation et de l'hypostase terrestre, et aussi l'effort du voyage, de la progression et de la remontée initiatique), elle est le lien qui donne le Sens. C'est pourquoi elle ne cesse d'aider son fils, et de le soutenir de son amour : Vénus, déesse de l'Amour, apparaît bien comme celle qui *fait être*, une Vénus *mystica*, et non pas *erotica* (rien n'est plus chaste que l'*Énéide*), reliant le Ciel et la Terre, et conciliant les deux visages du désir, comme sentiment de la chute, et comme certitude de la rédemption et de la fusion-réintégration, à travers un double mouvement janiforme (nous allons parler de Janus...)

61. Cf. J. Thomas, *Structures de l'imaginaire dans l'*Énéide, p. 227-240.

– de don et de descente vers les hommes (sa figure de Mère compatissante)

– d'initiation à une remontée en forme d'ascèse, une réintégration vers la Source (sa figure de Sœur-Fille).

C'est pour cette raison qu'elle est à la fois ferme (elle montre la voie) et tendre (elle offre le refuge de sa compassion et de son aide) : belle conciliation d'un imaginaire de type diurne et d'un imaginaire de type nocturne, dirait G. Durand. Nous ajouterons que cet imaginaire nocturne est de type « mystique » et que ces deux imaginaires sont reliés par l'ascèse de la trajectoire et du passage, qui relèverait, dans la typologie durandienne, du régime « nocturne synthétique ».

Jupiter insiste clairement sur la dimension de « passeuse » de Vénus :

> « Dans les hauteurs du ciel, vers les constellations, tu élèveras le magnanime Énée » (I, 259-60).

C'est bien le même double mouvement simultané, en forme de rencontre, d'une descente compassionnelle de Vénus (d'ailleurs frustrant pour Énée, qui, comme on l'a dit, fait à ce moment précis l'expérience de l'aorasie : alors qu'il voudrait l'étreindre, sa mère se dérobe et disparaît ; mais il sait quand même qu'elle est là…) et d'une assomption en gloire d'Énée ; la nécessité du risque est contrebalancée par la certitude de l'amour, qui rend le risque acceptable, et surtout signifiant.

C'est sans doute pour cela que les deux colombes du livre VI que nous évoquions *supra* sont bien des animaux-passeurs, à l'image de leur maîtresse Vénus. À travers elle, l'amour lie le monde terrestre au monde divin, dans une dimension mystique et initiatique qui va au-delà de la perspective lucrétienne de l'amour comme principe d'attraction universelle (cf. Hymne à Vénus, *De rerum natura*, I, 1-43). Et Vénus apparaît bien comme la *Daena* du soufisme iranien[62] : une figure de l'ange gardien, un double divin de la psyché humaine, qui protège et assiste sa figure gémellaire symétrique confrontée aux épreuves du monde. En même temps, comme intercesseur (on pense à la scène de l'*Énéide,* VIII, 370-

62. Cf. H. Corbin, *L'Imagination créatrice dans le soufisme d'Ibn'Arabî*, Paris, Flammarion, 1958, p. 34, 210, 223, 267, 303.

406, où elle demande à son époux Vulcain des armes pour son fils)[63], elle est proche de la figure christique de la Vierge, autre « passeuse » de ceux qui invoquent son amour et sa protection.

Orphée

Orphée a changé son statut de mortel en immortel ; il est son propre passeur, et le passeur de l'humanité ; il ne pouvait pas ne pas être aux champs Élysées, et il est un des premiers que Virgile y mentionne :

> « Le prêtre de Thrace avec sa longue robe répond à ces cadences en faisant parler les sept intervalles des notes, il les émeut aussi tantôt des doigts, tantôt de son plectre d'ivoire » (VI, 645-647, trad. J. Perret).

Orphée chante et accompagne des danses. Maître de l'harmonie, il est celui qui symbolise toute cette circulation du sens, depuis le monde des dieux jusqu'à celui des animaux, qui comprennent ses chants. Il est bien emblématique de tout ce processus de la quête du sens dans l'*Énéide*, en même temps que l'archétype du passeur : simple mortel, par sa « transparence », il a eu accès au monde des dieux. Il représente l'épure idéale de ce que peut être une trajectoire humaine.

Janus

Janus, le dieu à la clef, est bien celui en qui culmine toute cette symbolique du passeur, et celui qui en donne le sens. En ceci, il mérite que nous lui réservions un traitement particulier.

Relativement peu cité dans l'*Énéide* (quatre occurrences), il l'est toutefois avec une grande précision de ses épithètes, qui définissent

---

63. Il est intéressant de remarquer que, tout au long de ce passage, la seule scène érotique de l'*Énéide*, Vénus séduit son époux, mais elle ne pense qu'à son fils. Les psychanalystes apprécieront.

parfaitement, et de façon exhaustive, les contours de sa dimension mystique de passeur :

– en VII, 180, lors de la description du palais de Latinus, Janus, associé à son parèdre aux « deux bouts de l'an », Saturne[64], est évoqué avec l'épithète de *bifrons :*

> « Le vieillard Saturne, l'image de Janus aux deux visages se dressaient dans le vestibule » (trad. J. Perret revue) ;

– en VII, 610, associé à *custos*, le gardien, et à *limen*, le seuil : Janus est le « gardien du seuil » :

> « ... et Janus le gardien n'en quitte jamais le seuil » ;

– en VIII, 357, associé à la fondation de Rome, et à Saturne, l'autre roi mythique des origines de Rome :

> « L'auguste Janus a bâti ce lieu fort, Saturne a bâti l'autre » ;

– en XII, 197-198, lors du serment solennel de Latinus, qui prend Janus à témoin, associé à Apollon et Diane, les Jumeaux divins, et mentionné comme *bifrons :*

> « Je m'engage moi-même devant la terre, la mer, les astres, les deux enfants de Latone, Janus au double front... » (trad. J. Perret).

Nous retrouvons bien là les trois caractéristiques centrales du dieu Janus, en même temps qu'une définition essentielle du passeur.

Comme le confirme une étymologie acceptée par la plupart des linguistes, Janus est le dieu du passage, et le dieu passeur. La racine **ia* est un élargissement de l'indo-européen *ei-*, « aller », et le nom du dieu se présente bien comme un terme correspondant à la notion de passage. Macrobe, se référant à Cicéron, le disait à sa manière, et avec les outils philologiques de son temps : « Cicéron écrit non pas Janus mais Ianus,

64. Cf. J. Thomas, articles « Janus » et « Saturne » du *Dictionnaire critique de l'ésotérisme*, p. 676-677 et p. 1159-1160.

du verbe *ire*, aller » (*Saturnales*, I, IX, 11 ; cf. en référence Cornificius, *Étymologies divines*, III, et Cicéron, *De natura deorum*, II, 27, 67°).

Ce passage est initial : passer, c'est entrer. Janus est le premier (cf. Cicéron, *DND, loc. cit.*). Il est le dieu des *Prima*, des commencements, alors que Jupiter est celui des *Summa*, le roi du monde créé et structuré ; Virgile, reconnu dans l'Antiquité comme expert en sciences religieuses, retrouve là Varron, cité lui-même par saint Augustin (*Cité de Dieu*, 7, 9 : « *penes Janum sunt prima, penes Jovem summa* »).

Enfin Janus est lié au thème du double, à la gémellité ou, plus précisément, c'est lui qui concilie les contraires dans l'acte créateur. Deux épiclèses mentionnées par Virgile évoquent cette capacité de lier dans une complémentarité : il est *bifrons*, et *geminus*, à deux visages, et associé aux jumeaux. C'est même un des traits par lesquels il s'inscrit dans le courant de la pensée ésotérique romaine : le philosophe néo-pythagoricien Publius Nigidius Figulus, admiré de Cicéron, enseignait que Janus est identique à Apollon et à Diane-Iana, c'est-à-dire à la polarisation du courant créateur (cf. Macrobe, *Sat.*, I, 9, 8). Dans le même esprit, Macrobe nous rappelait – avant Nietzsche… – qu'Apollon et Dionysos sont les mêmes visages, diurne et nocturne, d'un principe créateur en action. Rien d'étonnant qu'une épiclèse d'Apollon soit précisément celle d'un dieu passeur, « de la porte », *thuraios,* alors que, pour les mêmes raisons, Diane est dite *trivia*, déesse des carrefours et du passage. Janus lui-même est toujours saisi dans une fonctionnalité gémellaire et associée à la complémentarité des contraires, lorsqu'il est dit *patulcius* et *clusius*, dieu qui ouvre et qui ferme (donc dieu passeur), à travers les portes de son temple, ouvertes en temps de guerre, fermées en temps de paix : il fait passer d'un espace à un autre, de la guerre à la paix, du chaos au cosmos (à l'origine, il est identifié au chaos : cf. Ovide, *Fastes*, I, 103 *sq.*). Ainsi, à travers la figure de Janus, on retrouve par d'autres voies un des discours essentiels du pythagorisme : un, deux et trois sont unis dans une même réalité complexe. Ovide, bon pythagoricien, l'avait lui aussi bien exprimé dans sa prosopopée de Janus :

> « Tu vois les visages d'Hécate, tournés dans trois directions, afin de garder aux carrefours la croisée de trois routes : moi aussi, pour ne pas perdre mon temps à tourner la tête, j'ai le pouvoir de regarder dans deux directions sans bouger le corps » (*Fastes,* I, 140-144, trad. H. Le Bonniec).

Donc Janus est bien le dieu passeur par excellence : il fait entrer (une ancienne étymologie fantaisiste faisait dériver son nom du verbe *inire,* « faire entrer » ; elle est philologiquement fausse, mais intelligente). Il est l'initiateur du temps. C'est pour cela qu'il préside au premier mois de l'année, *Januarius*, janvier, le mois de Janus et le mois de la porte, *janua ;* on lui offre un sacrifice au début de chaque mois (Macrobe, *Sat.*, I, 15, 10), et l'*Agonium* du 5 janvier, premier sacrifice public de l'année, lui est dédié.

Il préside aussi aux rites d'expiation, comme passage : après le meurtre de sa sœur, Horace doit passer sous le *tigillum Sororis*, le joug de la Sœur, une porte rituelle qui lui permet de se laver de sa souillure et de retourner dans le monde des hommes. Ce processus rituel est placé sous le signe et la protection de Janus, Janus Curiatius.

On n'est donc pas étonné que, chez les Romains, le dieu Janus ait été lié aux *Collegia Fabrorum*, confréries de bâtisseurs, qui célèbrent sa fête, aux deux solstices, et qui sont à la fois des fondateurs et des passeurs symboliques, à l'image du *pontifex*, le « faiseur de ponts », qui participe, par sa fonction, de la symbolique du passeur : il est celui qui relie et fait passer, et dont une des fonctions secondaires est de sanctifier les ponts, ces accessoires profanes de la relation et du passage.

On le voit, Virgile était parfaitement informé de toute la théologie de Janus, y compris dans sa dimension ésotérique qui en fait le Passeur et l'Initiateur, et l'associe aux Jumeaux divins. Macrobe avait raison de dédier le troisième livre de ses *Saturnales* à un Virgile maître de sagesse, parfaitement informé des sciences religieuses de son temps, dans toutes leurs dimensions.

Il n'aura pas échappé au lecteur que le metteur en scène de cet opéra fabuleux, de cette parade au sens rimbaldien, c'est Virgile lui-même, le poète comme passeur, celui qui nous donne à voir les arcanes du symbole. Parce qu'il est le passeur par excellence, celui qui fait que les choses durent et portent sens, Virgile, prince des poètes, nous rappelle les mots d'un autre poète :

> « La Nature est un temple où de vivants piliers
> Laissent parfois passer de confuses paroles ;
> L'homme y passe à travers des forêts de symboles
> Qui l'observent avec des regards familiers. »
> (Baudelaire, *Les Fleurs du Mal*, Correspondances).

Pour l'homme de l'Antiquité, le rôle de ces passeurs, établissant une continuité du sens depuis le centre jusqu'à la périphérie, depuis les dieux jusqu'aux hommes, est une évidence. Mais il s'inscrit également dans une forme de logique et d'ordre du monde, où chacun est à sa place dans une savante hiérarchie, de l'humble végétal à la stature prégnante du dieu : c'est la grande fraternité de l'œuvre virgilienne, où chacun, participant du vaste courant du vivant, s'inscrivant dans un réseau, une circulation vitale, est donc, à sa manière et à la mesure de ses moyens, passeur.

Mémoire individuelle et mémoire collective *Puer aeternus*. Les figures de l'Enfant chez Virgile[65]

« Nous étions jeunes et larges d'épaule…
On attendait que la mort nous frôle. »

B. LAVILLIERS, *On the road again*

Par son importance dans l'œuvre virgilienne, la figure de l'Enfant éternel, du *Puer aeternus*, déjà évoquée *passim* dans nos développements précédents, mérite qu'on lui consacre un développement particulier. Avec elle, nous ne quittons pas les processus de la mémoire et l'image du Paradis perdu. De surcroît, cette figure est un symbole fort, incontournable pour comprendre l'imaginaire de l'*Énéide*.

A priori, rien ne le laissait supposer. À Rome, socialement parlant, l'enfance est malmenée et dépréciée[66]. On sait que la *patria potestas*, le pouvoir du père de famille, va jusqu'à lui donner droit de vie et de mort

65. Ce développement est une version révisée et remaniée de l'article « *Puer aeternus*. Figures de l'Enfant chez Virgile », in *Retour vers les enfances méditerranéennes* (I. Dubois dir.), Actes du colloque international de Perpignan (15-17 octobre 2008), Perpignan, Presses universitaires, 2011, p. 49-61.

66. Quelques prémisses notionnelles, d'abord : parmi les différents âges de la vie, les Romains distinguent trois termes qui correspondent à trois états successifs de l'enfance : le statut d'*infans* (de un à sept ans) ; puis celui de *puer* (de sept à quatorze ans, avec un prolongement possible jusqu'à dix-sept ans, dans certaines périodes historiques) ; et enfin celui d'*adulescens*, jusqu'à trente ans. Ce sont ces trois périodes, et plus particulièrement les deux dernières, qui recouvrent l'état de jeunesse, pris au sens large. C'est d'ailleurs bien ainsi que l'entend Virgile, qui ne distingue pas toujours *puer* et *adulescens*, désignant successivement un même personnage par un terme puis par l'autre. Ainsi, Marcellus, mort à dix-huit ans, est successivement évoqué par Virgile comme *juvenis* (*Énéide*, VI, 861), *vir* (VI, 873) et *puer* (VI, 882). C'est donc autour de ce répertoire lexical assez variable que nous construirons notre étude.

sur ses enfants. C'est la forme paroxystique d'un regard dévalorisant jeté sur l'enfance. Pour les stoïciens, le passionné (le contraire du sage) est justement comparé à un enfant, dont le caractère n'est pas encore mûr. Cela reflète le jugement de l'Antiquité sur l'enfance. Dans la doctrine du Portique, l'enfant est un homme non encore abouti, inachevé, et aussi celui que l'homme doit détruire en lui pour parvenir à la raison[67]. Ce point de vue se prolonge jusqu'à Descartes disant que nous avons des préjugés parce que nous avons été enfants avant que d'être hommes.

Or il est intéressant de constater que c'est pourtant cette même société romaine qui a contribué à promouvoir une image parfaitement sublimée de l'enfant : celle du *Puer aeternus*. Contradiction ? Pas vraiment. Car le *Puer aeternus* n'est pas un enfant ordinaire. En tant que tel, il va représenter un état sublimé de la *Weltanschauung* de la période. Il apparaît comme le contretype de la figure sociale de l'enfant, dont on a vu la dépréciation. L'archétype du *puer* participe de deux imaginaires : un imaginaire mystique fusionnel, qui est le plus ancien, et qui abolit le temps ; mais aussi un imaginaire de type initiatique et héroïque, relevant des figures du temps, et selon lequel le *puer* se construit en construisant le monde. Nous verrons ensuite que ces deux figures sont bien présentes chez Virgile, mais dans une progression, depuis le monde à dominante fusionnelle des *Bucoliques* jusqu'à celui, plus ascétique et initiatique, de l'*Énéide*.

D'abord, le *Puer aeternus* est un enfant divin, lié aux Commencements. Il participe d'un état fusionnel d'immersion dans le cosmos. La phénoménologie de la naissance de l'enfant est toujours liée à un état originel de chaos, comme non-différenciation, comme identité entre l'homme et le monde. C'est le contraire de la démarche rationaliste aristotélicienne et stoïcienne, qui distingue la subjectivité et l'objectivité, le moi et le monde.

C'est pour cela que le *puer* est présenté avec des traits ambigus, masculins et féminins : il touche à l'androgynat, comme réintégration de la non-différenciation.

---

67. Cf. Épictète, *Entretiens*, III, 37.

Le *Puer aeternus* est donc un être à la fois initial et final. Il unit le début insignifiant, douteux, et la fin triomphante, en assomption spirituelle. Il est à la fois petit et grand, faible et fort. C'est sans doute dans cette perspective que le *puer* est lié au *senex*, au vieillard. Ils ont en commun d'être tous deux plus proches de l'autre monde que l'adulte : l'un touche à la naissance, l'autre à la mort. Ce contact privilégié avec le surnaturel les fait entrer dans des forces qui sont normalement interdites à la nature humaine. D'où une figure que le psychanalyste J. Hillman appelle le *puer-senex*, ou *puer senilis* : l'enfant-héros est prématurément au-delà de l'enfance[68]. C'est ainsi que Dionysos, Hermès-Mercure (sous la forme des Hermès doubles[69]), sont représentés dans l'iconographie à la fois comme *pueri* et *senes*, comme les deux faces d'un même archétype. C'est une façon de dire que le *puer* n'a pas d'âge, ou qu'il les a tous. En ceci, il se confond avec la figure d'Aiôn, le Zervan perse, le dieu du temps éternel, qui est justement représenté, dans l'iconographie, sous les traits tantôt d'un enfant, tantôt d'un homme d'âge mûr, tantôt d'un vieillard, ce même Aiôn qu'Héraclite associait expressément à la figure d'un enfant lorsqu'il écrivait (frag. 52) :

> « Le temps [Aiôn] est un enfant qui joue et qui pousse des pions ; c'est la royauté d'un enfant. »

Chez Virgile, nous retrouvons la même situation dans la *IVe Bucolique*, à travers la description des trois âges du *Puer aeternus* : l'enfance (v. 8-35), l'adolescence (v. 36-47) et l'âge mûr (v. 48-57), qui sont donc les trois faces d'un unique « être » du monde, les trois rythmes d'une même épiphanie.

Mais ces commencements auxquels le *puer* est associé sont des espaces dangereux. Ils sont liés à une verticalité qui ne demande qu'à se transformer en chute : c'est l'expérience tragique d'Icare, de Phaéton, tous *pueri* terrassés par leur imprudence. Le *puer* est en relation directe

---

68. Cf. aussi C. G. Jung et K. Kerényi, « Contributions à la psychologie de l'archétype de l'enfant », in *Introduction à l'essence de la mythologie*, Paris, Payot, 1993.

69. Cf. J. Marcadé, « Hermès doubles », *Bulletin de correspondance hellénique*, École française d'Athènes, LXXVI, Paris, De Boccard, 1951, p. 596-624.

avec le divin ; mais si cette connexion verticale se rompt, par suite d'une transgression (Phaéton désobéissant à son père Phébus, Icare outrepassant les conseils de son père Dédale), l'enfant tombe, les ailes brisées.

Ceci dit, le *puer* ne meurt pas vraiment. Le monde horizontal, le continuum de l'espace-temps que nous appelons réalité ne sont pas son monde. Il meurt facilement, mais c'est parce qu'il n'est pas né dans l'ici-bas, le *Diesseits*, et sa mort le confirme dans sa dimension d'éternité. Le danger intensifie seulement la connexion verticale. Du coup, ni l'attente ni la patience n'ont leur place dans le monde de l'enfant. Tout doit être fait tout de suite. Le *puer* voyage donc pour éprouver sa fortune, pour brûler, mais certainement pas pour revenir à la maison. Il n'est pas Ulysse. Il ne marche pas, il vole (Hermès *puer* chevauchant un dauphin est représenté avec des ailes). Nous avons parlé de proximité entre le vieillard et le *puer*. Mais là nous avons une différence notable. Le vieillard devient parfait avec le temps. Le *puer*, lui, est primordialement parfait. Si son comportement semble désordonné aux hommes, c'est qu'il obéit à d'autres lois. Et, quand il est mort, il reste aux autres la marche plus lente vers la maturité et la sagesse des adultes. (la voie d'Ascagne, par opposition à celle de Pallas). La mort du *puer* lui apporte le *kleos*, la gloire immortelle de ceux qui sont morts jeunes, comme dans l'*Iliade*. Dans un langage alchimique, la voie du *puer*, c'est la voie sèche, et la voie des autres hommes, plus lente et passant par l'ascèse, c'est la voie humide.

Car la trajectoire fulgurante, la combustion accélérée de la vie du *puer*, sont tout sauf ascétiques. En ceci, elles ressemblent à des destins poétiques, celui d'un Rimbaud, ou d'un Kerouac écrivant :

> « Pour moi ne comptent que ceux qui sont fous de quelque chose : fous de vivre, fous de parler, fous d'être sauvés, ceux qui veulent tout en même temps, ceux qui ne baillent jamais, qui ne disent pas de banalités, mais brûlent, brûlent, brûlent, comme un fabuleux feu d'artifice, et qui explosent comme des étoiles noires parmi les claires constellations [70]. »

C'est vraiment un discours de type dionysiaque, dans la mesure où Dionysos a certains aspects du *Puer aeternus*.

---

70. J. Kerouac, *Sur la route*, Paris, Gallimard, 1957.

C'est aussi une caractéristique qui rapproche le *Puer aeternus* de l'enfant « ordinaire ». Ils ont tous deux en commun l'impatience. Le *Puer aeternus*, comme l'enfant ordinaire, veut tout, tout de suite, il va trop vite, trop loin. Mais ce n'est pas la même impatience. Ce n'est pas à cause des caprices de l'enfance, mais parce que le monde ne peut jamais satisfaire la demande de l'esprit. En ceci, dans l'Antiquité, la figure du *Puer aeternus* est bien le contretype de l'image stoïcienne de l'enfance. L'impatience n'est plus un défaut, elle devient faim d'éternité qui amène le *Puer aeternus* à consommer (consumer ?) des événements profanes.

Cet archétype de l'Enfant divin évolue peu à peu, dans le sens d'une capacité à se situer dans la durée, et à construire une démarche ascétique, de type initiatique. On le repérerait, dans la mythologie, à travers plusieurs figures, dont voici les principales :

– les Enfances du héros, comme celle d'Héraklès, marquée par des exploits qui le distinguent de son demi-frère mortel Iphiclès ;

– la figure de l'Enfant divin : celle de Zeus-Jupiter (à Préneste, on rendait un culte à Jupiter *puer*, comme *protogonos*[71]), celle de Dionysos, éponyme du *Puer aeternus*, dans Ovide, *Mét.*, IV, 18, mais aussi celle d'Apollon, et surtout celle d'Hermès, tel qu'il est décrit dans l'*Hymne homérique à Hermès* : un petit dieu malicieux et doué de la *metis*, qui réussit à voler les bœufs d'Apollon, puis à les lui échanger contre la lyre qu'il vient d'inventer ;

– les figures d'Éros[72]. Éros, comme *Puer aeternus*, est souvent présenté, dans les monnaies grecques, en train de chevaucher un dauphin, et le front

71. Cf. J. Champeaux, *Fortuna. Le culte de la Fortune à Rome et dans le monde romain*, De Boccard, École française de Rome, tome I (1982) et II (1987).

72. Dans les récits théogoniques, Éros apparaît comme un *Puer aeternus*, qui tantôt précède Vénus, tantôt est présenté comme son fils. L'ambiguïté est en elle-même intéressante : comme Dionysos, Éros est à la fois le premier et le dernier. À travers les deux figures d'Éros, le mythe inverse l'évocation initiale d'Éros-*protogonos*, qui donnait à Éros une liberté primordiale confinant potentiellement à un désordre dangereux : dans la seconde évocation, en faisant d'Éros le fils d'Aphrodite, et d'Aphrodite la fille de Zeus, le mythe ôte leur capacité de nuire à ces deux dangereux perturbateurs ; ils sont tous deux soumis à un parent (Éros à Aphrodite, Aphrodite à Zeus) et, en terme ultime, ils sont gérés par l'ordre de Zeus : le cosmos se met en place, en ordre, et prévient les risques de voir revenir le chaos initial, d'où le nouveau statut d'Éros.

couronné de fleurs, comme figure triomphante, et non encore tragique, de l'enfant-fleur. Le dauphin-guide – présent dans l'*Énéide*, en III, 428, V, 594, VIII, 673, IX, 119 – est un animal psychopompe ; il permet de s'orienter et d'émerger au sein du chaos indifférencié, symbolisé par le monde marin. Relevons toutefois qu'en même temps qu'elle est initiatique la vision relève d'un imaginaire mystique : l'Enfant au dauphin, plongeant dans la mer primordiale, est simultanément initial et final ; il échappe à la temporalité, et il se confond avec l'océan de l'être ;

– le Messie, comme *Puer aeternus*, est bien attesté dans tous les avatars messianiques du Ier siècle av. J.-C., qui sont tous une figure du sauveur-médiateur, dont la naissance miraculeuse restitue et retrouve l'expérience de la création. L'apparition de l'Enfant (Ascagne, Romulus) coïncide avec un moment auroral : la création et l'émergence d'un monde nouveau. De surcroît, comme il s'agit d'une naissance spirituelle, tout doit se passer de façon non empirique, non réaliste : d'où la thématique de l'accouchement virginal du *puer*, de sa procréation miraculeuse, de sa naissance merveilleuse ;

– Le Fils du roi, souvent abandonné ou exilé ; l'accent est mis sur une autre dimension du *puer*, initiatique celle-ci : sa capacité à grandir et à s'émanciper. L'abandon, l'exil, symboliques ou réels, sont des étapes nécessaires de son développement.

CHEZ VIRGILE

Presque toutes ces figures sont chez Virgile. Le premier Virgile, celui des *Églogues*, nous livre d'abord une image du *puer* conforme à la figure fusionnelle. C'est l'Enfant de la *IVe Bucolique*. Il est une promesse, l'incarnation d'un éternel devenir qui se réalisera. Il annonce un âge d'or retrouvé. Mais en même temps, on voit déjà poindre des traits de la figure initiatique : on remarquera que cet âge d'or n'est pas donné comme un cadeau, mais qu'il faudra le mériter, le reconquérir : c'est la part d'ascèse héroïque dans une vision mystique et fusionnelle. Les deux sont indissociables à travers cette figure du Fils, qui montre déjà une évolution par rapport à l'archétype mythologique du *puer* : ici, pas d'immédiateté mystique, mais une reconquête de type initiatique. La critique virgilienne s'est évertuée à mettre un nom historique sur le *puer*, à lui donner une identité : on a pensé à un enfant d'Octave, ou d'Antoine, ou de Pollion ; plus récemment, à Marcellus[73]. Mais c'était chercher un *nomen* là où il y avait un *numen*, une force cosmique et spirituelle, au-delà de l'histoire. La variété même des hypothèses d'identification historique proposées est le meilleur signe de leur fragilité : l'évocation du *puer* engage le poète beaucoup plus loin que dans un poème de circonstance, destiné à célébrer le fils d'un ami ou d'un protecteur.

Dans l'*Énéide*, les différences par rapport à l'archétype mystique sont encore plus importantes. La tendance, semble-t-il, c'est que le *puer* conserve une part de sa dimension mystique et fusionnelle, mais qu'elle tend à s'effacer au profit de la dimension initiatique, particulièrement adaptée au projet de l'*Énéide*, qui est de montrer un processus fondateur, où le *puer*, comme avatar du héros, se construit en construisant le monde. Il est toujours en harmonie, en résonance avec le cosmos ; mais en même temps il se bat pour émerger.

C'est pour cela que dans l'*Énéide*, à la différence des *Bucoliques*, le *puer* est un enfant-guerrier. Ascagne, Pallas, Marcellus peuvent être désignés à la fois comme *puer* et comme *vir*, homme dans toute la force du terme, sans que le mot soit associé à un âge particulier. Ils cumulent en eux les caractéristiques de l'enfant et celles du guerrier accompli. Cela a étonné de la part du « doux Virgile ». C'était ne pas voir qu'on était dans le monde de l'épopée, donc celui des destins des peuples et de l'histoire en train de se faire, dans les larmes et la souffrance. On l'a vu *supra*, l'irruption de la guerre est la traduction logique de cette prise de conscience de la violence : comme Krishna l'explique à Arjuna dans le *Mahabharâtâ*, on ne peut, dans ce monde, éviter de se faire guerrier. C'est l'achèvement, l'enracinement de la pensée de Virgile, après l'utopie cristalline des *Bucoliques* : les *pueri* sont contraints de s'inscrire dans la vaste machine du monde et d'y tenir leur place, avec ce que cela suppose de maturité précoce, et de risques d'être pris dans une violence omniprésente.

73. Cf. N. D'Anna, *Mistero e profezia. La IV Egloga di Virgilio e il rinnovamento del mondo*, Giordano, Cosenza, 2007, p. 200.

Cette projection précoce dans le monde de la guerre donne au *puer* une dimension émouvante. C'est sans doute pour cela que la mort des *pueri* est ambiguë dans l'*Énéide*. Elle est toujours liée au monde héroïque ; mais elle en appelle aussi à la compassion, dans un monde où chaque faute, chaque insuffisance, se paie au comptant, au prix fort, au prix de la vie. Les enfants-guerriers de l'*Énéide*, qui meurent au combat, comme Gavroche, sont aussi des enfants désarmés, pitoyables et souffrants. Quand ils meurent, ils meurent comme des enfants, et non comme des dieux. Il leur revient alors en mémoire tout ce qui fait le bonheur des hommes : le monde de leur enfance, tout proche, et la terre natale. Antorès « lève les yeux au ciel et se souvient en mourant de la douce Argos » (X, 781-782)

D'où ces figures de *pueri* morts, comme un peuple de fleurs décimées. Ces images ne sont pas propres à Virgile : Hyacinthe, Narcisse, Crocus, Pyrame existent déjà dans la mythologie. Le récit homérique les connaît aussi. Mais c'est Virgile qui leur a donné leur plus haute dimension d'humanité, à travers le personnage d'Euryale, fragile homme-fleur ; il est à la fois un *Puer aeternus* et un enfant mourant et pitoyable : son problème est d'avoir grandi trop vite, et de garder des réflexes d'enfant (imprudence, griserie d'une puissance mal maîtrisée) dans un monde qui ne pardonne rien. Rapidement, la forêt se ferme et se transforme en piège sur son aventure qui tourne à la fuite et au cauchemar. Finalement, Euryale est débusqué et tué sans pitié, comme un gibier :

> « Euryale roule dans la mort ; ses beaux membres sont baignés de sang, et sa tête défaillante retombe sur ses épaules. Ainsi une fleur éclatante, coupée par la charrue, languit et meurt, ou, la tige lasse, les pavots courbent la tête sous la pluie lourde. » (IX, 433-437)

Euryale tombe, victime de son *hybris*, mais, dans la mort, sa fragilité d'enfant prime sur le masque éphémère du guerrier. Il devient un de ces enfants-fleurs, dans la lignée de l'archétype du *Puer aeternus.* Ainsi, le comble de la beauté (la figure d'une fleur) et celui de l'horreur (la mort injuste d'un enfant) se trouvent associés dans un oxymore particulièrement poignant. Dans l'affirmation même de sa pureté, l'enfant devient la victime, le sacrifié, celui qui témoigne du scandale de la violence du monde. Hugo s'en souviendra, dans la transposition urbaine du personnage de Gavroche.

Mais l'*Énéide* est constamment une œuvre ambiguë, polysémique ; c'est le fondement même de sa profondeur et de sa complexité. Ainsi, Virgile a donné un autre sens à la dimension d'éternité du *puer*. On le voit bien dans l'épisode de la mort de Pallas, à travers la stylistique et l'écriture poétique : le nom de Pallas, d'abord désigné comme *puer* (XI, 42), est ensuite rapproché, dans le texte, de l'adjectif *aeternus*, en XI, 97-8 : *Salve aeternum mihi, maxime Palla, /aeternumque vale,*

> « Adieu pour toujours, grand Pallas, pour toujours, adieu ! »

Rapproché, mais pas relié grammaticalement : *aeternum* est pris comme adverbe, au sens de « pour toujours ». Il est en fait dissocié de la personne de Pallas. Le terme *aeternus* sépare alors plus qu'il ne fait entrer : « Pour toujours, adieu » écrit Virgile. Mourir, c'est perdre à jamais la chaleur du monde des hommes. L'épiclèse *aeternus* s'est donc dépouillée de sa puissance mystique, mais elle a pris une autre charge : Pallas vivra dans les mémoires pour toujours, et Virgile nous suggère que c'est comme cela qu'il sera *Puer aeternus*. Le poète se veut lui-même l'agent de cette éternité, comme l'affirme l'éloge funèbre de Nisus et Euryale :

> « Heureux couple, si mes chants ont quelque pouvoir, jamais le temps ne vous effacera de la mémoire des âges » (*Én*éide, IX, 446-447).

J'y verrai volontiers une preuve d'un changement de paradigme dans l'*Énéide* : la référence alexandrine, déjà bien présente au livre IV, le livre de Didon, innove en particulier sur la notion même de mémoire, et de transmission du *kleos*, de la gloire. Celle-ci ne vient plus seulement des mérites intrinsèques du guerrier, mais bien de l'art du poète, seul capable de faire passer à l'immortalité par son écriture, qui cristallise l'action dans l'écrin de la beauté.

Par ailleurs, on a dit que dans l'*Énéide* le *puer* était devenu un guerrier. Mais on peut aussi inverser la relation, et voir un trait de l'alexandrinisme dans le fait que le guerrier est devenu *puer*. Ovide, lui, transformait la guerre en jeu quand, dans *L'Art d'aimer*, il nous dit qu'il va au théâtre comme à la chasse, en séducteur. Cette façon de désamorcer l'*epos*, l'*eris* (la Discorde) qui va avec l'*epos*, et de les soumettre aux lois de l'*eros* (une des figures du *puer*) est typiquement alexandrine : c'est un choix de comportement, de société, c'est presque un choix existentiel. Dans une société en mutation, Virgile affirme ainsi son désir de promouvoir un monde qui maîtrise et dépasse la violence, et qui lui substitue le règne de l'amour (déjà annoncé dans la *IV*e *Bucolique*) et les valeurs de Vénus, mère d'Énée, le Fondateur. À travers ces deux figures inversées (le *puer*-guerrier et le guerrier-*puer*), Virgile réussit donc à affirmer ses deux ambitions : tenir compte des réalités de l'histoire, mais aussi promouvoir sa vision d'un monde meilleur.

Une autre innovation liée à l'alexandrinisme, qui permet de « revisiter » le genre épique, de lui donner son *aggiornamento*, c'est ce que nous appelons la littérarisation du mythe : son aptitude à entrer en littérature, à se charger d'une dimension subjective supplémentaire, qui va superposer et entrelacer dans l'écriture une mémoire collective (le mythe) et une mémoire individuelle (l'enfance personnelle comme lieu insurpassable)[74]. Le monde du *Puer aeternus* s'identifie alors à l'état paradisiaque de la toute première enfance, d'où nous a expulsés la loi du temps[75]. Ainsi, comme on l'a dit, Virgile réussit à exprimer que l'enfance, c'est à la fois ce que nous avons de plus personnel et de plus universel, de plus enfoui dans les profondeurs de l'être et pourtant, potentiellement, de plus communicable. Le *puer* de l'*Énéide* est *bifrons* : regardant à la fois devant et derrière, il porte en lui l'enfant-roi, à qui l'avenir appartient, et le moi-enfant que nous avons été. D'une certaine façon, la boucle est bouclée : par la mémoire affective de l'enfance, le héros, qui avait été projeté dans le bruit et la fureur, retrouve le sens de l'absolu et de l'éternité, et renoue avec un temps par-delà le temps.

Quant aux autres *pueri*, ceux qui, comme Ascagne, échappent à une mort prématurée, ils vivront vieux et seront rois. Ils s'inscrivent dans une autre trajectoire, qui prend en compte la lenteur de l'ascèse, et la durée

---

74. Une autre « littérarisation » du *puer* tend à le confondre avec le poète : le *puer ut poeta*, Daphnis, dans la *V*e *Églogue*.

75. Cf. C. G. Jung, *Métamorphoses de l'âme et ses symboles*, Genève, Georg, 1953, p. 486.

du temps qui passe. C'est sans doute comme cela qu'il faut interpréter l'image d'Énée quittant Troie en tenant son fils par la main et en portant son père sur ses épaules (II, 721-724). Plutôt qu'à la juxtaposition de la figure du *puer* et de celle du *senex*, mentionnée *supra*, nous assistons ici à l'évocation des trois âges de la vie s'inscrivant dans une relation, une absence de solution de continuité : le *puer* apprend à grandir, à mûrir et à se construire, il deviendra adulte, puis il vieillira. On peut même aller plus loin : le couple *puer-senex* Pallas/Priam, lié dans la tragédie et dans la mort, s'oppose au couple *puer-senex* Ascagne/Anchise, lié à la fondation et à la régénération. En ceci, la figure tragique et fulgurante de Pallas délivrait un autre message symbolique que celle d'Ascagne : voie sèche par opposition à la voie humide, immédiateté, par opposition à l'ascèse. Avec l'histoire d'Ascagne, l'*Énéide* devient un éloge et un apprentissage de la lenteur. Mais les enfants-fleurs laissent une trace immarcescible, de même que Didon et sa trajectoire funeste et interdite nous semblent sans doute plus séduisantes que l'histoire de la petite Lavinia un peu trop sage. Virgile l'a voulu ainsi : dans son approche de la complexité, il a tenu à ce qu'un éloge soit rendu à chacun. Quant à l'Enfant-roi, Ascagne, il a aussi sa part de gloire : les deux aigrettes de lumière qui nimbent sa tête en II, 681 *sq.*, attestent la spiritualité et la force de lumière pure qui émanent de sa personne.

Cette modification de la figure du *Puer aeternus* à travers ses avatars virgiliens est bien la preuve de la complexité de l'œuvre du poète mantouan. Il nous semble en tout cas que cette approche des figures de l'Enfant permet d'apporter une forme de réponse à la fameuse interrogation de Paul Veyne : les Grecs – et les Romains – croient-ils encore à leurs mythes ? La réponse serait : oui, mais dans une structure complexe d'imaginaire, qui prend en compte des éléments nouveaux : la revendication du moi de l'auteur ; la prise de conscience d'une tragédie existentielle de la condition humaine, exprimée à travers la célèbre et navrante figure de l'Enfant vue par Lucrèce dans le *De rerum natura* : un nouveau-né abandonné et pleurant sur une plage (V, 222-227). À cette question, donc, la réponse de Virgile ne peut être que complexe, pour être crédible par rapport au *Zeitgeist* de la période augustéenne. C'est le double visage de l'*Énéide, albus et ater*, blanc et noir, comme le dit Horace à propos du Génie de chaque homme, qui est lui-même une forme du *puer*, « *Genius… voltu mutabilis, albus et ater* », « Le Génie… au visage changeant, tour à tour blanc et noir » (*Épîtres*, II, 187-189).

La complexité de l'*Énéide* s'exprime aussi dans la capacité de la figure du *puer* à concilier la problématique traditionnelle de l'archétype et une autre, beaucoup plus neuve, annonçant la littérature européenne à venir et identifiant mémoire personnelle et mémoire absolue. Notre « ombre dorée primordiale », pour reprendre une belle expression d'Henry Corbin, c'est désormais au fond de nous-mêmes et de notre mémoire personnelle que nous irons la chercher, comme un jardin secret. Cette *Weltanschauung* ne lâchera plus l'imaginaire occidental ; mais Virgile en a été un des pionniers, avec Properce et Ovide. En ceci, et contre la phrase terrible de Sartre, « J'étais un enfant, ce monstre que les adultes fabriquent avec leurs regrets », il y a une dimension romantique de la figure de l'Enfant dans l'œuvre de Virgile, et même dans l'*Énéide* : lorsque les Énéades arrivent sur le site de Rome, Ascagne a une parole prophétique qui permet à Énée de comprendre qu'ils sont arrivés (VII, 107-134). À sa manière, il prend place dans cette phalange des enfants-dieux, de ces merveilleux voyants-poètes dont les facultés disparaissent chez l'adulte[76] : Ascagne a le don de prophétie, mais son père ne l'a pas, malgré toute sa *virtus* et son épiclèse de *pius Aeneas*. Par contre, au cours de l'ascèse du voyage, Énée a appris à lire, et il comprend ce que signifient les propos de son fils : le message de l'*Énéide*, c'est que les deux démarches, la prophétie et l'apprentissage, sont nécessaires pour avancer. Une fois de plus, l'imaginaire antique nous prouve qu'il sait maîtriser ces figures bifaces, ambiguës, dont la charge duelle est le gage de la complexité du message délivré.

76. C'est pour cela que, dans leurs pratiques d'oniromancie, les néo-pythagoriciens accordaient un grand intérêt aux songes d'enfants, censés être prophétiques. On leur prêtait des pouvoirs surnaturels, qui s'effaçaient à l'adolescence. Cf. J. Thomas, article « Néo-pythagoriciens » du *Dictionnaire critique de l'ésotérisme* (J. Servier dir.), Paris, PUF, 1998, p. 916-918.

Mémoire et travail d'écriture chez Virgile et Ovide[77]

Stat rosa pristina nomine, nomina nuda tenemus.
« La rose d'hier ne subsiste que par son nom,
les noms seuls nous restent. »

B. MORLIACENSE, *De contemptu mundi*
(épigraphe au *Nom de la rose* d'U. Eco)

« Je dis une fleur ! Et hors de l'oubli se lève,
idée même et suave, l'absente de tout bouquet. »

S. MALLARMÉ, *Crise de vers*

Passer, c'est passer dans l'espace, mais aussi dans le temps. En tant que récit initiatique, l'*Énéide* est un voyage spatial, mais elle est, peut-être encore plus, un voyage dans la mémoire. Comme tous les grands créateurs, Virgile a compris que le travail d'individuation et de construction de soi ne pouvait se faire que dans et par l'épaisseur du temps, et la densité mémorielle. Dans cette quête incontournable, il est rejoint par Ovide, et il est intéressant de comparer leurs deux imaginaires sur ce point. Ils sont les héritiers lointains (très lointains, dirait Paul Veyne) de la Grèce. Or la poésie de la Grèce ancienne considère la création artistique comme le fruit d'une possession par les Muses, filles de Mémoire. Et c'est Mnémosyne, la déesse de la Mémoire, qui préside à la fonction poétique. Le poète est son interprète, comme le prophète est l'interprète d'Apollon. Dans cette perspective, la mémoire jette un pont entre le monde des vivants et l'au-

77. Ce développement reprend dans ses grandes lignes l'article « Mémoire et travail d'écriture chez Virgile et Ovide », in *Mémoire et identité. Parcours dans l'imaginaire occidental* (P.-A. Deproost, L. Van Ypersele et M. Watthee-Delmotte dir.), Louvain, Presses universitaires, 2008, p. 347-356.

delà[78]. Elle permet d'y entrer et d'en revenir. L'anamnèse apparaît alors comme une forme d'initiation ; en livrant à Hésiode, à Empédocle, le secret des origines, les Muses leur révèlent un mystère. Au temps fugace, la mémoire substitue un temps reconquis dans sa totalité : c'est bien l'ambition de la *IVe Bucolique* de Virgile. Alors s'éclaire l'énigmatique formule du médecin Alcméon de Crotone, proche des pythagoriciens : « Les hommes meurent parce qu'ils ne sont pas capables de joindre le commencement à la fin[79] » ; ainsi conçu, l'exercice de mémoire apparaît bien comme médiation, mise en relation. Tout entier tourné vers son passé, l'homme antique cherche et construit sa vérité à travers un travail de mémoire : tout a déjà été écrit dans les premiers récits ; les hommes se contentent de réécrire et décliner ce verbe fondateur dans le temps de leur histoire. Le mythe comble l'ignorance en donnant une image et donc une étiologie de l'inconnu : en conserver la mémoire, c'est progresser en savoir et en sagesse.

Mais avec l'émergence des nouvelles valeurs liées à l'individu, à sa conscience d'exister, nous avons souligné qu'on voit apparaître, à partir du VIe siècle av. J.-C., un « temps des hommes » à côté de ce « temps des dieux ». En particulier, l'homme est fasciné par sa mémoire subjective, liée à son histoire personnelle, à son affectivité, soumise à tous les chatoiements et toutes les vicissitudes de l'existence humaine : cette mémoire faite de battements de cœur, de plaisirs, d'émotions, de beauté, de jeunesse, c'est sur elle que va se fonder la poésie lyrique. Dans cette perspective, ce que la mémoire nous donne, ce ne sont pas les faits, mais c'est l'émotion qui nous en reste, et qui nous conduit à reconstruire les faits pour les mettre en accord avec cette émotion : selon des critères scientifiques, cette mémoire est infidèle, voire erronée.

De même, et dans le domaine de la pensée technique, à partir du Ve siècle av. J.-C., on franchit une étape : les techniques ne sont plus présentées comme le don des dieux, ni même comme le résultat du vol transgressif de Prométhée, mais comme des conquêtes progressives et datées de l'humanité, cristallisées autour du thème du *protos heuretès*, du premier inventeur.

---

78. Cf. J.-P. Vernant et P. Vidal-Naquet, *La Grèce ancienne,* II. *L'Espace et le Temps*, Paris, Seuil, 1991, p. 25.

79. Cf. Aristote, *Problemata,* 916 a 33.

Ainsi, le sophiste Gorgias fait l'éloge de Palamède, le roi des inventeurs qui, lors d'une disette, avait inventé le jeu de dames pour, à proprement parler, « tuer le temps » : distraire l'esprit afin qu'on ne pensât pas trop à manger[80]. L'homme a la *metis*, il est inventeur, mais il est aussi responsable de ses actes : nous rapprocherons cette prise de conscience du mythe platonicien d'Er, où l'homme est présenté comme ayant la responsabilité de choisir son *daïmon*, et sa vie future (*Rep.,* 617 *sq*.).

C'est pour cela que la comparaison entre Virgile et Ovide semble intéressante à deux titres.

D'abord, nous avons affaire à deux auteurs qui vivent à une époque déjà tardive, dans l'histoire de l'Antiquité. Ils sont des héritiers, des épigones, à une époque où les Romains commencent à se demander s'ils croient encore à leurs mythes, pour paraphraser Paul Veyne. Le début de l'Empire romain est une période complexe, tissée d'influences multiples ; ce n'est pas encore un crépuscule, mais ce n'est certes pas une aurore.

D'autre part, Virgile et Ovide ont clairement marqué qu'ils étaient intéressés, voire impliqués dans le débat d'idées philosophiques. Tous deux sont nourris du platonisme et du pythagorisme (qui valut peut-être même son exil à Ovide). Mais ils sont aussi des poètes, des hommes de l'image, de la saveur des mots et des évocations ; des hommes qui nous donnent à voir la chair et le sang du monde. En ceci, ils sont aussi tournés vers l'instant.

Comment concilier ces deux tropismes apparemment antinomiques qui les tournent à la fois vers une mémoire de l'absolu et vers une mémoire de l'instant ?

C'est la *Gestalttheorie*, la théorie de la Forme, qui va nous aider à comprendre la poétique augustéenne. Pour la *Gestalttheorie*, la Forme est le dynamisme organisateur du cosmos, celui qui lui donne sens. Il n'y a jamais eu de l'être et de la matière en séparation, mais en relation, et

80. Cf. P. M. Schuhl, *Essai sur la formation de la pensée grecque*, Paris, 1949, p. 348-350, et J. Thomas, « *Mirabilia.* Tropismes de l'imaginaire antique », in *Mirabilia. Conceptions et représentations de l'extraordinaire dans le monde antique* (Ph. Mudry dir.), Bern, Peter Lang Editions, 2004, p. 1-13.

le sens du cosmos est justement dans cet entre-deux, dans cette relation universelle. Entre la « réalité en soi », inconnaissable, et la « réalité en moi », subjective, le poète nous donne à voir les Formes, l'« information » qui donne sens à la matière.

Platon est un pionnier dans ce domaine, bien sûr. Mais il nous livre la théorie. Virgile et Ovide, d'une certaine façon, vont plus loin. En peintres du cosmos, ils évoquent les images comme des métaphores vives : elles sont puisées dans leur mémoire personnelle, dont elles ont la saveur, mais elles se chargent aussi d'une dimension symbolique qui en fait, au sens étymologique, des « lieutenants » du monde : elles « tiennent lieu » des grandes forces cosmiques, elles les expriment à travers les formes. Ainsi se résout l'antinomie initiale que nous avions relevée entre mémoire de l'absolu et mémoire de l'instant. L'instant devient un absolu, l'individu devient universel, le Moi devient le Soi ; on ne peut plus opposer temps absolu et temps instantané : le *punctum* assume toute la charge de l'absolu. En ceci, la création artistique prend bien une dimension à la fois initiatique et sacrée : elle permet d'entrer dans la profondeur et le mystère du monde, en nous et hors de nous.

DEUX EXEMPLES

Prenons deux exemples, empruntés à Virgile.

Au livre VI de l'*Énéide*, Virgile nous montre les champs Élysées. Mais comment décrire, avec les mots et les images des hommes, ce lieu paradisiaque, non humain, que personne n'a vu ? On ne peut non plus rester dans l'abstraction des idées, si pures soient-elles. Alors Virgile a l'idée d'identifier sa mémoire personnelle à une mémoire absolue et, pour cela, de décrire le meilleur de sa mémoire affective : un souvenir d'enfance et de son « vert paradis ». Et les champs Élysées deviennent une grande prairie où les abeilles bourdonnent, un jour d'été :

> « Et, comme dans les prairies où les abeilles, au serein de l'été, se posent sur des fleurs diaprées, s'épandent autour des lis blancs, toute la plaine bourdonne d'un murmure » (VI, 707-709, trad. J. Perret).

L'ancien éditeur de Virgile à la CUF, André Bellessort ne s'y est pas trompé, qui écrit :

> « Nous ne pouvons rien concevoir de plus beau, de plus divin, au-delà de cette vie, que les paysages où nous avons pour la première fois admiré la douce lumière [...], les âmes y bourdonnent comme les abeilles de son enfance[81]. »

On remarquera que Virgile privilégie les notations auditives, et même olfactives, pour évoquer cette mémoire de l'instant éternel : elle est liée à un parfum, à une essence, dans l'ambiguïté même de ce mot, qui évoque à la fois une senteur pénétrante, et la relation à l'absolu. Ce n'est pas par hasard que les parfums et les odeurs jouent un rôle aussi grand chez Virgile, chez Ovide...et bien sûr chez Proust.

Reprenons un autre exemple, toujours au livre VI de l'*Énéide*. À mesure qu'il progresse dans les Enfers, Énée fait des rencontres : d'abord Palinure, puis Didon, ensuite Déiphobe. On remarquera que ces rencontres correspondent à des remontées dans une mémoire de plus en plus ancienne : Palinure vient de mourir, Didon est morte à Carthage quelques mois plus tôt ; quant à Déiphobe, le frère d'Énée, il est mort lors de la prise de Troie, sept ans auparavant. Ainsi, cette remontée dans le temps coïncide avec une progression dans l'espace de l'initiation. Le héros doit maîtriser son temps personnel pour être maître du temps, pour accéder au temps absolu. On voit que Virgile n'oppose pas du tout deux types de temps, absolu et individuel ; au contraire, il les met en relation et en complémentarité. Il associe également, de façon étroite, l'espace de la Descente et le temps de la mémoire : à un certain niveau de l'initiation, le temps se fait espace, le temps et l'espace fusionnent en espace-temps.

Ainsi, Virgile nous donne à voir des formes, comme cristallisation des forces qui traversent le cosmos. Sans son art, ces forces nous resteraient mystérieuses, inconnues. L'art est bien, dans cette acception, une forme

81. Virgile, *Énéide*, A. Bellessort trad., tome I, Paris, Les Belles Lettres, 1970 (1925), p. 190, note 1.

d'anti-destin, au sens où Malraux emploie le mot : il nous aide à échapper à l'obscurité et à la mort. Et le poète est bien une sorte de prophète, de guetteur et d'éveilleur au sens hugolien, puisqu'il permet à l'homme de voir ce qui l'angoisse – en lui et hors de lui –, d'amener l'obscur vers la lumière. C'est sans doute le sentiment que durent éprouver les chasseurs préhistoriques quand l'un d'eux (peut-être plus malingre…) se mit à peindre dans des grottes obscures les troupeaux qu'ils chassaient. On peut supposer que, pour ces hommes, c'était bien une révélation initiatique, du même type que la Descente d'Énée, que de découvrir, au terme d'un cheminement labyrinthique long et périlleux, à la lumière soudaine des torches, ce qui faisait le sens de leur vie : ces « troupeaux de l'aurore »[82], réunis dans un paradis totémique du monde animal,. Et ils ont dû avoir beaucoup de respect et d'admiration pour ces peintres qui leur livraient cette vision d'absolu, qui leur donnaient le courage d'affronter la nuit terrifiante des cavernes pour aller donner symboliquement vie à ces troupeaux annonçant l'aurore et l'émergence d'une pensée du sacré chez *homo sapiens*.

M. Merleau-Ponty disait que le monde exige de nous l'invention d'une forme, pour nous révéler à nous-mêmes ; et il écrivait à propos de Cézanne : « Cézanne crée à l'instant où sa vision se fait geste », et aussi : « Cézanne n'a pas cru devoir choisir entre la sensation et la pensée, entre le chaos et l'ordre […]. Il veut peindre la matière en train de se donner forme. » (*L'Œil et l'Esprit*). C'est ce que fait Virgile, avec des mots et non avec des pinceaux (mais ce n'est pas fondamentalement différent, « *ut pictura poiesis* », disait Horace), et c'est ce qui conduit le grand poète portugais F. Pessoa à écrire que la littérature « est la preuve que la vie ne suffit pas ». Nous voyons s'exprimer là deux formes de la mémoire : la mémoire de l'absolu, mais aussi une mémoire affective, liée à une personne et à son histoire, avec sa saveur et son univers propre. En ceci, la littérature s'affirme comme différente de l'histoire, de même que le créateur se définit comme différent des autres hommes : nous ne sommes plus dans la restitution, mais dans la légende ; pour chaque artiste, sa mémoire est un absolu, alors que l'histoire ne connaît

82. Cf. J. Lerède, *Les Troupeaux de l'aurore. Mythes, suggestion créatrice et éveil surconscient*, Mortagne éd., 1990.

que le relatif. Il faut même, paradoxalement, que l'objet de la quête artistique soit décevant pour que l'alchimie de la mémoire puisse tenter une compensation subjective ; et, à la limite, le meilleur stimulant à la création artistique, c'est l'absence. En ceci, l'histoire et la littérature sont incompatibles : comme l'écrit P. Nora dans une belle formule (qui doit beaucoup à Mme de Staël...), « mémoire, promue au centre de l'histoire : c'est le deuil éclatant de la littérature[83] ».

Mais l'anthropologie de G. Durand nous a appris que les solutions s'offrant à la nature, et donc au poète-démiurge, sont en nombre restreint. La dynamique de l'imaginaire s'organise en seulement trois constellations : l'ordre du fixe, l'ordre du mouvant et, reliant les deux, l'ordre du rythme.

Or, pour revenir à notre problématique de la mémoire, l'homme, par sa double appartenance à l'espace et au temps, participe des deux constellations du mouvant et du fixe :

– l'ordre du mouvant l'inscrit dans le mouvement du temps : l'homme est vivant, et, comme tel, il évolue et meurt.

– l'ordre du fixe, plus rassurant, l'inscrit, comme corps, dans l'espace. Il l'incite à fixer ce qui doit demeurer, par des formes solides : la taille des outils, puis l'écriture, toutes conséquences d'un savoir-faire de la technique. Mais le risque, c'est bien sûr que cette stabilité ne devienne stratification mortifère, immobilisation des forces vives. Or il y a aussi une figure du temps qui est, à sa manière, rassurante : c'est le passé. Certes, il est perdu, mais en même temps il est acquis, advenu et, comme tel, il peut, sans risque, être l'objet d'une remémoration nostalgique.

Le génie de l'artiste va être, là encore, de percevoir qu'il ne faut pas choisir entre ces deux mondes. La matière vivante semble être partagée (et c'est son secret) entre deux tropismes :

– s'écouler, muter sans cesse ;

– s'établir durablement.

Entre les deux, entre l'incertitude du risque et la certitude nostalgique, l'artiste choisit une troisième constellation, qui relie le stable et le mouvant dans le rythme. Ce rythme prendra deux formes :

– une alliance entre la forme et le fond, entre l'écriture et les images ;

83. P. Nora, *Les Lieux de Mémoire*, I, Paris, Gallimard, 1984, p. XIX.

– mais aussi l'émergence, dans le récit même, de la figure de la métamorphose, comme adaptation et transformation dans le cosmos, liée à un temps complexe : la métamorphose, ainsi définie, est le changement de la forme. Chez Ovide, on l'a vu, la métaphore se dépasse dans la métamorphose ; nous touchons à l'essence du processus poétique où, comme le dit Bachelard, les choses ne sont pas ce qu'elles sont, elles sont ce qu'elles deviennent.

L'ÉCRITURE, COMME ALLIANCE

Parlons d'abord de l'alliance entre la forme et le fond, entre l'écriture et son contenu. Une des causes de l'admiration que nous avons pour la poésie antique provient de l'extraordinaire contraste entre le jaillissement des images et la contrainte métrique. On connaît la formule selon laquelle l'art naît de contrainte et meurt de liberté. La théorie de la Forme nous en donne une illustration : la contrainte métrique crée un cadre répétitif, à l'intérieur duquel se manifeste la créativité, sous forme de variations. C'est la répétition même de l'hexamètre dactylique et de ses pieds fixes qui permet de trouver la perfection de la forme par une subtile harmonie entre la stabilité et la variation, le fixe et le mouvant. En ceci, le système de la métrique gréco-latine est l'équivalent, dans l'écriture, de la danse dans les contes africains : c'est par le rythme que le mythe fait sens, et donc par le corps, parce qu'il est raconté, mimé, chanté. Dans le Sahara, on ne croit pas aux mythes, on les chante et on les danse. La dimension mémorielle d'éternité est constamment activée par la commémoration gestuelle dans l'instant. Le mythe est donc lié au rythme, il s'exprime à travers lui, c'est le rythme qui lui donne son efficacité ; or n'oublions pas que le texte de l'*Énéide*, celui des *Métamorphoses*, étaient d'abord faits pour être lus, c'est-à-dire « ressuscités » dans l'instant de chaque lecture.

Il est alors légitime, et éclairant, de rapprocher le rythme de l'hexamètre d'autres monotonies créatrices, dans le domaine musical : les compositions de Bach, qui reposent sur cette subtile alternance de variations sur des thèmes récurrents ; mais aussi le jazz, dont l'improvisation ne survient pas n'importe quand, n'importe comment, mais émerge de la trame de *topoi* donnés et invariants ; enfin, on peut penser au flamenco, où le *duende*, le chant profond créateur, ne jaillit qu'au terme de longs passages imposés, pouvant même être perçus comme monotones[84]. On le voit, Apollon et Dionysos sont toujours en dialogue, et la mémoire technique du poète, acquise et très construite, sert à mettre en valeur, dans sa création, la dimension de l'intuition et de l'improvisation, de ce qui lui est donné en plus de la technique. La partie technique du poème représente alors la catharsis de l'enthousiasme.

La critique récente[85] a donc bien raison de souligner que, dans le processus de l'imitation, c'est une vision caricaturale que de poser, en diachronie, une conception du poète inspiré puis une conception du poète créateur : dès Homère, le poète se situe dans un cadre complexe où son travail technique donne corps et forme à son inspiration, et où, vraiment, les deux sont indissociables. C'est la base même des théories antiques de l'imitation, et d'une mémoire perçue comme une reconnaissance des sources, en même temps qu'une constante résurrection. Il est éclairant sur ce point de relever qu'avant d'être neuf, à l'origine, les Muses étaient trois : Mélétè, Mnémè et Aoidè, Exercice, Mémoire et Chant. Nous retrouvons la problématique ouverte par la *Gestalttheorie* : *Mnèmè*, la Mémoire donnée par les Muses, n'est possible que par le travail de *Meletè*, Exercice, la technique d'écriture, et leur coopération débouche sur *Aoidè*, le Chant, comme rythme résultant de ce que le poète doit à son savoir-faire, et de ce qui lui est donné par les dieux. Les trois premières Muses sont bien des métaphores du processus poétique tel que le concevaient les Anciens ; et Grecs et Romains sont bien des êtres « à deux têtes », pour reprendre l'expression de Lévi-Strauss à propos des sociétés traditionnelles : ils gèrent en non-contradiction une pensée intuitive et une pensée logique ; ou, plus exactement, ils sont comme Janus : ils regardent dans deux directions opposées, pour dépasser les contradictions liées à cet antagonisme, dans une émergence qui est le rythme poétique, comme alliance d'une inspiration et d'une technique.

---

84. Cf. J. Thomas, « Passer la limite : le *duende*, une rencontre entre les mythes gréco-romains et notre imaginaire contemporain », in *Latomus*, 66, 3, Bruxelles, 2007, p. 718-726.

85. Cf. par exemple, pour le dernier état de la question, *Oxford Readings in Ancient Literary Criticism* (A. Laird éd.), Oxford University Press, 2006.

Quant à Ovide, son originalité, c'est d'avoir senti que la métamorphose était la métaphore vive de l'existence, le lieu de l'alliance entre le stable, le travail pérenne de la mémoire, et le mouvant, le drame existentiel qui arrache et emporte. C'est pour cela que les *Métamorphoses* d'Ovide sont toutes, à proprement parler, des mises au tombeau. Elles jouent sur l'immobile et le mobile. Les personnages sont emportés dans une tragédie, et, au moment même où ils coulent, ils sont sauvés, immobilisés, cristallisés par la magie d'une écriture de l'épitaphe, de l'inscription souvent florale, de la guirlande, qui est fondamentalement oxymorique, car elle pérennise le mouvement sans le tuer. Elle éternise et elle fait passer au-delà, en ceci elle dénoue la tragédie ; elle sort du temps humain pour permettre aux personnages d'accéder, par le travail poétique, à une dimension d'éternité. Les larmes de Niobé pétrifiée et pleurant ses enfants morts coulent pour toujours.

On constate alors – à cause de la « monotonie sublime » – la mise en place de constellations qui regroupent des sortes de frères et sœurs dans la tragédie du monde. C'est le style qui met en évidence les rapprochements de ces destins croisés. Deleuze disait que c'est le style qui permet de rapprocher des objets différents dont la qualité commune serait l'essence. C'est ce que fait Ovide. Dans la marqueterie des *Métamorphoses*, on voit émerger des lignes de force qui tendent à nous présenter l'œuvre d'Ovide comme un vaste tissage[86], où les épisodes sont reliés par des liens en apparence mystérieux, mais qui se révèlent lentement à qui sait les voir. Au temps de l'anecdote succède le temps éternel, le temps de la légende, qui réunit *post mortem*.

Par exemple, rien ne rapproche en apparence l'épisode d'Hyacinthe (X, 176-219), tué d'un coup de disque malheureux par son amant Apollon, lors d'une joute sportive, et d'autre part l'épisode d'Ajax (XIII, 382-398), rendu fou par le sentiment de l'injustice, et poussé au suicide après qu'on lui a refusé les armes d'Achille au profit d'Ulysse. Ajax

86. La mosaïque fonctionne symboliquement de la même façon. Cf. J. Thomas, « L'imaginaire romain », in *Ancient Roman Mosaics. Paths through the Classical Mind*, Actes du colloque de Luxembourg, mars 2000, (Ch.-M. Ternes dir.), Linden, Luxembourg, 2003, p. 1-23. Et la structure cachée du monde se révèle peu à peu à Énée, à mesure qu'il progresse dans son initiation, et donc qu'il apprend à lire les signes, qu'il éduque son regard.

est la figure même du guerrier brutal, du seigneur de la guerre ; alors qu'Hyacinthe est fragile, délicat, émotif. Un épisode est tourné vers la guerre, l'autre vers la paix et ses loisirs. Et pourtant le poète a saisi les liens mystérieux qui rapprochent les deux hommes, qui en font des sortes de frères en tragédie, et qui apparaissent au moment de leur métamorphose dans la même fleur : l'hyacinthe (une sorte de lis) ; et sur les pétales mêmes de cette fleur certains ont cru voir dessinés l'alpha et le iota, comme les deux premières lettres du nom d'Ajax, ou comme le cri qu'Hyacinthe blessé aurait poussé. Nous n'en saurons pas plus. Au temps des individus succède un temps plus large, qui les inscrit dans un même réseau. À la mémoire des hommes se superpose une mémoire du monde, pérenne, comme les saisons qui renouvellent éternellement les fleurs dont Hyacinthe, ou Narcisse, furent éponymes, avec toujours les mêmes motifs commémoratifs sur les pétales. Cette mémoire, seul le poète y pénètre ; et c'est par son art qu'il la donne à voir aux hommes. Tous les Romains ont vu les pétales fanés de leur couronne de roi du banquet tomber dans leur coupe, à l'aube d'une nuit de fête ; mais seul Properce y a vu, au-delà de l'anecdote, l'échéance et la déchéance de la condition humaine (*Élégies*, II, 15, v. 51-54).

Cette mise au tombeau est donc heureuse, puisqu'elle réunit pour toujours ce qui était épars. La métamorphose est bien d'essence baroque (plus que classique), en ceci qu'elle repose sur le mouvement, et que, grâce au mouvement, elle fait émerger la profondeur de l'apparence. Pyrame et Thisbé (IV, 55-166), les Roméo et Juliette de Babylone, n'ont cessé, de leur vivant, d'être séparés : d'abord parce que leurs parents contrarient leurs amours et les cantonnent dans des maisons voisines ; ensuite par l'injustice et l'ironie du sort, qui conduit Pyrame à se donner la mort parce qu'il croit Thisbé morte, et Thisbé à le rejoindre à son tour. Mais le sang de Pyrame jaillit de sa blessure et colore un mûrier dont les fruits, blancs jusqu'alors, deviennent rouges. La nature gardera à tout jamais la mémoire de leur tragédie – et de leur amour ; ils sont liés et réunis dans l'éternité[87]. Là encore, nous sommes passés du contingent à l'éternel : avec cet épisode des *Métamorphoses*, nous sommes dans un temps sacrificiel, où le temps

87. Cf. J. Gaillard, « Le sang de Pyrame », *Apertura,* vol. 18 (2004), p. 149-165.

de la résurrection et de l'éternité succède à celui du supplice et de la contingence ; mais on remarquera que le moteur du récit, c'est l'art, et non le religieux. Ovide, en tant qu'artiste, intervient comme hiérophante de son univers. Et l'opérateur de la métamorphose, c'est l'écriture du récit, et sa cristallisation. Cette dimension emblématique du « tombeau » de Pyrame et Thisbé, de la couronne funéraire tressée dans l'écriture, apparaît à travers les étranges paronymies qui accentuent de façon sophistiquée l'impression de *coincidentia oppositorum* : tout les sépare, mais secrètement ils ne cessent de se rapprocher. Ainsi, on ne peut qu'être frappé par la paronymie entre ce qui sépare les amants, *murus*, le mur, et ce qui va ombrager leurs corps sans vie et les unir à jamais, *morus*, le mûrier, en remarquant encore que, par une fissure dans le mur, ils parviennent à communiquer imparfaitement, dans un murmure, *murmur* : Ovide est bien un magicien des mots, dont il fait un monument au service d'un travail de mémoire, comme passage de la mémoire contingente à la mémoire éternelle.

On se souvient de la phrase du moine Bernardo Morliacense, dans le *De contemptu mundi*, devenue épigraphe et éponyme du *Nom de la rose* d'U. Eco : « *Stat rosa pristina nomine, nomina nuda tenemus* », « La rose d'hier ne subsiste que par son nom, les noms seuls nous restent ». À cette phrase, on serait tenté de répondre par celle de Mallarmé : « Je dis une fleur ! Et hors de l'oubli se lève, idée même et suave, l'absente de tout bouquet » (*Crise de vers*). La création d'Ovide semble être à la convergence de ces deux déclarations. Ses *Métamorphoses* sont une évocation aux confins de deux mémoires : une mémoire sensuelle de l'objet, dans sa fragrance et sa beauté, mémoire qui est nécessairement nostalgique, regret de ce qui n'est plus ; et une mémoire idéale, qui fixe l'objet dans l'éternité et le rend vivant pour toujours. Ce sont exactement les deux visages du désir chez Ovide : un désir frustrant de ne plus (ou de ne pas) posséder l'objet du désir ; mais aussi un désir projectif, qui est certitude de la possession et de la réintégration, parce que l'art a donné forme à l'obscur objet du désir. F. Pessoa écrit : « Je crois qu'exprimer une chose, c'est lui conserver sa force et lui ôter l'épouvante. » Entre la minutie du travail de reconstruction de la mémoire et l'appel aux forces de l'onirisme et de l'intuition, aux deux pôles de la mémoire, chez Virgile et Ovide, nous trouvons l'image du Paradis perdu et celle de la Terre promise.

Chapitre II

ÉLARGISSEMENTS COMPARATISTES

Lumières, rythmes et couleurs, de l'*Énéide* à *La Divine Comédie*[1]

« Il faut avoir un chaos en soi-même
pour accoucher d'une étoile qui danse. »

F. NIETZSCHE

« Je croyais que j'apprenais à vivre, et j'apprenais à mourir »

LÉONARD DE VINCI

OMBRE ET LUMIÈRE

Quand on parle de Virgile, il est naturel d'évoquer Dante, lui qui avait choisi Virgile comme guide dans sa *Divine Comédie*, exprimant ainsi symboliquement que « ce qui demeure, les poètes le fondent » (Hölderlin, *Andenken*), dans une grande chaîne de l'inspiration. On voit

---

1. Ce développement est une version révisée de l'article « Lumières, rythmes et couleurs dans l'*Énéide* et *La Divine Comédie* », in *Rythmes et lumières de la Méditerranée* (P. Carmignani, J.-Y. Laurichesse et J. Thomas éd.), 2003, Actes du colloque de Perpignan (20-23 mars 2002), Perpignan, Presses universitaires, Coll. « Études », p. 27-38.

alors s'esquisser une sorte de parenté dans la perception que ces deux poètes ont eue de la lumière, de l'obscurité et des couleurs.

Parlons d'abord de Virgile. On l'a vu quand nous avons évoqué l'imaginaire du corps dans l'*Énéide*, tout le voyage d'Énée est accompagné, soutenu, par un éblouissement potentiel des visions qui le visitent, en particulier celles où il voit sa mère Vénus. Elle apparaît comme la messagère, le témoin d'une splendeur dont les hommes ne peuvent avoir que l'intuition, la vision nostalgique. En même temps, et indissociablement, le héros troyen fait l'expérience de son impossibilité à soutenir la vue de cette lumière, et donc le contact avec l'autre monde. C'est la limite constituée par ce que nous avons appelé *supra* l'aorasie : l'apparition d'un être divin que l'on reconnaît au moment même où il disparaît. Il voudrait étreindre sa mère, la toucher, mais, étant d'une autre nature, elle lui échappe, le rappelant au sentiment déchirant de sa solitude, comme dans le *paraklausithuron*, le « chant devant la porte fermée », motif traditionnel de la lyrique amoureuse, mais qui prend ici toute sa signification existentielle, celle d'un monde où le quêteur d'absolu se heurte au mur de l'incommunication.

Mais cette résistance du monde n'est pas pour autant fermeture. Virgile l'a exprimée le plus souvent en termes dynamiques : le monde résiste, mais ce n'est que pour mieux se livrer, et pour permettre au voyageur de se construire. Cela nous intéresse directement, car Virgile a transcrit cette dynamique à travers les images alternées du clair-obscur. En opposition avec la vision rayonnante, qui participe de l'absolu et de la lumière pure, la vie « horizontale », au quotidien, est toujours mélange, contraste, clair-obscur, ombre portée, vision limitée et inconnaissance. Tragique état des lieux, dans une civilisation pour laquelle, comme le souligne Françoise Frontisi-Ducroux[2], vivre, c'est voir. Mais donc apprendre à vivre, c'est apprendre à voir, à déchiffrer les signes que la vie et le monde nous donnent à voir. C'est dans l'entre-deux de l'existence, entre chien et loup, que se font ce déchiffrement, cette éducation du regard.

---

2. Cf. « Le sexe du regard », in P. Veyne, F. Lissarague et F. Frontisi-Ducroux, *Les Mystères du gynécée*, Paris, Gallimard, 1998, p. 201 *sq*.

On comprend alors que c'est seulement dans les moments d'assomption, ceux où l'on touche à l'absolu, qu'il n'y a pas d'ombre, que le soleil est au zénith. Lorsque Énée arrive sur le site de Rome,

> « Le soleil de feu était monté au milieu de la voûte du ciel » (VIII, 97).

Il y a là une sorte d'abolition de la flèche du temps, d'instant immobile élargi aux dimensions de l'univers et de l'éternité, dans cette coïncidence du héros et de sa quête, à l'*apex* du voyage ; et la position du soleil au zénith transcrit cette lumière de gloire.

De même, dans la tradition chinoise, l'arbre taoïste du *Kien Mou*, le « Bois dressé », qui est au centre du Royaume du Milieu, et en qui se marient l'ombre et la lumière, est axial, comme un point d'équilibre parfait.

Dante a une formule semblable au chant XXIII du *Paradis :* il situe le triomphe du Christ au moment où le soleil « nous montre moins de hâte » (v. 12), c'est-à-dire lorsqu'il passe au zénith.

Mais ce genre d'échappées se referme vite. Au quotidien, l'homme est condamné à évoluer parmi les ombres de la caverne platonicienne. Virgile les évoque lorsqu'il décrit la succession des jours et des nuits, des aurores et des crépuscules qui rythment le parcours du voyageur dans ce que Sohrawardî appelle son *exil occidental*. Comme nous l'enseignent les vieux cadrans solaires, l'ombre du temps est ce qui, sur les murs, montre les signatures de la lumière.

COULEURS

C'est donc dans le contraste et dans le rythme que l'homme existe. Dans la couleur, aussi, car la couleur est un prisme de la lumière, une hypostase de la matière. Les couleurs de l'*Énéide* ne servent jamais le pittoresque, elles sont toujours chargées d'une valeur symbolique liée à l'anthropologie de la métamorphose. Elles sont donc peu nombreuses : le blanc, ou la pureté, le rouge, ou le mal en train de se faire, le noir, ou le mal accompli et la mort qui frappe[3]. Les nuances elles-mêmes existent,

---

3. Cf. J. Thomas, *Structures de l'imaginaire dans l'*Énéide, p. 297-319.

mais elles posent un problème, anthropologique, celui-ci, et bien souligné par les spécialistes, J. Rudhardt pour le monde grec[4], J. André pour le monde romain[5] : les termes utilisés par les Grecs et les Romains ne correspondent pas exactement à nos noms de couleurs ou aux nuances repérées par le regard moderne.

Quant à l'arc-en-ciel, qui porte en lui toutes les couleurs, il symbolise la difficulté du passage, de la métamorphose. Lorsque Didon meurt déchirée, et peine à se libérer de son corps, c'est Iris, la déesse de l'arc-en-ciel, qui lui apparaît :

> « Iris, dont les ailes de safran étincellent de rosée et qui illumine le ciel de mille reflets divers, droit sous les rayons du soleil, descend et s'arrête au-dessus de la mourante » (IV, 700-703).

Au comble de cette souffrance – toujours l'ambivalence féconde –, Iris, en coupant un cheveu de Didon, permet à Didon elle-même de se détacher, de passer du monde des vivants, à celui des morts :

> « Elle dit, et de sa main droite elle coupe le cheveu. Aussitôt, toute la chaleur de Didon se dissipe et sa vie s'exhale dans les airs » (IV, 704-705).

L'âme choisit définitivement sa part immortelle : le *nous*, l'Esprit et la lumière sans ombre. C'est une forme d'imitation (au sens de l'Imitation de Jésus-Christ) qui permet de retrouver le rythme primordial, celui de l'arbre taoïste en équilibre parfait.

Donc, pour échapper à l'ombre, il faut la traverser, en faire l'expérience dans le clair-obscur de l'existence, où elle n'est jamais totale, mais jamais absente non plus. De ce mélange naît paradoxalement une capacité d'échapper au mélange. De même, c'est par la catabase et l'immersion dans la noirceur que le héros trouve les forces de toucher le fond, et de le frapper du pied pour remonter (anabase) vers la lumière, tel Antée

4. J. Rudhardt, « Image et structure dans le langage mythique », *Cahiers internationaux du symbolisme*, 18, Genève, 1969, p. 90.

5. J. André, *Étude sur les termes de couleur dans la langue latine*, Paris, Klincksieck, 1949.

retrouvant ses forces au contact de Gaia sa mère. C'est l'histoire même de l'*Énéide :* une prise de conscience de la souffrance, qui permet au héros de la dépasser, pour son salut et pour celui des autres.

RYTHMES

Ainsi s'opère, dans le voyage du héros, de l'*homo viator*, et à travers le clair-obscur des paysages (qui coïncide avec celui, intérieur, des sentiments), le dépassement de la malédiction de la dualité, grâce aux ambiguïtés mêmes, qui prennent alors toute leur signification dynamique et heuristique : la catabase contient bien, en elle-même, son anabase.

Et le voyageur est, on l'a vu, une sorte d'acrobate, un danseur qui apprivoise les contradictions par le rythme qu'il leur impose pour les lier, les contraindre par son art. En même temps, le danseur se délie des entraves de son corps et de son esprit : effet de la *metis*, doublée d'une prise de risque qui fait aussi du voyageur un plongeur dans le monde de l'au-delà et de l'absolu ; il éprouve en même temps la double postulation qui caractérise l'être humain comme être de désir : l'incertitude du risque et la certitude de l'amour.

Car la « danse » de l'*Énéide* est un rythme, et en même temps un mouvement solaire reliant est et ouest, naissance et mort, Troie (la Ville sainte de l'Est) et Rome (la Terre promise de l'Ouest), dans un jeu cosmique où le pays du Levant, devenu le pays de la mort, renaît à l'ouest, terre de l'exil et du déclin mortifère : cette danse du voyageur, reliant les instances nécessaires à la fondation, est bien un processus « métanoïaque » de renversement et de dépassement des apparentes limites et contradictions qui accablent la condition humaine, comme disait Breton. C'est la définition même d'un processus initiatique. C'est aussi une danse guerrière, semblable à ce *Lusus Troiae*, ce jeu de Troie qu'Énée fait exécuter à ses jeunes guerriers au livre V de l'*Énéide*, sous forme de figures rythmiques, alternées et entrelacées, et qui ressemble à la danse des grues exécutée par les compagnons d'un autre fondateur illustre, Thésée, sur l'île de Délos. En même temps, elle annonce l'alliance qui succède à la guerre, dans la seconde partie « iliadique » de l'*Énéide*, comme dépassement des fractures et des polarisations initiales. On s'aperçoit alors que la vision de Lucius initié, au terme de ses aventures, dans le livre XI des *Métamorphoses* d'Apulée, rejoint exactement celle de Scipion dans le Songe, ou celle d'Énée voyant sa mère Vénus *pura per noctem* :

> « En pleine nuit, j'ai vu le soleil étinceler de lumière blanche » (*Mét.*, XI, 23).

Comment mieux dire que le terme de la quête spirituelle coïncide bien avec l'*illud tempus* de la révélation initiale, qu'il est bien une réintégration ?

DANTE

Nous retrouvons, peut-être plus clairement encore, cette lecture symbolique chez Dante, qui avait lui-même souligné sa filiation spirituelle avec Virgile, en faisant du poète mantouan son guide dans l'au-delà.

Dans sa progression vers le Paradis, le poète s'approche de plus en plus d'un centre lumineux que Dante nous décrit comme vivant, et source de vie. Ce centre rayonnant se transforme sans cesse : depuis un point qui peut instantanément s'élargir aux dimensions du cosmos, il devient source, fleuve de lumière, puis immense lac ruisselant :

> « Et je vis une lumière en forme de fleuve
> fulgurant de splendeur, entre deux rives
> peintes d'un merveilleux printemps » (*Paradis*, XXX, 61-63)[6].

Ainsi, Dante réussit à exprimer la façon rythmique dont la source lumineuse « tisse » le monde, créant constamment, comme la fameuse chaîne d'or d'Homère, des ponts entre l'Un et le Multiple, à travers la description des cercles concentriques qui entourent la source de lumière. Dante insiste sur le mouvement de roue de ces lumières : une sorte de ballet cosmique, de danse primordiale, à travers des rondes associant la

6. Cette traduction et celles qui suivent sont de J. Risset, dans l'édition Garnier-Flammarion (Paris, 1992) de *La Divine Comédie*.

musique, le chant, le rythme et les cadences des nombres symboliques, et jusqu'aux couleurs. Les rythmes et les couleurs obscurs du monde de l'*Énéide* trouvent ici leur reflet inversé et glorieux :

> « Puis les unes s'en vont sans retour, d'autres reviennent d'où elles sont parties, et d'autres, tournoyant, demeurent » (*Paradis*, XXI, 37-39).

On pense à Apollinaire, autre visionnaire, qui écrit dans *Alcools* :

> « Descendant des hauteurs où pense la lumière,
> Jardins rouant plus haut que tous les ciels mobiles
> L'avenir masqué flambe en traversant les cieux. »

Dans les mystères d'Isis, la robe d'Osiris était lumière pure ; mais la robe d'Isis, comme celle d'Iris, était chatoiement irisé, ce que devient la lumière quand, à l'image du vitrail, elle se « densifie » dans le monde incarné. De même, dans *La Divine Comédie*, les couleurs sont comme l'autre côté de la lumière : couleurs de la robe de Béatrice, couleurs des chœurs des anges, comme des incarnations de la lumière. Pure lumière à l'origine, la splendeur se cristallise en rythmes et en couleurs.

Les couleurs du Paradis ne sont donc pas chatoiements profanes, fantaisies de l'imagination. Comme Goethe le définira plus tard dans sa *Farbenlehre*, sa « théorie des couleurs » (ou plutôt « doctrine des couleurs », comme le fait remarquer Henry Corbin), les couleurs ne sont plus des couleurs physiques, mais une expérience des structures mystiques, associée par exemple à l'image de la Trinité : blanc pour le Père, bleu pour le Fils, rouge pour l'Esprit ; ou associée aux couleurs hermétiques : blanc, vert, pourpre, couleurs que l'on retrouve dans les habits de Béatrice, et qui étaient déjà les couleurs dominantes dans les champs Élysées, lors de la catabase virgilienne (cf. VI, 637-702) ; ou encore triple couleur de la plénitude spirituelle : le blanc, le doré, sorte de densification de la lumière dans sa gloire, et le pourpre, qui était déjà dans *Énéide,* I 586-591, annonçant VI, 640-641 : « Là un éther plus large illumine les plaines et les revêt de pourpre. »

Tous ces éléments culminent dans la magnifique vision du *Paradis*, en XXIV, 10-24 :

« Ainsi dit Béatrice : et ces âmes heureuses
devinrent des cercles à pôles fixes,
en flamboyant fort, comme font les comètes.
Et comme des roues en harmonie d'horloge
tournent de façon que qui les contemple
voie la première tranquille, et la dernière qui vole ;
ainsi ces caroles, diversement
dansant, me donnaient leur degré
de richesse, rapides et lentes.
De celle qui me parut la plus précieuse
je vis sortir un feu si joyeux
qu'il n'y laissa aucun de plus grande clarté ;
et trois fois autour de Béatrice
il tourna en chantant un chant si divin
que ma fantaisie ne peut le redire. »

Tout y est : les rondes, les roues lumineuses, les danses, le feu, les chants, les couleurs, l'image du miroir. Mais tout, les bruits, les couleurs, est différent de ce que nous percevons « normalement », au quotidien : par une sorte de synesthésie, on voit, on perçoit tout en un éclair, dans une synchronie, dans cette plongée dans le feu de la splendeur qui abolit la durée.

En conclusion, revenons sur un détail que nous avons jusqu'ici négligé : dans toutes les traditions, la lumière est issue de la Ténèbre du Chaos originel. On voit la portée de ce symbole : s'il est important, dans toutes les démarches mystiques de retour vers l'Unité que nous avons évoquées, de passer par la lumière, il est non moins important de remonter jusqu'à ce chaos ténébreux qui est à l'origine de tout ; on ne peut faire l'économie de son exploration. Dans toutes les traditions, la fermeture des yeux, le silence des sens sont le début de la méditation. Pour voir l'invisible, il faut, d'une certaine façon, faire retour au chaos. Et, de Tirésias à Œdipe, les aveugles sont, par antiphrase, les voyants. On repère mieux alors la différence entre l'imaginaire antique, où l'homme fait surgir de la Nuit, par son langage, les ombres d'une lumière révélatrice, et d'autre part l'imaginaire de nos sociétés modernes, et leur éclairage diurne implacable, qu'elles prétendent maîtriser, mais d'où renaissent les ténèbres que font régner les combinatoires de significations. De cela, les poètes ont toujours eu l'intuition, de Virgile à Rilke écrivant dans les *Élégies de Duino* que Dieu a deux faces, l'une d'ombre, l'autre de lumière[7].

7. Pour Rilke, notre folie est de vouloir l'appréhender par son côté lumineux. On ne peut le saisir qu'à travers l'obscurité: Rilke opte pour Dionysos.

Rimbaud, lecteur de Catulle ?
Le *Phaselus*, une source possible du *Bateau ivre*[8]

Élargissons notre regard sur la poésie augustéenne en remontant un peu en amont. À la fin de la République, Catulle est le premier d'une génération de poètes (*poetae novi*, les « nouveaux poètes », comme ils se désignaient eux-mêmes) à inaugurer une poésie nouvelle. marquée par l'alexandrinisme. Catulle est toujours bien vivant, à travers les nombreuses et récentes traductions de ses poèmes[9]. Cette influence ne date pas d'hier et, à vrai dire, on trouve des traces littéraires du *Catulli Veronensis Liber* tout au long de l'histoire européenne. En particulier, sa marque sur la poésie symboliste, puis sur les poètes du décadentisme au XIXe siècle est bien connue, et a été étudiée avec acribie. Rimbaud n'y échappe pas. Il pouvait difficilement en être autrement, du fait des affinités entre ces deux tempéraments et ces deux formes de génie poétique. On s'est plu, encore récemment, à associer les deux hommes,

---

8. Ce développement est la version remaniée de l'article « *Unitas multiplex* : de la barque de Catulle au *Bateau ivre*. Rimbaud lecteur de Catulle », in *La Profusion et l'Unité. Pour Françoise Haffner*, Perpignan, Presses universitaires, 2013, p. 101-107.

9. Cf. récemment, entre autres, D. Robert, *Le Livre de Catulle de Vérone*, Paris, Actes Sud, 2004 ; O. Sers, *Le Roman de Catulle*, Paris, Les Belles Lettres, 2004 ; Th. Barbaud, *Catulle. Une poésie de l'indicible*, Leuven, Peeters, 2006.

jusqu'à nommer joliment Catulle « le Rimbaud de Vérone »[10]. Il est vrai que bien des traits les rapprochent : même façon de « brûler la vie par les deux bouts », même virtuosité, même érudition, mêmes audaces, même goût de la provocation et de la séduction. Tous les poètes de la seconde moitié du XIXe siècle n'y ont pas été sensibles : on se souvient de la phrase célèbre de Baudelaire parlant de « Catulle et sa bande de poètes brutaux[11] ». Mais Rimbaud, lui, a dû, après bien d'autres, être en connivence avec les accents de révolte, d'audace et de liberté du poète de Sirmione. La critique l'atteste[12]. M.- F. David-de Palacio repère par exemple les nombreuses « réécritures » à partir du thème catullien du moineau. Mais, en ce qui concerne *Le Bateau ivre*, à notre connaissance, on n'évoque pas le nom de Catulle parmi les sources possibles[13]. Dans son étude sur les sources du *Bateau ivre*, E. Noulet passe en revue de nombreuses influences vécues, et livresques (citons dans le désordre Th. Gautier, Baudelaire, la littérature de voyage pour les enfants, *Les Aventures d'Arthur Gordon Pym* d'E. Poe, *Les Natchez* de Chateaubriand, Jules Verne, V. Hugo) ; Catulle n'apparaît pas. Pourtant, il est une source catullienne possible du *Bateau ivre* : le poème 4, dit *Phaselus* (« Le canot »)[14] :

10. L'expression est dans *Marianne*, n° 481, empruntée à D. Robert, *op. cit.*

11. Ch. Baudelaire, « *Franciscae meae laudes* », notice préliminaire, citée dans l'édition de Ch. Baudelaire, *Vers latins*, par J. Mouquet, Paris, Mercure de France, 1933, p. 85.

12. Cf. M.-F. David-de Palacio, « Les ciselures de l'amertume : Catulle fin de siècle », in *Romantisme*, 2001, vol. 31, n° 113, p. 105-106 ; *Antiquité latine et décadence*, Paris, Champion, 2001 ; *Reviviscences romaines. La latinité au miroir de l'esprit fin-de-siècle*, Peter Lang, 2005.

13. Cf. E. Noulet, *Le premier visage de Rimbaud*, Bruxelles, Palais des Académies, 1953 (sources du *Bateau ivre* : p. 201-249). – H. de Bouillane de Lacoste, « Recherches sur les sources du *Bateau ivre* et de quelques autres poèmes de Rimbaud », *Mercure de France*, 1935. – R. Étiemble, « Les sources littéraires du *Bateau ivre* », *Revue d'histoire littéraire de France*, juillet-septembre 1947. – R. Caillois, « La source du *Bateau ivre* », *NRF*, 1er juin 1959.

14. Cette embarcation légère et rapide tire son nom du haricot, *faseolus* (faséole, fayot), dont elle a la forme.

> « Ce canot que vous voyez, passants, fut, à l'entendre, le plus rapide des navires. Jamais aucun vaisseau ne put le devancer de son étrave, soit que les voiles, soit que les rames le fissent voler sur l'onde. Il vous défie de le nier, rivages de l'Adriatique menaçant, îles Cyclades, illustre Rhodes, horrible Propontide de Thrace, et vous, golfe sauvage du Pont : oui, les sommets du Cytore ont souvent retenti du sifflement de sa sonore chevelure ! Amastris du Pont, Cytore couronné de buis, vous avez connu, dit le canot, vous connaissez encore cette histoire. Dès l'origine du monde il se dressait, dit-il, sur vos rives, il plongeait ses rames dans vos flots. C'est de là qu'à travers tant de mers en furie il a porté son maître, soit que le vent l'appelât à gauche ou à droite, soit que Jupiter propice vînt frapper d'un coup ses deux flancs. Jamais on ne fit de vœux pour lui aux dieux des rivages, quand il quitta la mer pour finir sur les bords de ce lac limpide.
> Mais cela, c'est le passé ; maintenant, il vieillit dans une calme retraite et se consacre à toi, Castor jumeau, à toi, jumeau de Castor » (trad. M. Rat).

Le poème de Catulle s'inscrit clairement dans un *topos* de la tradition stoïcienne et épicurienne : c'est un éloge de la sérénité, de la *galènè* grecque, de l'*aequanimitas* latine. Le parcours du bateau est alors une métaphore de la vie : après les voyages et les agitations, les découvertes aussi, le *phaselus* a trouvé le calme et l'équilibre qui, pour le philosophe, vont avec l'âge mûr puis avec la vieillesse.

Le Bateau ivre relève bien sûr d'une autre tonalité. Allégorie de la révolte adolescente et de l'expérience du créateur (la seconde se nourrissant de la première), il se situe dans un autre contexte : celui des « poètes maudits » de la génération romantique, qui se construisent contre la société, et non pas dans la société. Pour une part de sa personnalité, Catulle s'inscrivait partiellement dans cette attitude : moins sur le plan politique (les invectives contre César et Mamurra, ces « débauchés infâmes », *improbis cinaedis* (poème 57, v. 1), sont plus traditionnelles et convenues qu'il n'y paraît pour nous [15]) que dans sa façon de crier sa révolte d'amoureux déçu. Mais le poème 4, éloge de la mesure et de la

---

15. De même que la prosopopée du bateau racontant ses aventures était un *topos* de la poésie alexandrine.

sérénité, relève, comme nous le disions, d'un autre mode. Il suffit pour le constater de relire les trois derniers vers, assez énigmatiques :

> « Mais cela, c'est le passé ; maintenant, il vieillit dans une calme retraite et se consacre à toi, Castor jumeau, à toi, jumeau de Castor. »

Pourquoi Castor et Pollux ? On se souvient de la légende des Dioscures : lorsque Pollux mourut, il ne voulut pas accepter l'immortalité que lui offrait Zeus si son frère Castor restait aux Enfers. Il obtint donc qu'ils demeureraient chacun un jour sur deux parmi les dieux. En ceci, ils incarnent l'alternance, dont on sait qu'elle est un des rythmes fondamentaux prônés par la sagesse antique : elle est la base même de l'équilibre de l'âme. En rendant un culte aux Jumeaux, le *phaselus*, cette métaphore de l'*homo viator*, confirme qu'il a trouvé l'équilibre en lui, au terme du voyage de la vie.

Ce n'est certainement pas cette leçon philosophique qui a séduit le jeune Rimbaud. Par contre, il pourrait bien avoir eu de l'admiration pour l'image de la barque voyageuse, comme métaphore de la vie, pas tant pour son originalité (on l'a dit, c'est un *topos*, dans l'Antiquité, comme au XIXe siècle), que pour la façon brillante dont Catulle l'avait traitée. Le *phaselus* a du panache, le sens du défi, celui du risque. Il éclabousse le monde de son audace adolescente. Certains passages du poème de Catulle sont bien en résonance avec *Le Bateau ivre* :

> « Ce canot que vous voyez, passants, fut, à l'entendre, le plus rapide des navires. Jamais aucun vaisseau ne put le devancer de son étrave, soit que les voiles, soit que les rames le fissent voler sur l'onde. »

On peut pousser plus loin le rapprochement. D'abord, le principe même d'une influence de Catulle sur Rimbaud n'est pas étonnant. Comment le jeune collégien féru de latin et de grec n'aurait-il pas été séduit par le plus scandaleux des écrivains latins ? Il le connaissait, par le biais du lycée, où il avait certainement traduit les extraits les plus chastes du célèbre poème 64, chantant à la manière alexandrine les noces de Thétis et de Pélée, et les plaintes d'Ariane. Mais la partie interdite et érotique de l'œuvre ne lui avait sans doute pas échappé, peut-être avec la complaisance de son mentor Izambard. Rien d'étonnant donc à ce que, dans son exégèse érudite, M.-F. David-de Palacio trouve bien des traces d'une influence de Catulle sur Rimbaud.

Ensuite, le mouvement même des deux poèmes est bien semblable : une trajectoire qui part de la jeunesse, traverse une phase de tumulte, avant un retour au calme. On a vu que, chez Catulle, le canot est sans doute l'expression d'un idéal philosophique. Rien de tel chez Rimbaud. La critique est divisée sur les interprétations du retour de son bateau à la « flache » et au pays natal : pressentiment de l'échec à venir ? sentiment complexe de plusieurs aspirations rimbaldiennes, l'une vers le mouvement, et l'autre vers le calme ? Toujours est-il que Rimbaud a pu être séduit par le canevas catullien, qui donnait un support à ses propres constructions.

Catulle avait d'ailleurs réussi un coup de maître, lié à son enfance et à ses attaches familiales à Sirmione : il nous transporte de la mer au lac, d'un monde ouvert et dangereux à un univers clos, celui du lac de Garde. Comment le canot passe-t-il de la mer Adriatique aux lacs italiens ? C'est un autre problème, mais le poète ne se soucie pas de ces détails… On remarquera que ce lac, symbole de calme et de sérénité à l'automne de la vie, s'est miniaturisé chez Rimbaud, jusqu'à devenir un espace dérisoire et navrant : la « flache », la flaque d'eau où les enfants poussent les bateaux de leurs chimères. La vision rimbaldienne est donc bien plus pessimiste que celle de Catulle ; comme dans le roman de chevalerie, ce « retour au château de la Mère » et au monde de l'enfance est un symbole d'échec, de régression, d'abandon des ambitions et de la quête initiatique entreprise. Catulle, lui, inscrit son détachement de l'action dans la lignée de Lucrèce et du Virgile des *Géorgiques* : le renoncement à l'action, ou au moins aux fruits de l'action, c'est cela, la sagesse :

> « Quand les vents font tourbillonner les plaines de la mer immense, il est doux de regarder de la terre ferme le grand effort d'autrui ; non parce que le tourment de quelqu'un est un plaisir agréable mais parce qu'il est doux de discerner les maux auxquels on échappe soi-même » (Lucrèce, *De rerum natura*, II, 1-4, trad. A. Ernout).

Rien de tel dans le sentiment de frustration de Rimbaud, plus proche du Baudelaire de la fin du *Port* :

> « Et puis, surtout, il y a une sorte de plaisir mystérieux et aristocratique, pour celui qui n'a plus ni curiosité ni ambition, à contempler, couché dans le belvédère ou accoudé sur le môle, tous ces mouvements de ceux qui partent et de ceux qui reviennent, de ceux qui ont encore la force de vouloir, le désir de voyager ou de s'enrichir. »

Nous sommes bien dans le spleen et dans la poésie de fin de siècle : l'aventure est toujours fascinante, mais on n'a plus assez de force pour le voyage. D'où l'amertume des trois dernières strophes du *Bateau ivre* :

> « Mais, vrai, j'ai trop pleuré ! Les Aubes sont navrantes.
> Toute lune est atroce, et tout soleil amer :
> L'âcre amour m'a gonflé de torpeurs enivrantes.
> Ô que ma quille éclate ! Ô que j'aille à la mer !
>
> Si je désire une eau d'Europe, c'est la flache
> Noire et froide où vers le crépuscule embaumé
> Un enfant accroupi plein de tristesse, lâche
> Un bateau frêle comme un papillon de mai.
>
> Je ne puis plus, baigné de vos langueurs, ô lames,
> Enlever leur sillage aux porteurs de coton,
> Ni traverser l'orgueil des drapeaux et des flammes,
> Ni nager sous les yeux horribles des pontons. »

Dans *Le Bateau ivre* comme dans le poème 4 de Catulle, on est frappé par le déséquilibre entre ces images du retour et celles du voyage : 3 strophes sur 25 sont consacrées au retour dans *Le Bateau ivre* ; 3 vers sur 27 dans le poème 4. On le voit, la proportion est à peu près la même ; cette composition similaire pourrait conforter notre hypothèse d'une parenté entre les deux poèmes.

Ainsi, Rimbaud aurait emprunté à Catulle l'idée, la forme, la structure, et quelques images flamboyantes. Le rapprochement s'arrête là. Le poète de Charleville a ajouté tout ce qui lui appartient, et ce qui appartient à son monde et qui, bien sûr, était étranger à Catulle. On le sait, le monde de l'Antiquité est organisé autour de la *mimèsis*, et cette idée même d'une correspondance entre l'art et l'Artiste suprême, le dieu, ou la nature

(« *sive deus sive natura…* »), interdit toute possibilité ne serait-ce que d'envisager un art abstrait : la plus grande beauté que vise l'artiste ne peut être qu'une approche asymptotique de la beauté parfaite manifestée dans la nature. Preuve de cette appartenance de l'homme à un cycle cosmique élargi, Catulle insiste sur l'idée que le canot est en bois, et ce bois est taillé dans les troncs de pins du Cytore : il y a déjà en l'homme une substance antérieure, immémoriale, qui ne se limite pas à lui, et dont il est composé. Rimbaud, lui, inverse totalement cette perspective (la Renaissance avait amorcé le mouvement en affirmant la dimension démiurgique de l'artiste), et il revendique ce statut de démiurge, pour le poète, avec une fureur, une audace, une insolence qui n'appartiennent qu'à lui. Il s'est contenté d'emprunter à Catulle ce qui, malgré la différence des univers culturels, pouvait entrer en résonance avec sa propre révolte, et d'en faire le soubassement d'un édifice proprement original : celui de l'aventure rimbaldienne.

Une relecture de l'*Énéide* :
La Créüside de Magda Szabo[16]

UNE INTERPRÉTATION TRANSGRESSIVE

Après avoir évoqué Virgile relu par Dante, et Rimbaud lecteur de Catulle, venons-en à la période contemporaine. Nous l'aborderons par la présentation d'une relecture virgilienne, une œuvre assez confidentielle mais très forte. On savait déjà que l'*Énéide* nourrissait toujours notre imaginaire : du *Roman d'Eneas* médiéval à *Auguste fulminant* d'Alain Nadaud (LGF-Livre de Poche, 1999), en passant par *La Divine Comédie* de Dante déjà évoquée, *Le Virgile travesti* de Scarron et *La Mort de Virgile* de Hermann Broch, les exemples ne manquent pas de réécritures fécondes de l'*Énéide*, ou autour de l'*Énéide*. Le livre de Magda Szabo, *L'Instant. La Créüside* (Paris, trad. française du hongrois, éd. Viviane Hamy, 2009) est, lui, un exemple de relecture de l'œuvre dans un terreau qui, a priori, n'était pas favorable à sa transmission. Il est la preuve que les grandes œuvres ne meurent pas, y compris dans des circonstances qui ne leur sont pas favorables. Elles continuent d'irriguer souterrainement l'imaginaire

---

16. Ce développement est une version remaniée de l'article « Une relecture de l'*Énéide* : la *Créüside* de Magda Szabo », in *Euphrosyne* XXXVIII, Lisboa, 2010, p. 391-398.

des créateurs, même lorsque les conditions sociales et culturelles sont très éloignées du *Zeitgeist* originel de l'œuvre. Elles cheminent par des voies mystérieuses, et leurs résurgences sont imprévisibles. Le livre de Magda Szabo, lui, est d'autant plus intéressant qu'il ne s'inscrit pas dans une lignée ou une tradition. Sa dimension décapante et iconoclaste le classerait même parmi les parodies du « genre noble » de l'épopée, au même titre que *Le Virgile travesti*. Mais notre auteur hongroise va plus loin : ce n'est plus seulement le genre épique qui est travesti, c'est le héros lui-même, dans la mesure où il perd son sexe et son identité au profit de son épouse Créuse. Dans l'avant-propos, M. Szabo nous explique qu'elle est a toujours été choquée par l'injustice qui faisait mourir Créuse à Troie, pour que les destins puissent s'accomplir et qu'Énée puisse prendre épouse à Rome et fonder une dynastie. Elle va donc oser une magnifique transgression : avec l'aide de Caiete, la nourrice (effacée dans l'*Énéide*, flamboyante et volontaire dans *La Créüside*), elle fait tuer Énée (présenté comme un couard et un benêt) pour que Créuse prenne sa place sur le bateau des exilés. Problème : elle est une femme, et il ne lui suffit pas de prendre les vêtements d'Énée pour lui ressembler. Mais le stratagème est ingénieux : elle ne cache pas son apparence féminine, elle explique seulement que les dieux ont souhaité donner temporairement cette forme au héros. Sous le visage de Créuse, c'est Énée qui se cache. Dans un monde où les prodiges, les *mirabilia*, font partie du quotidien, on la croit sans trop de peine. Ensuite, tout se passe à peu près comme dans l'*Énéide* (mais, on le verra, tout est dans cet « à peu près ») : en Italie, Créuse convainc Latinus, puis sa fille Lavinia, qu'elle est bien Énée sous une forme féminine. Certes, de ce fait, le mariage entre Énée et Lavinia ne peut être consommé, et Lavinia en conçoit quelque frustration, mais cette situation lui est présentée comme provisoire, car, lorsque les dieux le voudront, Énée pourra reprendre sa forme première… Évidemment, le temps passe, et il n'en est rien puisque Énée est mort depuis longtemps. Le dénouement lui non plus ne manque pas d'allure. Il marque la différence profonde entre les imaginaires « féminin » et « masculin » : là où Énée scellait l'alliance finale entre Troyens, Étrusques et Latins par cette forme « héroïque » de sacrifice qu'est la mort de Turnus, et ne pouvait faire l'économie, à travers la guerre, d'une forme de retour de la barbarie dans l'entreprise civilisationnelle du Latium, l'attitude de Créuse est tout autre :

elle refuse la guerre et elle part, non sans laisser au pouvoir Turnus (ainsi épargné) et son fils, le jeune Ascagne, à charge pour Turnus d'assurer la royauté d'Ascagne. Pour nous référer aux structures anthropologiques de l'imaginaire telles que les définit G. Durand, nous dirions que le récit virgilien participe d'un imaginaire typiquement « masculin », diurne et héroïque, qui ne fait pas l'économie de la violence, tandis que le roman de M. Szabo est construit sur un imaginaire « féminin », nocturne, ouvert à la relation, au dialogue, à la non-violence. Quant à Créuse, au terme du récit de M. Szabo, elle retourne à Troie, dans son pays natal... qui est devenu un site touristique sans âme. Mais ceci est une autre histoire, liée à l'imaginaire désenchanté de l'auteur, sur lequel nous reviendrons.

Voici à présent les commentaires que nous inspire le livre de M. Szabo, organisés autour de deux temps forts.

LA SUBSTITUTION DES SEXES

D'abord, le plus évident, le plus spectaculaire, c'est évidemment la substitution des sexes, la permutation entre Énée et Créuse. Il est clair que M. Szabo fait un clin d'œil à la lecture post-moderne du *gender*, sans forcer le trait. M. Szabo n'a pas voulu – ou pas seulement voulu – exprimer une revendication féministe et faire de l'aventure de Créuse une revanche sur un *Männerbund*, une « société d'hommes ». La partition est jouée de façon beaucoup plus fine et psychologique. Ce qui apparaît comme l'élément le plus subversif par rapport au mythe fondateur (l'idée de faire d'une femme la fondatrice de Rome) n'est finalement que le moyen dramatique par lequel l'auteur va développer des réflexions bien plus profondes sur l'*Énéide*. Après Lévi-Strauss, G. Durand déplore que notre culture occidentale ait manqué sa « chance de rester femme [17] ». C'est précisément cette chance que M. Szabo donne à Rome en réécrivant l'histoire de sa fondation. En fait, Rome revisitée par M. Szabo aura deux fondateurs : Créuse et Turnus (associé à Ascagne). Cette anti-histoire de la fondation de Rome lui donne ainsi un

17. Cf. G. Durand, « L'exploration de l'imaginaire », in *Circé*, n° 1, Chambéry, 1970, p. 31.

double fondement dans les structures anthropologiques de l'imaginaire : masculin et féminin. Par là même, Rome naissante en est rendue plus complète, plus harmonieuse. Le « côté de chez Créuse », féminin, maternel, fait un contrepoint au « côté de chez Énée », « héroïque », qui est mis en évidence dans l'*Énéide* de Virgile[18]. En particulier, Créuse, à la différence d'Énée, renonce à la violence, et c'est Turnus qui en est le bénéficiaire. Sa mort cruelle, son meurtre par Énée, cette image scandaleuse sur laquelle se fermait paradoxalement l'*Énéide*, si controversée, si mal admise par la critique[19], sont évités par M. Szabo. Ainsi, l'héroïne fondatrice se voit attribuer un rôle nouveau : elle n'est pas celle qui *fait* (Créuse repart pour Troie et ne joue aucun rôle concret dans la fondation proprement dite), mais celle qui *fait être* ; non plus celle qui *a* ou qui *prend* le pouvoir, mais celle qui le *donne* (comme Vénus dans l'*Énéide* ; comme Pénélope dans l'*Odyssée*). À travers la complexité de cette hypostase, de cette descente du pouvoir jupitérien dans les terres du Latium, masculin et féminin sont dans une harmonieuse complémentarité.

LA DIMENSION POLITIQUE DU RÉCIT

Le second éclairage porte sur la dimension politique du récit. Toute la première partie du roman est construite sur une opposition entre Créuse-Énée, et Lavinia. Deux femmes, donc, mais deux femmes bien différentes, qui représentent deux mondes. La première, Créuse, est l'héritière d'un monde ancien, obsolescent, crépusculaire, et même physiquement disparu : Troie, comme sommet de sophistication et de civilisation, mais d'une civilisation qui faisait la part belle aux valeurs individuelles, à l'aristie, au culte de l'amitié virile et de ses obligations. En face de ce monde aristocratique, Lavinia est la représentante d'un monde fruste de paysans. Créuse ne se gêne pas pour le lui dire, et se

18. Même si l'*Énéide* est loin d'être monocentrée du côté des structures héroïques ; il y a du féminin en Énée ; et Vénus apporte la dimension féminine.

19. Cf. J. Thomas, « La mort de Turnus. Encore sur *Énéide* XII 919-952 », in *Virgiliennes. Hommage à Philippe Heuzé* (J. Pigeaud dir.), Paris, Les Belles Lettres, 2015, p. 40-46.

moquer de ce « palais » latin qui serait à peine une étable à Troie. Mais ces paysans ont aussi leurs valeurs : plus collectives, annonciatrices des points forts de l'imaginaire romain. Créuse le remarque déjà.

À vrai dire, sur ce point, M. Szabo retrouve et amplifie le discours virgilien : la mise en évidence d'un choc entre Orient et Occident ; entre un Orient caractérisé par le luxe et la décadence, le raffinement aussi, et un Occident plus neuf, plus grossier, plus naïf, mais porteur de belles valeurs. On sait que le *Zeitgeist* de Virgile tournait autour de ces problèmes, cristallisés en politique par la lutte entre Octave et Antoine, allié à Cléopâtre. La propagande d'Octave fustigeait cet Orient à la fois corrompu, décadent et crépusculaire ; Virgile y fait allusion, au livre I de l'*Énéide*, lorsque les vaisseaux troyens, pris dans la tempête, coulent parce qu'ils sont alourdis par les trésors et l'or de Troie :

> « Perdus dans l'immensité de l'abîme apparaissent des nageurs, leurs armes, des planches et les trésors de Troie au milieu des flots » (I, 118-119, trad. P. Veyne).

Le discours de Créuse est moins manichéen : il dresse seulement l'un contre l'autre deux mondes qui peinent à se comprendre mais qui cherchent toujours à dialoguer, à travers les longs et savoureux échanges entre Créuse et Lavinia, ou Créuse et Latinus.

Et là, grâce à son procédé fictionnel, M. Szabo met en lumière un point que la critique a peut-être trop négligé : le choc des civilisations entre les envahisseurs troyens et les autochtones latins. Presque personne n'en parle, et surtout pas Virgile. Personne ne s'étonne de la facilité avec laquelle, dans l'*Énéide*, ce prince troyen se fond dans une autre civilisation, jusqu'à en prendre la tête. Seul Turnus résiste, mais c'est pour des raisons personnelles : on lui prend sa terre et sa fiancée. Le récit de M. Szabo est plus réaliste. Elle dit très clairement que le problème a partie liée avec la mémoire : nos mémoires nous isolent dans nos mondes respectifs ; Créuse garde sa mémoire d'enfance, sa mémoire troyenne, différente de celle des Latins, et c'est pour cela que, finalement, Créuse repart et retourne à Troie, au pays de ses ancêtres. C'est là un choix important de M. Szabo. En privilégiant la mémoire de l'origine, elle refuse le processus initiatique, qui consistait justement à faire table rase du passé, et à accomplir une mutation, un saut ontologique transformant l'homme Énée en roi Énée, le Troyen en Latin. À cette croisée des chemins, les deux voies sont respectables : l'une, la voie initiatique, accepte et pratique le « saut dans le vide » ; l'autre préfère le retour et le regard en arrière, la voie des ancêtres et de la nostalgie : c'est celle que prend Créuse. De la même façon, dans *La Queste du Graal*, Gauvain retournait au château de sa mère, en même temps qu'il échouait dans sa quête. Entre une mémoire à construire et une mémoire à retrouver, Créuse choisit la mémoire à retrouver. Dans les deux cas, il s'agit de revivre, mais pas de la même façon.

De même que M. Szabo refuse la dimension héroïque et initiatique de l'*Énéide* au profit de la mémoire et de l'appel de la terre natale, l'impasse est également faite sur la dimension spirituelle. Certes, il y a des dieux, mais il n'y a pas de projet divin. Les dieux ne sont que des énergies plus fortes que celles des hommes, mais tout aussi incohérentes. Et il n'y a pas de devenir *post mortem*. Le très beau chapitre sur la Descente, « Dans le monde souterrain », le montre bien. Certes, Charon existe, mais il est un passeur sans passage. Il n'y a pas de lien entre le monde des vivants et celui des morts :

> « J'ai vu mon père, comme le scénario l'avait prévu. J'ai revu tous les personnages de mon passé, mais je les ai appelés en vain, ils ne m'entendaient pas et, à en juger par les sourires indéchiffrables et lointains, je ne manquais visiblement à aucun d'eux. J'avais beau leur crier de toutes mes forces que j'étais là, que j'étais revenu, ils ne m'entendaient pas, ils ne me voyaient pas. Dans leurs mémoires mortes, je n'étais pas encore parti, puisque je me trouvais avec mon chien Bimbo sur la grand-place de Troie dans les abîmes du passé. Aucun chemin ne menait de moi vers eux, ni d'eux vers moi, et c'est avec une amertume impuissante que j'ai pris la direction indiquée par Charon, vers le séjour du maître des Enfers. Le nocher m'a laissé aller seul. Il a achevé son travail en me disant que, là où j'allais, il n'y avait plus de marais. Il avait repris son aspect crasseux, il avait l'air vieux et chagriné. Je me suis retourné pour voir s'il me suivait des yeux, mais il s'était rassis dans sa barque et ne s'occupait plus de moi » (M. Szabo, *L'Instant. La Créüside*, Paris, éd. V. Hamy, 2009, p. 267).

La terrible vérité, c'est que l'au-delà est silencieux, fermé :

> « Non, je n'ai rencontré personne, Lavinia. […]
> L'enfer, c'est l'expérience de ce qu'on ne peut ni oublier les traumas ni faire revenir le bonheur, je n'avais même pas besoin de me le dire. Charon m'a reconduit jusqu'à l'entrée, mais cette fois il n'a pas accepté d'argent, il a juste indiqué d'un geste que j'avais assez donné. Je l'ai regardé une dernière fois, je savais désormais ce qui le rendait si triste » (*ibid.*, p. 267-68).

Là, nous touchons à un point capital : celui de l'intersection entre l'imaginaire mythique virgilien et l'imaginaire du créateur qui relit l'*Énéide*. Le prisme de notre psyché personnelle interfère sur notre relecture. Notre situation particulière, notre histoire personnelle, notre inscription dans une histoire, un *Zeitgeist*, donnent une coloration, une saveur qui déterminent la qualité de la relecture, sa profondeur, sa puissance. Or l'histoire personnelle de M. Szabo, prise dans la tourmente de la soviétisation de la Hongrie d'après la deuxième guerre mondiale, la met en position de percevoir avec une acuité et une originalité qui n'appartiennent qu'à elle ce monde de la romanité en train d'émerger. Elle seule, en fonction de son drame personnel et de ses facultés de transfiguration du réel, liées à son statut de grande romancière, sera capable de voir dans l'*Énéide* ce que personne d'autre n'y avait encore vu. Ainsi, peu nous importe que la fiction de départ (Créuse substituée à Énée) soit invraisemblable ou iconoclaste : elle permet un accès particulièrement efficace à la réalité profonde des situations. Le fait d'avoir passé la majeure partie de sa vie sous une forme terrible de dictature rend M. Szabo particulièrement experte pour déceler ce qui, chez Virgile, est peut-être la naïveté d'un homme fatigué de la guerre civile et prêt à se donner au premier Octave qui passe. Elle seule pouvait voir cela avec une telle acuité, et son expérience lui donnait le droit privilégié d'en parler.

Par exemple, dans le chapitre « L'Instant » et dans la description de la chute de Troie, on voit bien que ce qui obsède le narrateur, c'est le fait qu'un pays tout entier ne peut s'enfuir devant une catastrophe : qui choisir ? comment dresser sans injustice la liste de ceux qui seront admis à fuir le carnage, sur les vaisseaux qui quitteront Troie ? Les horreurs de la Shoah ne sont pas loin :

> « La joie des élus fut de courte durée, ils ne tardèrent pas à se rendre compte qu'ils étaient pris au piège : la possibilité d'être sauvé, l'accès aux bateaux dépendait d'une tessère d'or non transmissible, non échangeable, et nulle supplication ne pouvait faire allonger la liste. Ne pouvons-nous faire venir notre bon aïeul ? Impossible. Alors au moins la lumière de nos yeux, la petite Maryllis, elle est si fragile ? Non. Et Filax, notre chien fidèle, Paripos, notre étalon rapide comme le vent, et le beau-frère, et la brave cuisinière, et un de plus, juste un, juste deux, juste six cents, juste tout le monde ? Et nous répondions non, non, non » (*ibid.*, p. 206).

Cette lucidité sur une situation réelle – situation totalement absente du récit virgilien du livre II de l'*Énéide* –, ne peut s'expliquer que de la part de quelqu'un qui y a été confronté, dans un pays assiégé et pris en otage par le stalinisme soviétique : là encore, M. Szabo sait de quoi elle parle.

Cela explique aussi que l'écrivain hongrois ne soit pas tendre avec Énée.

D'abord, avec le vrai Énée, présenté comme un lâche. Il incarne le collaborateur, le conformiste, celui qui accepte mollement le système sans le remettre en question. La violence de M. Szabo, parfois étonnante, à son encontre, son agressivité, son manque d'indulgence s'expliquent sans doute par le souvenir amer des dégâts qu'elle a vu se commettre à cause de personnages de ce type. Anchise n'est pas mieux loti, dépeint comme un vieillard répugnant et sénile (*ibid.*, p. 41): c'est toute la lignée d'Énée qui est ainsi tournée en dérision.

Ensuite, et de façon plus nuancée, avec le personnage de Créuse-Énée : à bien des reprises, elle (il ?) tient des propos qui nous apparaissent comme dépourvus de compassion, amers, acérés. Créuse serait-elle cynique ? Non, mais elle est indifférente, comme cuirassée contre bien des choses, après les horreurs qu'elle a vues : une situation que connaissent bien ceux qui ont vécu de grands drames personnels ou collectifs, et M. Szabo en faisait partie.

Dans cet univers, l'humour a sa place : il sert de défense, et Créuse n'en manque pas, alors que l'humour est totalement absent de l'*Énéide*. On nous objectera que le terme est récent, anglais, et donc anachronique ; à quoi l'on peut répondre que, chez Horace, Pétrone, Martial, on peut trouver souvent une forme latine de ce que nous appelons l'humour ; l'humour marque une distance avec soi et les autres ; il n'a pas sa place dans une épopée initiatique ; les héros mythologiques n'ont pas d'humour. Mais l'humour est bien là dans la *Créüside*. Citons par exemple le savoureux passage où Charon exige les papiers de Créuse pour la faire passer de l'autre côté du Styx (encore une réminiscence des années de plomb du stalinisme et de ses contrôles tatillons) :

> « En m'apercevant, il s'est mis à hurler d'une voix d'airain singulièrement claire, mais il disait des choses incongrues et avait des exigences impossibles ; il me réclamait une autorisation d'entrée, ce qui m'a particulièrement irrité, j'en avais déjà tellement vu que ce nouvel obstacle m'a semblé tout à fait déplacé. Bien plus tard, je me suis rendu compte qu'il n'importunait pas les âmes, il ne leur demandait qu'un péage, mais, ayant vu que j'étais vivant, il avait réclamé des papiers à cor et à cri, car il devrait me laisser repartir et, dans une entreprise aussi ancienne, on se méfiait des nouveautés » (*ibid.*, p. 254).

On le voit, dans sa description des Enfers, M. Szabo règle encore ses comptes avec le stalinisme et sa censure.

La Hongrie a été pendant plus d'un quart de siècle dirigée par Janos Kadar, qui a d'abord été haï des Hongrois comme un traître, puis qui a fini par être accepté comme l'artisan d'une certaine paix civique, alors même que les Soviétiques le considéraient comme un allié fiable. Les Hongrois, attachés à leur liberté, ont forcément conçu de l'amertume devant cette tactique politique consistant à imposer, avec les procédés de la propagande, et en jouant sur l'usure du temps, un personnage de chef associé à une forme voilée d'idéologie totalitaire. Il n'est pas étonnant, dans ce contexte, que M. Szabo ait rué dans les brancards à l'évocation de la figure politique du *princeps*, dont Virgile (après Cicéron…) voulait précisément persuader les Romains qu'elle était la meilleure pour sortir des guerres civiles. Là encore, M. Szabo n'était plus naïve : elle avait vu la fin de l'histoire, et il ne fallait pas lui en conter sur un processus d'implantation politique qui ressemblait peu ou prou à celui dont elle avait fait l'expérience. Finalement, M. Szabo a dû ressentir pour Virgile un peu la même chose que Victor Hugo : d'abord, un amour passionné, puis une vive déception. À un moment de son évolution personnelle, liée à ses expériences politiques, M. Szabo a dû penser que le Virgile de l'*Énéide* était un naïf, et sans doute un naïf dangereux, manipulé par Octave. De même le jeune Hugo admirait Virgile, jusqu'à écrire :

> « O Virgile, ô poète, ô mon maître divin ! » (*Voix intérieures,* VII, « À Virgile »).

Mais le Hugo victime de Napoléon III ne verra plus que le Virgile courtisan d'Auguste, et il brûlera ce qu'il avait adoré, en accusant le poète de Mantoue de flatterie (« Jamais la flatterie fut-elle plus abjecte ? », à propos du début des *Géorgiques*, in *Post-scriptum de ma vie*, « Utilité du beau », p. 24) et de vénalité (« Sa muse s'appelle Dix mille sesterces », *ibid.*).

On comprend mieux alors l'atmosphère de désillusion qui traverse *La Créüside* ; et qui recoupe certaines constatations que nous avons déjà faites : le refus de la voie initiatique, le refus de la croyance à un au-delà. Au risque de noyer le bébé avec l'eau du bain, la désillusion et le pessimisme liés à la tragique expérience politique se généralisent : tout est objet de défiance ou de déception, y compris les croyances dans l'au-delà. Le principe de réalisme limite la lecture du réel à sa frange la plus immédiate, et condamne tout ce qui peut apparaître comme une spéculation hasardeuse. Tout se passe comme si M. Szabo était revenue d'un voyage en terre totalitaire, alors que Virgile y met le pied et n'en voit que les lendemains potentiellement chantants. Il se trompe, et en quelque sorte, à travers la fiction romanesque, elle le lui dit. C'est là, selon nous, que l'inversion des sexes prend son sens : elle transcrit cette volonté de refuser, de résister, d'aller à contre-courant, de ne pas adhérer à un projet qui, M. Szabo le sait, va se révéler catastrophique. Si Créuse revient vers son pays natal, et vers les paysages de sa mémoire, c'est parce que, pour M. Szabo, rien n'est plus précieux que notre moi personnel, notre intimité, celle précisément qui fut violée par le collectivisme soviétique. Créuse répond alors à Énée comme la liberté répond au totalitarisme.

Ce personnage de Créuse, qui émerge donc du récit comme le porte-parole des valeurs de la liberté et de l'individu, ne manque pas de force. Cette force s'exprime particulièrement à la fin, totalement inventée par rapport au mythe, mais très inventive et symboliquement très efficace. Créuse revient (pour les raisons que nous avons vues) à Troie et aux paysages de sa mémoire. Mais ce qu'elle découvre est une catastrophe : Troie est devenue un site touristique totalement dépourvu d'âme, avec des boutiques de souvenirs, des fast-foods et des visites organisées. Cette fin est très pessimiste. Créuse est prise entre deux impasses : Rome, qu'elle a refusée, en tant que ville et culture étrangères, et Troie, qu'elle ne reconnaît plus, qui se refuse à elle et lui est devenue étrangère. Elle n'a plus d'avenir, et plus de passé. La fin, pour autant, ne manque pas de grandeur : elle s'accrochera quand même à son passé révolu et, pendant des siècles, les voyageurs passant au large de Troie verront une silhouette de héros montant la garde sur les ruines de Troie désormais désertes : sans doute celle de Créuse. Puis un jour, plus rien. L'oubli l'emporte sur la mémoire vigilante. Il faudrait citer les quatre dernières pages du livre, qui sont magnifiques. Nous nous limiterons au dernier paragraphe :

> « Et passe le temps, passe le temps, passent les années, cent ans, deux mille ans, les côtes lointaines frémissent, et frémissent les ports, petits et grands, car voilà qu'on annonce une grande nouvelle : sur la rive d'Ilion, il n'y a plus que des pierres et une multitude de chiens gris. Les chiens errent, dressent leurs museaux pointus vers la lune et pleurent longuement, car ils sont seuls sur le rivage, il n'y a plus que le silence, les pierres, la poussière et la solitude. Et celui qui vient ici ne peut savoir ce que recouvre la poussière, ni qui a laissé cette empreinte de deux pieds légers. Ici, entre les piliers du crime et du châtiment, est passée la reine Créuse. »

Que M. Szabo soit remerciée d'avoir agrandi notre connaissance de l'*Énéide*, fût-ce en soulignant les risques et les limites de l'entreprise virgilienne, à la lumière de sa douloureuse expérience. Elle nous a donné un beau livre, fort, original, et surtout terriblement personnel.

Ovide chez les Scythes, revisité par David Malouf[20]

« J'aime ceux qui ne savent vivre qu'en sombrant,
car ils passent au-delà. »

F. NIETZSCHE, *Ainsi parlait Zarathoustra*

OVIDE CHEZ LES SCYTHES : ROUTES ET DÉROUTES

On a vu comment Ovide vivait son exil comme une déroute, et même comme la fin du monde. Mais son histoire personnelle est d'autant plus frappante, elle résonne d'autant plus fort en nous, qu'à sa réalité historique s'ajoute une dimension plus universelle : le drame personnel d'Ovide apparaît comme une sorte de version tragique et malheureuse de ce que nous redoutons tous : un enfoncement dans la solitude, l'obscurité et la périphérie, une perte du Paradis originel, du lieu de lumière et de

---

20. Ce développement est une version révisée et remaniée de l'article « Imaginaires de l'exil : Ovide chez les Scythes, revisité par David Malouf », in *Éclipses et surgissements de constellations mythiques – Littératures et contexte culturel – Champs francophones*, Actes du colloque international des CRI (Nice, 22-24 mars 2001), *Loxias*, revue du CRLP, n° 2-3, Nice, Publications de la faculté des lettres de Nice, 2002, p. 37-64.

civilisation, symbole du bonheur (en l'occurrence, la ville de Rome). La mort guette, et avec elle les forces de l'entropie. L'histoire d'Ovide en est le paradigme, d'autant plus inquiétant que c'est une vraie histoire, et celle d'un grand poète, d'un créateur, condamné à la déroute et à la nuit, de surcroît pour avoir vu quelque chose qu'il n'aurait pas dû voir. Notre ignorance des causes mêmes de sa condamnation renforce la dimension existentielle de l'histoire d'Ovide, comme paradigme d'une condition humaine dont le drame est un exil dont on ne connaît pas les raisons. Ce complexe « spectaculaire », cette image du créateur-voyant aveuglé, dépasse le caractère anecdotique du vécu personnel pour prendre une dimension mythique.

LA SCYTHIE DE MALOUF

C'est là qu'intervient la réécriture de David Malouf, un universitaire[21], une des grandes figures de la littérature australienne et maintenant mondiale. Il vit en Europe, et a obtenu en 1991 notre prix Fémina étranger. *L'Enfant du pays barbare* (Paris, éd. Lieu Commun, 1983 ; titre original : *An Imaginary Life*, London, Chatto and Windus, 1978) est son premier roman. Sentant que les constellations d'images sont toutes ambiguës, à deux têtes, Malouf va, à partir de l'histoire d'Ovide, opérer une conversion au sens étymologique, un retournement, *metanoia.* Il inverse radicalement le sens de la première histoire, celle de l'Ovide historique. Du naufrage, il fait une naissance ; de la nuit, une aurore. Pour cela, il suffisait de réécrire l'histoire et le récit à la première personne, en les présentant comme un journal intime tenu par le poète

21. À l'évidence, Malouf connaît bien son Ovide, et même la critique ovidienne. On repère parfois ses jalons culturels, et ils sont solides.Il a lu l'ouvrage classique de Fraenkel sur Ovide, *Ovid, a Poet beetween Two Worlds* (Berkeley, 1945), et il s'en est manifestement souvenu lorsqu'il écrit : « Je suis Ovide, le poète, né à la limite de deux maisons du Zodiaque, au moment où les Poissons, tirant en sens opposés, plongent sous l'horizon et où le Bélier entame sa course ascendante ; né entre deux ères, entre le règne des dieux anciens qui, sur le point de finir, vacille, et une époque nouvelle, qui à son tour basculera, dans un avenir si lointain que j'ai peine à la concevoir » (p. 19).

lui-même, ou comme une forme non située de méditation intérieure. Après tout, personne ne sait précisément comment Ovide a vécu chez les Scythes, et ce qu'il y a fait. Malouf va tout réinventer[22]. L'audace est belle, digne d'un démiurge ; mais n'est-ce pas le privilège et l'honneur des poètes que d'inventer et de nous donner à voir un monde qui est peut-être plus vrai que le vrai monde[23] ?

ENCORE LE *PUER AETERNUS*

Et revoici la figure du *Puer aeternus*, de l'Enfant divin. Nous en avons déjà parlé *supra* à propos de Virgile. Le trait de génie de Malouf, c'est d'imaginer que, au cours d'un quotidien morne, ennuyeux et répétitif – celui-là même qu'Ovide nous raconte dans les *Tristes* et les *Pontiques* –, le poète s'aperçoit que, près du campement de paysans où il est en résidence surveillée, en lisière de forêt, il y a un enfant sauvage qui rôde. Par des trésors de patience et d'humanité, l'Ovide de Malouf réussit à l'approcher, à entrer en relation avec lui. On sent, à ce moment, qu'on touche au fondamental, à travers l'histoire de ce pont jeté entre la civilisation et un monde sauvage qu'elle a besoin d'apprivoiser pour régénérer ses forces. L'Antiquité a beaucoup réfléchi là dessus. Dans cette logique, Ovide veut apprendre le latin à l'enfant sauvage, pour qu'il puisse communiquer. Cette *paideia* va être aussi profitable au maître qu'à

22. Je dois à l'anthropologue Claude Gaignebet une remarque pertinente sur les références culturelles de Malouf : élevé dans le monde des chrétiens maronites, il a été nourri de culture classique, et, à ce titre, la mythologie en général et Ovide en particulier lui étaient familiers. Il a donc pu se souvenir des *Fastes*, et des figures d'hommes-loups, les Luperques, qui y sont évoquées.

23. C'est là que le récit de Malouf perd ses repères scientifiques ; mais c'est là aussi qu'il devient un grand texte poétique, et que Malouf réussit à ne plus être « raisonnable », à être mieux que cela : fondateur, ouvreur de perspectives essentielles qui, par des voies autres que celle du discours critique et scientifique, nous font entrer dans la profondeur de l'âme romaine – et dans la nôtre… Finalement, Malouf, cet universitaire, réussit le rêve qui sommeille en beaucoup d'universitaires : être authentiquement créateur, et aller au-delà du discours scientifique, décrire le monde autrement, par une autre voie d'accès, ne relevant pas des mêmes référentiels, faisant en cela une lecture nouvelle, régénérée, d'un sujet longtemps rebattu.

l'élève, et se révéler une double initiation. Car cet état d'attention, de miséricorde et d'ouverture va sortir le poète de sa logique d'enfermement, de son regret obsessionnel (qui, on l'a souligné plus haut, se dit en latin *desiderium*, souvenir de l'astre lumineux perdu, *sidus*) du Paradis perdu et du lustre de naguère. En s'ouvrant à ce petit être silencieux, Ovide se dévoue, se « délie » dans la compassion. La clef qui fait céder chez lui ces verrous, c'est clairement l'amour, comme force qui dénoue les nœuds, les crispations de l'âme et du cœur. De même, dans l'*Énéide*, quand Énée est ému par le spectacle du malheur des autres, il ne pleure pas seulement sur son malheur remémoré ; il pleure aussi sur les autres, et c'est ce qui l'ouvre à l'*humanitas*. Il y a là une sorte de saut ontologique dont la création littéraire nous rend compte.

D'autre part, comment rendre plausible qu'Ovide s'intéresse à l'enfant-loup ? C'est là un des traits de génie de Malouf : c'est parce que le poète l'avait déjà vu, dans son univers romain et son enfance ; on ne connaît pas, on ne fait que reconnaître, et dès le début, tout est déjà dit :

> « L'enfant est là. J'ai trois ou quatre ans. C'est la fin de l'été. C'est le printemps. J'ai six ans. J'ai huit ans.
> L'enfant, lui, a toujours le même âge. Nous nous parlons, mais dans une langue inventée pour nous seuls. Mon frère, qui est plus vieux que moi d'un an, ne le voit pas, même lorsqu'il passe entre nous.
> C'est un enfant sauvage. [...]
> Était-il porteur d'un message qui m'était destiné ? Si c'est le cas, il n'a jamais réussi à me le transmettre. Ou bien, s'il me l'a transmis, le message m'a échappé. Ou encore, je n'étais déjà plus capable à ce moment-là, quel que fût son propos, de comprendre ses paroles et de les traduire dans la langue commune » (p. 11-13).

Mais il est trop tôt. Rien ne se fait. La même scène se rejouera, à la fin du livre, mais cette fois le poète passera de l'autre côté. On se souvient du cycle chevaleresque du Graal, et du jeu qui y est fait sur la Mémoire et sur l'Oubli : lors de son premier voyage au château du Graal, Perceval voit passer le cortège du Graal. Mais il ne pose pas de questions. Il est trop tôt. Il lui faudra parcourir encore bien du chemin, passer par bien des épreuves, avant d'avoir la révélation des trois gouttes de sang sur la neige. Alors seulement le monde prendra sens. Le cheminement d'Ovide, vu par Malouf, relève du même schéma de voyage initiatique. À la fin, on rejoue la scène du début ; mais cette fois, elle est comprise par son acteur, et tout s'éclaire.

Et c'est alors que la grâce est donnée à Ovide, de façon imprévisible, gratuite, instantanée, comme un miracle. Soudain, les rôles s'inversent, et cet enfant qu'il a voulu aider se révèle détenteur d'un savoir immémorial, bien plus grand que la petite science d'Ovide le Romain. Il apparaît alors clairement comme le *Puer aeternus*, cette figure de l'Enfant éternel, toujours jeune, qui est au-delà de la mort, de toutes les morts, et symbolise une capacité de régénération vitale et cosmique de la nature dont l'homme peut participer. Désormais, c'est lui qui prend le vieil homme par la main et qui le guide. La déroute redevient une route, et Ovide – comme l'Énée de Virgile – commence, au bout de la nuit, son vrai voyage initiatique, comme s'il avait fallu aller aux limites de la solitude et du malheur pour découvrir le chemin.

La fin du texte est magnifique : le vieil homme et l'enfant ne font qu'un ; ils quittent le village et partent vers l'Hyperborée, le Nord absolu, au-delà du fleuve, et aussi, comme l'indique l'étymologie du terme, au-delà du vent du nord, du Borée. C'est de là que venaient Apollon Hyperboréen, et aussi Abaris, Orphée et Dionysos. Tous ces dieux initiateurs étaient pour les hommes les révélateurs des mystères de l'au-delà.

Dans l'imaginaire des Romains, la Scythie avait un double visage ; elle était (et c'est là ce qui obsède Ovide) le pays où s'arrêtait l'*Imperium Romanum*, associé à une symbolique de la fermeture et de la limite. Mais elle était aussi une contrée quasi mythique, une porte vers la légende, qui s'ouvrait sur l'Hyperborée et le monde des dieux, dans le Grand Nord. E. R. Dodds a montré avec éclat, dans un livre devenu un classique[24], l'importance et la dimension fondatrice de ce champ scytho-thrace dans l'imaginaire religieux des Grecs :

24. E. R. Dodds, *Les Grecs et l'irrationnel*, Paris, Aubier-Montaigne, 1965 (rééd. Flammarion « Champs »), chap. « Les chamans grecs et les origines du puritanisme ».

> « En Scythie, et peut-être aussi en Thrace, les Grecs étaient entrés en rapport avec des peuplades qui, comme l'a démontré le savant suisse Meuli, étaient influencées par cette culture chamanique. Sur ce point, il suffira de se reporter à son important article dans Hermès[25]. Meuli a en outre suggéré qu'il faut voir des fruits de ce contact dans l'apparition, tard dans l'époque archaïque, d'une série d'*iatromanteis*, de voyants, de guérisseurs magiques, et maîtres religieux, dont certains, d'après la tradition grecque, sont reliés au nord, et qui exhibent tous des traits chamaniques. Du nord vint Abaris, monté, disait-on, sur une flèche, comme aujourd'hui encore, paraît-il, les âmes en Sibérie. Il était si avancé dans la science du jeûne qu'il avait appris à se passer entièrement de nourriture humaine. Il bannit les épidémies, prédit les tremblements de terre, composa des poèmes religieux, et enseigna le culte de son dieu du Nord, que les Grecs appelaient l'Apollon Hyperboréen. À l'appel de ce même Apollon, Aristéas, un Grec de la mer de Marmara, alla vers le nord et en revint pour rapporter ses expériences étranges dans un poème façonné, peut-être, sur les excursions psychiques des chamans du Nord » (p. 140-141).

De façon générale, il est toute une partie des textes grecs sur les rêves qui montre l'influence des techniques chamaniques de l'extase sur l'étude des songes[26].

L'imaginaire mythique des Romains était ainsi polarisé autour de quatre directions, quatre points cardinaux :

– à l'est, les champs mythiques de Troie et de ses légendes fondatrices, dont celle d'Énée, à l'origine de la naissance de Rome ;

– au sud, l'Égypte et le prestige de sa civilisation millénaire, de ses monuments proclamant la force du sacré dans le monde des hommes ;

– à l'ouest, l'Atlantide, les légendes associant Atlas et Hercule, autre grand voyageur : la fin d'un monde, la naissance d'un autre, comme à Troie ;

– enfin, au nord, l'Hyperborée et le royaume d'où était venu Apollon, et d'autres dieux et héros civilisateurs.

---

25. K. Meuli, « Scythica », *Hermès*, 70, 1935, p. 137 *sq*. Cf. aussi Dodds, *op. cit.*, p. 160, note 30.

26. Cf. J. Thomas, « Der Traum. Wege der Erkenntnis im klassischen Altertum », in *Die Wahrheit der Traüme*, Actes de la *Tagung* 1995 d'*Eranos*, München, Wilhelm Fink Verlag, 1997, p. 145-185.

Orphée venait de Thrace, et il y était mort. En prenant soin de distinguer Orphée et l'orphisme[27], le mythe d'Orphée apparaît bien comme l'expression d'un discours lié au chamanisme, au dire même de l'excellent connaisseur du problème qu'est E. R. Dodds :

> « La patrie d'Orphée est la Thrace, et en Thrace il est ou l'adorateur ou le compagnon, d'un dieu que les Grecs identifièrent à Apollon. Il exerce conjointement les professions de poète, de magicien, de maître religieux et de diseur d'oracles. Comme certains chamans légendaires de Sibérie, il peut, par sa musique, convoquer les bêtes et les oiseaux pour se faire entendre. Comme les chamans partout, il visite les Enfers, et le motif de sa visite est un but fort commun chez les chamans – le recouvrement d'une âme volée. Enfin, sa personnalité magique survit dans une tête chantante qui continue à donner des oracles bien des années après sa mort. Cela aussi suggère le Nord : ces têtes mantiques apparaissent dans la mythologie nordique et dans la tradition irlandaise. Je conclus qu'Orphée est un personnage thrace dans le genre de Zalmoxis – un chaman mythique ou un prototype de chaman[28]. »

L'hyperboréen Abaris, prêtre d'Apollon, qui « promena par toute la terre sa fameuse flèche sans prendre de nourriture » (Hérodote, *Histoires*, IV 36), est bien une sorte de chaman nordique. Autre être prestigieux : Zalmoxis, le dieu géto-dace civilisateur des Thraces. Dionysos lui-même passait pour venir de Thrace, et les auteurs anciens ont longtemps associé Dionysos, Orphée et Zalmoxis. La critique moderne a fait litière de ces théories, dont le dernier défenseur fut Erwin Rohde, dans son ouvrage classique, *Psyché. Le culte de l'âme chez les Grecs et leur croyance à l'immortalité* (Paris, 1928), car cette hypothèse a été ruinée par la mention du nom de Dionysos en linéaire B[29].

Le monde des Daces et des Scythes était donc loin d'être un désert, sur le plan des traditions religieuses. Il était même riche d'une tradition bien plus ancienne que celle des pays de culture grecque, et on peut

27. Cf. R. Sorel, *Orphée et l'orphisme*, Paris, PUF, « Que sais-je ? », 1995.

28. E. R. Dodds, *op. cit*., p. 147.

29. Cf. D. Sabatucci, *Essai sur le mysticisme grec*, Paris, 1983, et J.-P. Vernant, *Figures, idoles, masques*, Paris, Julliard, 1990.

maintenant avancer avec certitude que ce chamanisme du Nord a été un des éléments matriciels et fondateurs de la pensée religieuse des Grecs.

Ce que nous retiendrons pour notre propos, c'est qu'à l'époque d'Ovide l'imaginaire romain se représentait un au-delà situé à l'extrême nord, en Hyperborée, dont les antichambres étaient la Thrace et le pays des Scythes. Donc, d'une certaine façon, à la symbolique territoriale de la fermeture coïncidant avec le *limes* répondait une symbolique de l'ouverture ; à la symbolique de la séparation répondait une symbolique de la relation, mais dans le monde de l'au-delà : la Thrace, la Scythie étaient le pays des chamans et avaient des rapports privilégiés avec le monde des dieux. Elles avaient leur place dans la symbolique des points cardinaux, dans un ordre du monde mythique.

LE CHAMANISME

Cet au-delà, c'est donc le pays des chamans. Il y a un chaman dans le récit de Malouf : il apparaît comme une sorte de fonctionnaire de l'au-delà, le détenteur vieilli de secrets dont il a lui-même oublié le sens. Ses expériences sont bien authentiques, mais le bilan en reste vague :

> « Puis il s'éveille et c'est fini.
> Pendant que nous le regardions, il a fait, en rêve, un voyage vers les lointaines régions du pôle. C'est là-bas qu'il était parti, sur la steppe gelée, au-delà du fleuve, vers l'effrayante immensité du désert. C'est la voix des esprits polaires qui sortait de sa bouche. Et le voilà redevenu l'un des nôtres, un vieillard à présent tout à fait ordinaire » (p. 53).

On s'aperçoit que de nombreux traits qui caractérisent l'expérience chamanique sont évoqués, à un moment ou l'autre, au fil du récit.

Mentionnons d'abord l'idée de pouvoirs liés à l'enfance, et perdus à mesure que l'enfant grandit (de même, à Rome, les néo-pythagoriciens avaient recours à des enfants pour leurs expériences d'oniromancie, parce que leur vision était plus « pure »[30]). Lorsqu'il était enfant, le poète

30. Cf. J. Thomas, article « Néo-pythagoriciens » du *Dictionnaire critique de l'ésotérisme* (J. Servier dir.) Paris, PUF, p. 916-918.

voyait spontanément l'Enfant. En grandissant, il avait perdu ce pouvoir, et l'avait même oublié. Mais tout lui revient comme un flash lors de sa rencontre avec l'enfant sauvage.

Donc, l'enfant a le privilège du « regard direct », celui précisément qu'ont oublié les adultes. La tradition chamanique s'appuie sur la capacité du chaman à retrouver ce « regard direct », et sur l'évocation mythique d'une époque primordiale où la communauté entre chamans et divinités était plus fusionnelle. Mircea Eliade relève que le folklore caraïbe garde souvenir d'un temps où les chamans étaient très forts : ils pouvaient voir les esprits avec leurs yeux charnels. Ils menacèrent les dieux[31] : dès lors, les chamans ne peuvent se rendre au ciel qu'en extase[32], et il s'agit pour le chaman de retrouver cette limpidité des origines. « Laisse tes yeux devenir clairs[33] » dit une belle formule adressée par un maître chaman à son disciple.

L'enfant-loup, quant à lui, parvient à cette spontanéité dans la relation à la nature par sa familiarité – pour ne pas dire sa connaturalité – avec le monde des animaux. Et Malouf fait dire à Ovide que toute la métamorphose spirituelle passe par cette voie « royale » de l'animalité :

> « J'entame lentement ma métamorphose finale. Je dois me débarrasser de mon identité et m'ouvrir au vaste univers. Tous les êtres de la création reviendront se glisser en moi – les êtres et non les dieux qui empruntent leur forme. Nous nous laisserons investir par des créatures animales, avec leur bec, leur fourrure, leurs crocs, leurs défenses, leurs griffes, leurs sabots, leur groin, qui réveilleront en nous la mémoire d'une vie antérieure » (p. 100-101).

Outre le loup, animal totémique symbolisant l'esprit de la steppe, l'oiseau joue un rôle privilégié – dans notre texte comme dans les pratiques chamaniques –, en tant qu'intercesseur entre le monde profane et le monde

31. On pense bien sûr à Prométhée, mais aussi au mythe de Tantale qui, lui aussi, était admis à partager la nourriture des dieux. Tenté d'abuser de ce privilège, il connut le châtiment que l'on sait.

32. Cf. M. Eliade, *Le Chamanisme et les techniques archaïques de l'extase*, Paris, Payot, 1998, p. 117.

33. *Ibid.*, p. 85.

des esprits. L'expérience chamanique est volontariste et projective. C'est pour cela que le chaman doit commencer par dominer sa peur. Ce n'est pas l'animal qui possède le chaman, c'est le chaman qui se transforme en animal, qui prend la nouvelle identité d'un esprit médiateur et auxiliaire capable de le faire « voyager ». En ceci, les esprits des animaux rejoignent le rôle des âmes des ancêtres : ils portent le chaman dans l'au-delà, et ils lui confèrent la connaissance. C'est à cause de cette connaturalité et de cette parenté avec les âmes des morts que, dans le chamanisme, les animaux sont tous considérés comme psychopompes.

Au cours de l'initiation, le chaman doit apprendre le langage secret qu'il utilisera pour communiquer avec les esprits humains ou animaux. C'est précisément ce que l'Enfant apprend au poète :

> « Ainsi, jour après jour, tandis que j'apprends à l'enfant à assembler les sons pour former des mots humains, il m'initie au cri des oiseaux et à ceux des bêtes sauvages » (p. 101).

Apprendre le langage des animaux, et en premier lieu des oiseaux, c'est donc se doter du pouvoir de connaître les secrets de la nature, partout dans le monde et, partant, être capable de prophétiser. Orphée détenait à la fois cette connaissance du langage des oiseaux et le don de prophétie. Ainsi, l'amitié avec les oiseaux, la compréhension de leur langue, signifie la réintégration de la situation paradisiaque perdue à l'aube des temps historiques. Le chaman est un « redécouvreur » de paradis ; et les animaux sont des intercesseurs, des médiateurs entre les Esprits et les hommes.

Un des traits essentiels du chamanisme tient dans sa vocation à restituer la relation de connaturalité entre l'homme et la nature. Dans ce contexte, il n'y a bien sûr pas de théologie, pas de panthéon, pas même de Dieu créateur clairement manifesté, mais plutôt une sorte de *deus otiosus*. La structure de ce monde de l'au-delà est un mélange de simplicité (nous sommes le monde, le monde est en nous, donc nous avons en nous toute l'énergie et la complexité du monde) et de subtilité (pour déjouer les ruses des multiples esprits, entités, génies et âmes mortes qui font écran et entrave à l'instantanéité de la communication).

Le discours du chaman, sa démarche, sont donc à la fois innés et appris, simples et savants. Malouf insiste, dans son récit, sur ce thème du « dieu en nous » qui alimente, sous une forme plus élaborée, tout le discours des sociétés de mystères et des spiritualités de type initiatique. Plutôt que d'être choqués par ce grand écart culturel associant discours archaïque du chamanisme et discours « moderne » du voyage initiatique modificateur (qui n'a bien sûr jamais été intégré par la tradition chamanique), nous serons bien inspirés de nous laisser porter par ce qu'il y a d'authentiquement poétique et de spirituellement pérenne dans la « description » que Malouf nous donne de l'expérience d'Ovide, sous sa forme essentielle, par-delà les clivages de l'espace et du temps :

> « Les dieux n'ont d'existence que si on les reconnaît. Ils ne sont ni en dehors de nous ni entièrement en nous ; ils passent sans cesse de nous aux objets que nous fabriquons, au paysage que nous façonnons et dans lequel nous évoluons. Toutes ces choses, nous les avons rêvées, elles sont en nous. C'est nous-mêmes que nous sommes en train de parfaire et, quand le paysage sera achevé, alors nous serons devenus les dieux qui doivent l'habiter[34].
> Comme si toute créature ayant le pouvoir de se rêver dans une autre existence parvenait à s'élever d'un degré dans l'échelle des êtres, nos corps, ayant conçu dans le sommeil l'idée d'un être supérieur, lentement, laborieusement découvrent le processus physique qui leur permettra de briser leurs liens et d'accéder à leur forme nouvelle » (p. 30).

> « C'est là, j'aurais pu m'en douter, le secret de toute chose. Nous nommons les dieux et ils s'animent en nous, ils jaillissent de l'esprit, dans toute leur gloire, leur puissance, leur majesté ; ils s'avancent pour jouer leur rôle dans le monde à venir, changer le monde, nous changer. C'est ainsi que l'être que nous sommes en passe de devenir sortira de nous-mêmes » (p. 34).

Malouf repère là un trait important du chamanisme : il pose comme fondement du cosmos une structure de type holiste :

> « L'esprit n'est plus scellé au corps. [...] Il occupe l'espace, d'un bout à l'autre de l'horizon, sur la terre et dans le ciel. Il est l'air pur, il est la

34. Certains propos de Sénèque – qui écrira ses *Lettres à Lucilius* cinquante ans après Ovide – sont dans la même tonalité mystique. Cf. J. Thomas, « Sénèque et le problème de la légitimité de l'action », *Euphrosyne*, XVI, Lisbonne, 1988, p. 97-124.

> multitude infinie des particules de lumière, et chacune d'entre elles à la fois. Et chacune est le point central d'où il appréhende le tout » (p. 144).

Dans l'évidence de la connaturalité, tout devient possible. Celui qui est en relation avec l'autre monde est doté de pouvoirs supra-humains : par exemple, la chaleur extrême du corps, y compris dans un milieu glacial. Cette particularité est bien connue dans le chamanisme de l'Inde ; c'est le *tapas*, l'échauffement de l'ascète (dont certains héros épiques comme le Cuchulaïnn de l'épopée irlandaise faisaient spontanément l'expérience). On obtient cet excès de chaleur en méditant près des feux, ou en retenant sa respiration. L'enfant sauvage connaît lui aussi, spontanément, cet état, simplement en retournant dans un autre élément naturel, lorsqu'il redécouvre la première neige, au seuil de l'hiver. Alors les contraires se concilient :

> « Il paraît ignorer le froid. Son corps garde sa carnation. Ni ses mains ni ses pieds ne sont engourdis. Comme il approche de moi en serrant de sa main une boule de neige, je sens la chaleur qu'il dégage. Il a le corps brûlant, c'est un brasier » (p. 110).

Autre pouvoir paranormal : la bilocation, familière au chaman. Déjà Hermotimus de Clazomènes était célèbre dans l'Antiquité pour voyager hors de son corps ; et cette capacité de se dédoubler et de quitter en esprit l'enveloppe de son corps physique est le fondement même du « voyage » chamanique. On attribue les mêmes pouvoirs à Aristéas, dont l'âme pouvait, sous la forme d'un oiseau, quitter son corps à volonté :

> « Il mourut ou tomba en transe chez lui, et cependant on le vit à Cyzicus ; plusieurs années plus tard, il apparut encore à Métaponte, loin dans l'Ouest[35]. »

Dans son voyage au-delà du Danube, au-delà de ce qu'il considère comme la limite du monde des hommes, Ovide fait l'expérience de la bilocation ; les pouvoirs du chaman – et plus simplement la relation avec

35. E. R. Dodds, *op. cit.*, p. 141.

l'esprit de la nature – passent en lui. Alors il se regarde tracer son chemin difficile d'homme mortel :

> « J'ai dépassé depuis des jours, au cours de cette longue marche, le seuil de l'épuisement ; mais mon corps souffre à peine, comme s'il s'était dédoublé. Parfois, j'ai l'impression que nous nous déplaçons sur deux plans différents. C'est comme si je nous observais de très haut, minuscules silhouettes qui ouvrent une ligne d'ombre dans la prairie à mesure qu'elles avancent, tels des nageurs traçant un sillon d'écume sur la mer » (p. 144).

Dans cette évidence de la communication totale, le langage royal est la télépathie. Le poète, ce maître de l'écriture, est conduit à renoncer à son désir d'éveiller l'enfant en lui apprenant le langage écrit lorsqu'il découvre que, tel Orphée, ce petit être a des expériences plus intenses et plus subtiles en entrant dans le chant des oiseaux et dans une autre forme, élargie, de langage. À la fin de sa vie, Ovide accède à une extraordinaire expérience de communication « totale » avec l'enfant. Le langage, c'est la route :

> « Cette errance à deux, cette route que nous faisons côte à côte à travers les hautes herbes sont une sorte de conversation qui se passe de toute langue, un échange parfait de perceptions, d'humeurs, de questions, de réponses aussi simples que la pluie et le beau temps. Rien de plus, en fait, que l'ombre des nuages glissant sur un paysage ou à la surface d'un étang, comme des pensées qui se dissolvent dans un esprit pour passer dans un autre, nuage et ombre, sans recours aux structures du langage articulé. C'est comme si chacun de nous se parlait à lui-même. Comme si un des hémisphères du cerveau transmettait des pensées à l'autre, qui, dans une sorte de prémonition, les aurait anticipées avant même qu'elles ne se forment, touché par leur reflet avant qu'elles ne lui soient révélées » (p. 148).

Le chaman est un voyageur, un voyageur mystique. La technique chamanique par excellence consiste dans le passage d'une région cosmique à une autre. Ces régions sont au nombre de trois : le ciel, la terre et l'enfer[36]. Les trois niveaux sont reliés par un axe central. La science

36. De même, la Diane-Hécate magique gréco-romaine est dite *Trivia* : elle est au carrefour des trois mondes.

du chaman est justement la connaissance du mystère de la rupture des niveaux, du franchissement des limites, et son voyage est un cheminement le long de la « corde » médiatrice de l'axe central. L'Ovide de Malouf est, lui aussi, voyageur, mais sous une forme plus élaborée : il construit son espace intérieur.

> « Car est-il un autre but dans la vie d'un homme que d'aller ainsi toujours plus loin, jusqu'au-delà de ce qui ne saurait être la frontière ultime ? Surtout pour un vieil homme, délivré par un coup manifeste du sort des certitudes confortables grâce auxquelles les vieillards acceptent habituellement de sombrer dans la cécité, la surdité, l'absence de désir, de sentiment et de volonté. Que devraient être nos vies, sinon une suite ininterrompue de recommencements, de douloureux départs vers l'inconnu, de franchissements des rives de la conscience vers le mystère de ce que nous ne sommes pas encore, sauf dans les rêves ? Ceux-là viennent de là-bas, charriant les senteurs d'îles que nous n'avons pas encore aperçues dans nos heures de veille, comme il arrive parfois aux navigateurs, la nuit, de voir des buissons de fleurs s'écarter devant la quille de leur bateau bien des jours avant que la terre de leur prochaine escale soit en vue » (p. 138-139).

Enfin, le chaman est, par excellence, un poète[37]. L'expérience chamanique est aussi un spectacle dramatique où une certaine liberté surhumaine est donnée à voir et rendue présente de manière éclatante. D'où cette belle formule de Malouf : seul un poète pouvait faire le chemin :

> « Tout délicat, tout gauche que je sois, j'ai survécu. Je suis le dernier poète de ce temps, j'existe et je travaille encore, même en ce lieu au-delà de la parole [l'autre rive du Danube], même dans le silence. Et si tout vieillard proche de sa fin doit s'arracher à son lit de mort pour avancer vers l'inconnu, l'homme qui, sa vie entière, s'est exercé chaque jour à ce départ pour l'aventure, fût-ce dans la quiétude de son jardin, est plus déterminé que tout autre. Cet homme-là, c'est le poète » (p. 139).

37. Malgré son approche de la réalité qui se trouve au-delà du langage, le chaman parle aussi. Le vocabulaire poétique d'un chaman yakoute comprend 12 000 mots, alors que son langage usuel – le seul que connaisse le reste de la communauté – n'en comporte que 4 000.

Beau cadeau, de poète à poète, que Malouf fait à Ovide, en lui prêtant ce texte.

Ainsi, le vrai voyageur d'absolu, c'est l'Enfant. Le maître du savoir immémorial, c'est le plus ignorant en apparence, mais en fait le plus fort et le plus inspiré : le *Puer aeternus*. Après les épreuves initiatiques que nous appellerions volontiers l'ouverture de la chrysalide (la maladie de l'enfant ; ses sursauts de refus et de révolte ; les crises, les doutes et les souffrances que cela entraîne pour le vieillard), l'Ovide de Malouf en arrive à ce courage du retournement, celui qui n'a pas été donné à l'Ovide historique :

> « Je sais que si je recevais cette lettre me rappelant à Rome, je ne partirais pas. Depuis quelques semaines, je comprends de plus en plus clairement que ce lieu est le terme véritable de ma quête, et qu'en dépit des difficultés vivre là est mon véritable destin, celui auquel, durant toute mon existence, j'ai tenté d'échapper » (p. 98).

ÉCLIPSES ET RÉSURGENCES

Le couple constitué par l'Enfant et le poète mérite qu'on s'arrête plus longuement. Malouf a repéré l'importance expressive de cette évocation et de ses résonances dans la profondeur de notre psyché. On trouve déjà ce couple enfant-vieillard dans la littérature classique. On se souvient du passage de la fin du livre II de l'*Énéide* où Énée quitte Troie en flammes, tenant dans ses bras son vieux père Anchise, et par la main son jeune fils Ascagne. À ce moment qui est à la fois une destruction (celle de Troie) et l'amorce d'une fondation (celle de la Rome à venir), la chaîne qui unit l'enfant et le vieillard (à travers le beau symbole des mains serrées) exprime la pérennité d'un processus de régénération, par-delà la mort. C'est le message même des sociétés de mystères antiques, et des mythes initiatiques de mort et de résurrection. Naissance et mort, enfant et vieillard, début et fin ne sont pas les deux extrémités d'un vecteur linéaire de l'existence humaine, mais deux visages contrastés d'une même réalité ultime du vivant, à travers ses métamorphoses – ces métamorphoses déjà chères à l'Ovide d'avant l'exil. En ceci, l'enfant et le vieillard sont à la fois deux et le même, ils expriment deux faces d'une même réalité ultime indicible de manière univoque. L'iconographie religieuse de l'Antiquité l'exprimait aussi, on l'a vu, avec ses Hermès janiformes, à deux visages, l'un imberbe, de jeune homme, l'autre barbu, de vieillard. Hermès, le dieu du passage, est à la fois jeune et vieux, ou plus exactement le passage et la métamorphose transcendent les notions de jeunesse et de vieillesse.

Le « couple » enfant-vieillard exprime donc deux réalités ontologiques constitutives de la psyché humaine, dans cette perspective religieuse. C'est un discours que nous retrouvons, repris et amplifié, chez C. G. Jung (dont l'œuvre n'est sans doute pas étrangère à Malouf). Dans la *Réponse à Job*, Jung nous parle de la psyché humaine comme habitée par la *Sophia*, et Henri Corbin, commentant ce passage, met en évidence

> « la figure de l'Anthropos féminin primordial [*der weibliche Urmensch*], le mystère de la femme céleste, contenant en l'obscurité de son sein le soleil de la conscience "masculine" qui s'élève, comme enfant, de la mer nocturnale de l'Inconscient, pour retourner, comme vieillard, à cette transconscience en laquelle s'opère la rédemption de Faust, *renovatus in novam infantiam*[38]. »

Il est révélateur que Jung ait évoqué à plusieurs reprises, dans ses écrits, une figure du vieillard à travers le personnage de Philémon… dont une des premières évocations littéraires, et en tout cas la plus célèbre, est justement celle que fait Ovide dans les *Métamorphoses*, à travers le couple inséparable qu'il forme avec Baucis (VIII, 611-724) : il y a bien une logique, une sorte de cercle aimanté de nos personnages. Cela n'a pas échappé à. Michel Cazenave, perspicace exégète de Jung, dans son ouvrage sur le maître de Bollingen, où il repère lui aussi l'importance de ce couple de l'enfant et du vieillard :

> « Philémon, le *spiritus rector*, le *daïmon* intérieur qui était apparu dans les premières visions, ce vieillard qui, dit Ovide, maintenait dans la piété le culte des dieux oubliés, et que Faust, chez Goethe, tuait sous la poussée

38. H. Corbin, postface à C. G. Jung, *Réponse à Job*, Paris, Buchet-Chastel, 1964.

d'une *hybris* déchaînée ; ce vieillard pour qui Bollingen[39] avait été conçu dès le début comme un refuge sacré (rappelons-nous l'inscription que Jung changea de place pour ne pas y renoncer ; *Philemoni sacrum*, "sanctuaire de Philémon") ; cette figure de sagesse qui s'allie de si près à la figure de l'enfant – personnage du vieillard déjà imaginé par l'enfant réel que fut Jung, personnage d'un vieillard qui est fils de la mère, qui est donc son enfant dans une conjonction symbolique, dans la dialectique de psyché entre l'image du *puer*, de l'enfant éternel que produit l'œuvre alchimique, et l'image du *senex*, du vieillard de sagesse, de Saturne qui a gagné les îles Fortunées au terme de son voyage et prédit le retour de la Mère spirituelle, de la Vierge des Temps :
Jam redit et Virgo, et regia Saturna [*sic*][40]...
"Déjà revient la Vierge, et les règnes de Saturne", chantait le poète de Mantoue dans un vers si chargé et si plein de mystère qu'on le glose encore aujourd'hui, depuis deux millénaires[41]. »

Car cet enfant, c'est bien celui de la *IVe Bucolique* de Virgile, le *Puer aeternus* messianique qui est comme l'esprit à l'œuvre dans la chair : une forme toujours neuve, le symbole d'une capacité de l'esprit à s'incarner dans le monde et à le régénérer. En ceci, comme l'enfant du récit de Malouf, et comme le *Puer* de la *IVe Bucolique*, il est et n'est pas de ce monde, il a une double appartenance, et il est aussi le témoin, le messager qui entretient la « bonne nouvelle » de la victoire de la vie sur la mort.

Même si l'on est frappé par la pérennité de ce thème de l'Enfant divin, il y a toutefois des différences notables entre le regard antique, celui de Jung et celui de Malouf.

La première concerne l'absence de personnages féminins dotés d'un statut ontologique important, dans le texte de Malouf. Chez Virgile, le voyage d'Énée est constamment supervisé, protégé par sa mère, la déesse Vénus. L'avant-dernier vers de la *IVe Bucolique* est :

« Commence, petit enfant, à reconnaître ta mère à son sourire. »

---

39. La demeure de Jung.

40. Le vers virgilien est : « *Jam redit et Virgo, redeunt Saturnia regna* » (*Buc.*, IV, 6).

41. M. Cazenave, *Jung, l'expérience intérieure*, Monaco, Éd. du Rocher, 1997, p. 147-148.

Rien de tel dans *L'Enfant du pays barbare*. Les personnages féminins sont quasiment – et tragiquement – absents. Elles sont, dans leurs rares évocations, soit effacées (comme la bru du chef Ryzak), soit franchement hostiles au « héros », figures proches de la sorcière bornée et maléfique (comme la mère de Ryzak) ; d'ailleurs pas plus la bru que la mère du chef n'ont de nom, comme si elles n'existaient pas en tant que personnes, qu'elles se fondaient dans le groupe indistinct et obscur des femelles, génératrices de trouble, et en proie à la violence régressive. Cela nous renvoie peut-être directement à l'inconscient de l'auteur ; car, dans ses valorisations et ses choix, la société qu'il nous dépeint est, exclusivement, une société d'hommes.

Autre choix de Malouf, très délibéré celui-ci, et auquel nous croyons pouvoir apporter une interprétation. Ce qui distingue l'enfant du vieillard, c'est, nous l'avons vu, sa capacité d'être spontanément dans deux mondes. C'était déjà le cas de l'Enfant divin de la *IV*e° *Bucolique*. Mais le *puer* virgilien était à la fois dans le monde des hommes et dans celui des dieux ; alors que l'enfant de Malouf est à la fois dans le monde des hommes et dans celui des animaux. Il y a là une nouveauté, qui nous ramène au chamanisme. Pour Malouf, manifestement, le courant de spiritualité qui relie le monde des hommes et l'autre monde passe par l'animalité. C'est parce que l'enfant est aussi dans le monde animal qu'il est plus « grand ».

Dans cette lecture de l'animalité, Malouf se démarque profondément des canons de la culture antique. Pour l'homme de l'Antiquité, l'animalité est un repoussoir : une polarité extrême, comme la barbarie… et comme l'enfance, perçue par les stoïciens comme une sorte d'état inférieur, infirme, par opposition à l'état d'adulte. La structure ontologique de l'être situe la psyché humaine dans une polarisation entre l'état de *feritas*, l'animalité dont il faut se détacher, et la *divinitas,* l'état de sérénité et de *theoria* (contemplation) qui est le propre des dieux. À partir de là, le schéma initiatique classique consiste à se détacher de la *feritas*, à dominer la violence que l'on a en soi, et à développer les états d'ataraxie qui nous rapprochent de la contemplation, et donc du statut des dieux. C'est le discours de l'épicurisme, c'est aussi celui du stoïcisme, et dans une grande mesure celui du pythagorisme et du platonisme, eux aussi polarisés entre des formes régressives et des formes sublimées de l'être. Rappelons que chez Ovide nous retrouvons cette lecture, encore amplifiée : Ovide est un Romain, donc il participe de cet imaginaire ; c'est un mondain, tenant de l'*urbanitas*, et la barbarie des mœurs, la grossièreté sont tout ce qu'il déteste ; enfin, la vue des habitants de Tomes, de sa campagne, accentue chaque jour les souffrances de son exil, et il les a pris en horreur, comme le symbole de son malheur, dans ce qu'il juge être leur ensauvagement.

Mais sur ce point Malouf se démarque nettement de l'Ovide historique, il prend même le contre-pied du discours d'Ovide. Il a ses raisons, très délibérées. La psychanalyse nous a appris qu'il y avait un retour du refoulé, et qu'il était ontologiquement inepte de vouloir dominer la bête en nous. Pas question non plus de la nier, de l'ignorer ou de l'étouffer : chassée par la porte, elle revenait au galop, encore plus forte, par la fenêtre. L'idée de Malouf est manifestement de repérer, par-delà le discours gréco-romain et son classicisme lisse, une autre forme de spiritualité, plus sauvage, mais peut-être plus profonde, qui était antérieure chronologiquement au « miracle grec », et qui se situait géographiquement dans les marges : la pratique du chamanisme, dont on a vu *supra* les lignes de force et l'historique sommaire. En particulier, la relation du chamanisme à l'animalité n'est plus conflictuelle : il ne s'agit plus de nier l'animal en soi, mais au contraire d'être l'animal, de le canaliser, de le chevaucher tout en étant chevauché par lui, et d'utiliser les forces primordiales qui sont en lui et qui le rendent plus proche du regard direct perdu.

C'est là qu'intervient l'hommage à Ovide : alors que l'Ovide historique a été – au moins dans son exil, et pour les raisons traumatiques que nous avons vues – un conservateur et un défenseur de l'*ordo*, de la tradition et de la civilisation romaines, opposé à toute innovation ou différence, Malouf en fait un explorateur, un voyageur de l'absolu, qui découvre ces grands vents du nord, ces voies étrangères du chamanisme, qui en a d'abord peur, puis finit par s'abandonner, par faire l'effort d'entrer dans cet autre monde. Avec Malouf et son ouverture vers le chamanisme, ce sont les droits qui sont rendus au désordre, à l'animalité, comme forces constitutives du monde, au-delà de l'impérialisme du *cosmos*, de l'ordre.

Nous trouvons là une dimension supplémentaire au texte de Malouf, et aussi une raison de son infidélité au contexte historique. En fait, ce texte est écrit par un homme du XXe siècle, pour ses contemporains. Cela ne veut pas dire qu'il nous parle mal, ou faussement, du Ier siècle apr. J.-C. Mais, comme dans tous les textes forts, il stylise, il va à l'essentiel. Car ce discours, il semble écrit pour notre monde, dont le drame est bien à la fois l'excès mortifère d'ordre et l'enfermement, la parcellisation dans un « découpage » rationnel, l'incapacité de se sentir total, un. En ceci, la personne d'Ovide enfermée par son *limes*, exilée aux confins du monde, devenait un beau symbole du drame universel de la condition humaine. N'oublions pas que c'est ce même Ovide qui nous avait raconté l'histoire de Médée, la sorcière dépeceuse : l'exil donne au poète une hypersensibilité à ce « syndrome de Médée », en tant que drame existentiel de la séparation. Cette tragédie, placée sous le signe de l'incommunication, a manifestement obsédé Ovide puisqu'il en fait un thème récurrent de ses *Métamorphoses* et qu'il en a donné, après la version diabolique, une version angélique, avec l'histoire de deux victimes de la séparation : Pyrame et Thisbé, qui ne se voient que par une fissure dans le mur de leurs maisons mitoyennes et qui ne se retrouvent que dans la mort (*Mét*., IV, 55).

Le second moment du livre de Malouf, la marche en avant du poète et de l'enfant, d'abord douloureuse, puis de plus en plus apaisée et rayonnante, devient bien alors la réponse à la crise spirituelle de notre temps : il faut accepter de « se dénouer », cesser d'être l'esclave d'un mental diviseur et d'une vie inutilement encombrée, et vivre la lumière, les parfums, la vie donnée, en toute simplicité. Là aussi nous retrouvons une des injonctions du discours mystique : redevenir comme un enfant, être simple. Il y a une beauté somptueuse dans la scène de la mort de ce vieil homme qui est redevenu, au sens fort, un enfant : non pas retombé en enfance, mais remonté en enfance.

Et, quand on a dit tout cela, on n'a pas rendu compte de la tendresse et de la force de l'écriture de Malouf. Chaque mot est comme une évidence, et l'ensemble est de ces textes qui donnent envie d'être meilleur. On se souvient de la phrase de l'épître de Paul aux Corinthiens (11, 12, 10) : « Plus je suis faible et plus je suis fort. » Si un grand livre est un livre qui nous fait prendre conscience de la grandeur qu'il y a en nous, au fond même de notre petitesse, alors Malouf a écrit un grand livre. Il serait banal de dire que le texte de Malouf est un hommage à Ovide : c'est un beau relais, qui prend chez Ovide ce qu'il y a de virtuellement meilleur, et qui prolonge en quelque sorte la création ovidienne. Ovide aurait mérité une telle mort, et si Malouf a pu lui attribuer ce parcours, c'est qu'en quelque sorte Ovide n'en était pas si loin.

Au terme du voyage terrestre, qui identifie l'*alpha* à l'*omega*, le poète meurt, mais c'est là que tout commence. Le poète se couche et s'arrête, et l'enfant continue sa route ; alors le poète continue avec l'enfant, il meurt et continue en même temps.

Ovide accepte de se « dénouer », de se laisser aller à la suite de l'Enfant, et ils partent pour ce magnifique voyage initiatique vers l'Hyperborée, au-delà du Danube, qui devient une sorte de Styx, de frontière entre le monde des vivants et un au-delà de la vie. C'est, pour Ovide, sa rencontre à la fois avec la mort et avec l'absolu. C'est alors qu'on trouve l'essentiel du chamanisme : la capacité de vivre les processus de relation jusqu'à cesser d'être dans le cosmos, pour *être* le cosmos. L'extraordinaire apaisement de la fin du livre, l'acceptation de la mort heureuse, comme dénouement, immersion dans les forces de la vie, est bien celui des mystiques : *Amen*, « Que cela soit ainsi ».

Il faut citer les plus beaux passages de cette fin du roman :

> Je me désincarne. Je me transforme en ce paysage, j'ondule et je fais des vagues, j'enfle et je me répands dans la voûte bleue du ciel » (p. 144 ; p. 148).

C'est bien le propre de tout voyage initiatique : la mort est dépassée. En même temps, le temps est aboli, dans une circularité, un temps de l'*ouroboros*, qui fait que le début est comme la fin, l'*alpha* comme l'*omega*, et que le texte se ferme comme il s'était ouvert, mais sur un autre plan ontologique. Le début,

> « C'est le printemps. J'ai six ans. J'ai huit ans » (p. 11),

est en résonance avec la fin,

> « C'est l'été. C'est le printemps. Mon bonheur est incommensurable, insupportable. J'ai trois ans. J'ai soixante ans. J'ai six ans » (p. 155).

Mais entre les deux se situe une longue marche, une dure et patiente métamorphose du voyageur, qui permet au poète de clore son texte sur cette belle phrase de soulagement et de sérénité :

« Je suis arrivé[42] » (p. 155 ; *excipit* du roman).

> « Et voilà que nous arrivons au terme. Je suis au bout de ma route [...]. C'est ce lieu que je cherchais en rêve pendant mes nuits d'exil à Tomes, sans que mes songes jamais me conduisent jusqu'à lui. C'est le point d'où je disparais de la surface de la terre.
> Il n'a rien à voir avec ce que j'avais imaginé. Il n'y a pas de loups. Il fait un beau soleil, c'est la fin d'une journée semblable à toutes celles que nous avons vécues ici, une belle journée tiède de printemps, avec des alouettes dans le ciel et des insectes stridulant sous nos pas. L'enfant est là » (p. 153).

La traversée du fleuve est symboliquement le point culminant de ce voyage initiatique :

> « À Sulmona, confortablement endormi dans mon petit lit à roulettes, enfant gâté, fils cadet d'un riche propriétaire terrien, [...] que m'importait le dernier fleuve du bout du monde ? [...] Dans le petit jour d'une matinée de fin d'hiver, au seuil du printemps, j'avance enfin vers lui à travers le marais étincelant, traînant avec moi un enfant que je n'aurais jamais pensé retrouver au terme de ma vie, et je m'arrête au beau milieu des marécages pour l'écouter gronder là-bas, plus loin que l'horizon où tournoient les oiseaux des mers » (p. 140-141).

Quelques années avant Ovide, Virgile nous avait déjà parlé du *Puer aeternus*, dans la célèbre *IVe Bucolique* ; et cette mort-renaissance du poète était aussi celle de Daphnis, le poète couronné de lauriers de la *Ve Bucolique*, ce nouvel Orphée dont la nature porte le deuil. C'est dire que le propos de Malouf, homme de culture et homme de son temps, est double.

Il donne au mythe antique toute sa résonance, dans son contexte, et en harmonie avec l'imaginaire de la période ; il en suit et en exploite une autre bifurcation, complémentaire de la première version. Ovide lui-même, dans ses *Métamorphoses*, avait écrit dans ce sens, avant d'être frappé de

42. Encore que les textes mystiques nous apprennent que l'on n'est jamais arrivé. Mais il y a une logique de l'histoire d'Ovide qui autorise ce dénouement, dans tous les sens du terme.

l'arrêt d'exil. Car le bilan de l'œuvre d'Ovide n'est, à bien y regarder, pas si différent de celui que nous trace Malouf. Malouf en fait un voyageur qui va jusqu'au bout d'une expérience spirituelle. Cet « autrement », transgresseur et révolutionnaire, qui est le propre des processus initiatiques, Ovide l'a vécu, avant même son exil, dans sa relation à l'écriture ; il a conduit sa propre modification par une voie autre, mais finalement convergente. De même que la rive au-delà du Danube est un pays du froid et du gel, et en même temps le pays du passage, celui qui ouvre la porte de l'autre monde, de même, on l'a vu, l'écriture de l'Ovide des *Métamorphoses* fige en même temps qu'elle éternise. Elle aussi confère la mémoire de l'origine archétypale, et rend authentiquement vivant. Les larmes de Niobé pétrifiée dans sa douleur coulent et ne coulent pas. En ceci, chez Ovide, la métamorphose est oxymore, dans son dynamisme ambigu. Elle pétrifie et en même temps elle dote d'une sensibilité, elle crée une vie qui s'installe pour toujours dans une souffrance purificatrice. Le motif scriptural déchire alors le rideau et le nuage de l'inconnaissance : il apporte à l'aporie initiale une réponse et un dépassement. Ainsi, Ovide dénoue le phantasme (comme le vieil homme de la fin du récit de Malouf se dénoue dans le cosmos), mais il le fait par la voie poétique, comme euphémisation et acte amoureux : cri et dépassement du cri. La transgression (étymologiquement, « aller au-delà ») est dans l'œuvre même d'Ovide, et ce vieillard transgresseur, qui va au-delà du Danube, de la limite admise pour le monde des hommes, participe bien du même esprit. On ne pourra s'empêcher de faire le lien avec l'ironie du sort – ou la force du destin… – selon laquelle Ovide a été condamné à l'exil précisément pour avoir vu quelque chose qu'il n'aurait pas dû voir. Avant même son exil, Ovide a passé sa vie de créateur à regarder à la limite, de l'autre côté de la fenêtre, résumant le statut de la condition humaine dans sa faiblesse et sa grandeur à travers trois dimensions :

– la faiblesse de ne pas savoir : l'aveuglement, l'angoisse, le sentiment de l'exil et de la déréliction (la première partie du texte de Malouf) ;

– la grandeur du voyage proprement initiatique : marcher, avancer, aller quand même au-delà, apprendre, découvrir, se dépasser (la deuxième partie du texte de Malouf) ;

– le « dénouement » au terme du voyage : se perdre, c'est se retrouver ; perdre l'autre, c'est se retrouver (la fin du texte de Malouf). L'Ovide de

Malouf ressemble en ceci au Narcisse des *Métamorphoses*, qui se trouve dans la mort au moment même où il perd une dimension de lui-même.

Mais aussi, Malouf, en inversant le mythe, lui donne une nouvelle force de régénération, dans notre monde moderne, dont c'est une banalité de dire que, par bien des aspects, il participe des forces de la parcellisation et de la solitude où l'on se perd. En poète, Malouf travaille dans la pâte de notre imaginaire collectif. Et il nous dit, dans une monotonie sublime, ce qu'ont toujours su les grands créateurs et les grands spirituels : au bout des déroutes, il y a d'autres routes qui conduisent à des printemps ; au bout de la nuit, il y a des aurores ; quelque part, la barque, le cercueil et le berceau se confondent ; ce que nous redoutons n'est heureusement jamais dissocié de ce que nous espérons ; ce sont les deux polarités d'un *nexus* complexe, fondateur des expériences de la condition humaine ; pour cette raison, le désir humain est toujours janiforme, à deux têtes : sentiment de déréliction, mais aussi certitude de la réintégration, et de la fusion amoureuse. On trouvera ici une belle illustration de la typologie de G. Durand : un imaginaire relationnel du voyage (nocturne synthétique) crée un pont, et une dynamique opératoire, entre un imaginaire « diurne » diaïrétique dominé par les images de rupture et de séparation, et un imaginaire « nocturne mystique », dominé par les images fusionnelles.

Et surtout, la lecture ultime, c'est qu'il y a un moteur de la métamorphose : l'idée qu'il faut aller au-delà, ne pas se limiter aux apparences ; les choses ne sont pas ce qu'elles ont l'air d'être, l'esprit de transformation peut être dans ce que nous appelons le sauvage, et il peut n'y avoir, au cœur de notre « civilisation », que sécheresse, stratification, pétrification et clivage mortifère, qui sont la vraie barbarie[43].

---

43. Il faut d'ailleurs à l'Ovide de Malouf un peu de temps, une résistance du « vieil homme » en lui, et quelques combats d'arrière-garde pour l'admettre. Ainsi, lorsqu'il a ramené l'enfant, le vieux poète est persuadé qu'il est investi d'une mission civilisatrice, d'une *paideia*. Mais il s'aperçoit un peu plus chaque jour qu'il mène une bataille perdue d'avance, que ce n'est pas lui qui apprend le monde à l'enfant, mais que c'est l'enfant qui l'amène à voir le monde autrement : non plus avec sa tête, mais de tout son être, dans un « déliage » sensoriel.

Le message est fort, il est urgent : rien que pour cela nous pouvons remercier Ovide et David Malouf, d'avoir contribué à l'écrire à quatre mains, si l'on peut dire, et de nous l'avoir donné à voir, dans une fraternité et une gémellité des créateurs.

Deuxième partie

DE LA MYTHOCRITIQUE À LA MYTHANALYSE : L'IMAGINAIRE GRÉCO-ROMAIN

Chapitre III

LES MYTHES REVISITÉS PAR NOS SCIENCES CONTEMPORAINES

Virgile, Ovide nous parlent ; nous espérons l'avoir montré. Mais la romanité, qu'a-t-elle encore à nous dire ? Au-delà de ces fulgurances artistiques, c'est cet écho que nous essaierons maintenant de repérer plus généralement dans l'imaginaire des Latins, aussi bien pendant la période augustéenne que dans ses influences, en particulier dans la construction de l'Europe. L'imaginaire d'une période est bien sûr lié à la représentation qu'en donnent ses poètes et ses artistes. Mais il est à la fois au-delà et en deçà de leurs œuvres. Car, dans une forme de *feed back* et de réflexivité, l'*Énéide,* les *Métamorphoses*, sont en même temps la matrice et le reflet de la romanité. Il nous faudra donc des outils herméneutiques adaptés à ce nouvel enjeu, qui intègre des formes de représentation collectives et un imaginaire social. Les avancées de l'anthropologie contemporaine, voire de la biologie ou de la neurobiologie, renouvellent fondamentalement notre approche de ces domaines et sont désormais incontournables. Peuvent-elles vraiment nous aider ? Nous ferons d'abord le point sur les nouvelles exégèses proposées par les sciences humaines, en essayant de valider leur degré de pertinence pour notre propos. Nous pourrons alors mieux prendre la mesure de ce que Rome, à la fois si loin et si proche, a encore à nous dire et à nous apprendre sur elle et aussi sur nous.

Mythe et psychanalyse

La psychanalyse est-elle une herméneutique pertinente par rapport à notre projet de mythocritique et de mythanalyse ? Dans le changement de paradigme assumé par notre époque moderne, elle tient évidemment une place de premier plan. Il était donc intéressant de voir son discours sur l'Antiquité, mais aussi de mesurer l'influence de la pensée antique, et en particulier de la mythologie, sur l'herméneutique psychanalytique en train de se construire. À ce stade se posent les limites d'une telle exégèse, appliquée à une pensée et une production culturelle si éloignées d'elle dans l'espace et dans le temps.

Les limites d'une analyse freudienne[1]

« Tout comme l'oracle, la meilleure interprétation
en psychanalyse est oblique. »

G. et M. NICOLAÏDIS, *Mythologie grecque et psychanalyse*,
1994, p. 109

« Si vous ne comprenez pas mes écrits, tant mieux,
ça vous donnera l'occasion de les expliquer. »

J. LACAN

« Fermons les yeux pour voir. »

STEPHEN DEDALUS, dans *Ulysse* de J. Joyce, Gallimard 1948, p. 39

On sait l'importance de la psychanalyse dans le développement de l'anthropologie moderne au XXe siècle. Elle est incontournable. Il est donc, a priori, logique de l'intégrer dans les outils épistémologiques qui nous permettent une meilleure connaissance de l'Antiquité. Oui, mais… Il est au moins deux arguments qui doivent nous inciter à beaucoup de prudence dans la possible application d'une exégèse d'obédience psychanalytique au champ culturel de l'Antiquité.

D'abord, un argument lié à l'outil méthodologique lui-même. On sait que la psychanalyse est datée historiquement : elle a été conçue par et pour la société européenne de la fin du XIXe siècle, pour répondre à ses problèmes, pour rendre compte de son *Zeitgeist*. Ne commet-on donc pas un anachronisme en appliquant les méthodes psychanalytiques

1. Ce développement reprend dans ses grandes lignes l'article « Est-il légitime d'avoir recours à la psychanalyse comme mode interprétatif de la culture antique ? », in *Euphrosyne*, XXXVI, Lisboa, 2009, p. 279-290.

au champ de l'Antiquité ? C'est le problème de la pertinence et de la légitimité de la démarche psychanalytique que nous voudrions poser, quand elle s'applique à une aire culturelle qui n'avait nulle idée de cette notion. Les paradigmes scientifiques ont changé, et il est clair que les Grecs ne lisaient pas le mythe d'Œdipe de la même façon que le faisait le Dr Freud. Est-il donc pertinent d'appliquer cette exégèse ? Ne force-t-on pas le sens, et ne superpose-t-on pas des analyses sans pertinence par rapport à leur objet ?

Le second argument est lié, lui, à l'objet de notre analyse : le monde de l'Antiquité. Pour les Grecs et les Romains, la notion d'inconscient n'a aucun sens. Le champ de ce que nous appelons l'inconscient relèverait, pour eux, d'un tout autre registre : le pulsionnel et le passionnel, tout ce qui tire l'homme vers l'animal, vers ses origines titanesques, et que la philosophie, la religion, et de façon plus générale tout le processus de la *paideia* s'efforcent de dépasser, voire, pour les épicuriens, de nier, afin de s'élever vers les lumières de la connaissance ou de la foi. Pour les disciples d'Épicure, le monde d'en haut est celui de la connaissance scientifique apaisée (celui vers lequel tend le philosophe du « *suave mari magno* ») ; pour les pythagoriciens et les platoniciens, c'est celui du sage qui a trouvé la spiritualité ; mais, dans les deux cas, nous sommes dans un même schéma, qui oppose les ténèbres de l'ignorance et de l'aveuglement à l'élucidation du vrai savoir. Dans les deux cas aussi, le passionné (celui qui se laisse emporter par des forces qu'il ne maîtrise pas, ce qui serait la forme la plus proche de notre inconscient) est considéré comme un malade : la passion est une véritable maladie de l'âme, dont il convient de se guérir[2]. On le voit, la notion d'inconscient n'a pas de sens pour un homme de l'Antiquité, tout simplement parce que pour lui elle n'existe pas.

Il y a plus : l'inconscient n'est, pour la psychanalyse, ni un bien ni un mal : il est ce qui n'est pas encore advenu à la conscience. Pour l'homme de l'Antiquité, tout ce qui nous traverse à notre insu, dans nos rêves, mais aussi dans nos comportements diurnes, lorsque nous ne les maîtrisons pas,

2. Cf. J. Pigeaud, *La Maladie de l'âme. Étude sur la relation de l'âme et du corps dans la tradition médico-philosophique antique*, Paris, Les Belles Lettres, 1981.

tout cela peut avoir des origines multiples, mais la plupart ne peuvent se comprendre que dans le contexte du sacré : ce sont les dieux, ou même, au-dessus d'eux, l'*anankè*, le *fatum*, les Moires, qui tirent les fils de nos destins, et qui nous font agir comme à notre insu, pris que nous sommes dans des réseaux qui nous dépassent. Dans l'imaginaire antique, nos actes non élucidés ne le sont donc que pour nous ; mais, à un niveau que nous n'entrevoyons pas, celui des forces divinisées, ils font sens. Il est clair que, pour une telle représentation du monde, la notion d'inconscient, telle que nous la concevons, n'a pas de place. Même chose pour tout ce qui est lié à la prophétie et de façon générale au sacré : certes, on touche à un mystère de l'être, à des zones inconnues, mais elles sont inconnues de nous et relèvent d'arcanes plus subtils, qui sont l'apanage des dieux. Ainsi, quand Apollon est dit *Loxias*, oblique, cela ne veut pas dire que ses propos impliquent un mystère, mais simplement qu'ils sont mystérieux pour nous, car nous ne savons pas les lire. C'est pourquoi son oracle parle par énigme : parce que le divin ne se dévoile que lentement – et imparfaitement – aux mortels. Mais pour qui saurait les lire, les oracles d'Apollon sont parfaitement clairs. Il n'y a rien là-dedans qui nous renvoie à l'esprit de la psychanalyse.

Grecs et Romains étaient d'ailleurs parfaitement conscients de ces différents niveaux de conscience qui régissaient leurs actes, et dont eux-mêmes débrouillaient mal les écheveaux ; il n'est pour s'en convaincre que de se remémorer la belle question de Nisus à Euryale, au livre IX de l'*Énéide* (v. 184-185) :

> « Sont-ce les dieux qui mettent cette ardeur en nos âmes, Euryale, ou chacun se fait-il un dieu de la violence de son désir ? »

Tout est dit. Avec le génie qui le caractérise, Virgile vient de cristalliser en une formule lumineuse les deux grands paradigmes de la symbolisation depuis les Grecs. Mais, que la passion, la *furor*, le désir nous soient inspirés par nous-mêmes ou par les dieux, dans aucun des deux cas la notion d'inconscient n'est pertinente pour décrire ces états.

Curieusement, pour cerner, dans l'Antiquité, une relation au mystère de la psyché qui soit plus proche de ce qu'il est convenu d'appeler une approche psychanalytique, il faudrait sans doute regarder du côté où on n'attendrait pas, a priori, ce genre d'ouverture : je pense à Suétone. Pourtant, Suétone passe pour un historien au talent inégal. Mais il est capable de fulgurances. En particulier, nous nous référons au passage des *Vies des douze Césars* (Néron, XLVIII *sq.*) où il raconte la mort de Néron. Tout y est ambigu : les propos des passants qui ne se doutent de rien et lui demandent ce que devient Néron ; les ignorances, les atermoiements de Néron ; et jusqu'aux dernières paroles de l'empereur : « Trop tard. Voilà bien de la fidélité. » Est-il dupe ? Ironise-t-il ? Henry Bardon a porté un jugement pénétrant sur cette page de Suétone :

> « La vérité hallucinante du tableau provient de ses contradictions et de ses ombres. Les gestes des personnages sont susceptibles de plusieurs interprétations que Suétone se garde bien d'exposer. Dans l'âme de Néron, comme en toute âme humaine, les contraires se concilient, et nous ne saurons jamais le sens de ses dernières paroles. Mais le mystère où s'enfoncent les morts n'est pas plus profond que l'impénétrable mystère des vivants[3]. »

Seul Tacite atteint – avec plus de talent encore – à ces brumes, ce clair-obscur des consciences, cette pénombre. Avant de livrer la bataille de Bédriac, Tacite nous montre (*Hist.,* II, XLVI *sq.*) Othon réunissant son état-major. Un de ses bons lieutenants, Suétonius Paulinus, explique avec force arguments les raisons pour lesquelles il faut attendre avant de livrer bataille. Othon, lui, penche pour la bataille. Tacite ne nous donne pas ses raisons. Mais en a-t-il ? Sa démarche n'est pas rationnelle, pas plus que celle de son frère et du préfet du prétoire, *imperitia properantes*, « impatients par incapacité ». En face de la raison, incarnée par Paulinus, les partisans de l'action immédiate ne sont qu'une troupe incohérente. Et ils l'emportent. Signe des temps. Or, on le sait, la bataille de Bédriac sera une sévère défaite, fatale à Othon, qui se suicidera. Dans cette crise du Haut-Empire, annonçant déjà les errances du Bas-Empire, le hasard mène les hommes, qui sont aveugles sur ce qui les meut. Dans ce cas précis, la psychanalyse pourrait sans doute nous parler des motivations inconscientes qui poussent Othon à ce choix paradoxal – et désastreux.

3. H. Bardon, *Le Génie latin*, Bruxelles, Latomus, 1963, p. 258.

L'œuvre de Virgile se situe plus d'un siècle en amont de celle de Suétone ; mais, de Virgile à Suétone, les Romains ont déjà perdu une bonne part de leur relation au sacré ; pour paraphraser P. Veyne, ils ont cessé de croire à leurs mythes[4] ; alors l'angoisse est apparue, toujours plus forte, devant l'inconnu de l'au-delà et de la mort. Faute de certitudes, le sens du mystère sera perçu sur le mode de l'angoisse et d'une interrogation qui n'attend pas de réponse : tout au plus peut-on constater le mystère insondable des comportements humains, de tous les humains, les empereurs comme les simples paysans. Avec ce sentiment, nous sommes plus près de la notion d'inconscient que nous ne l'étions du temps de Virgile, où les dieux dirigent encore le monde. Après Néron, sur le plan eschatologique, l'homme est nu ; et cette nouvelle voie lui permet d'accéder peut-être plus authentiquement au mystère et à la complexité de sa nature, sans ces médiateurs que sont les systèmes de spiritualité et, de façon générale, la croyance au sacré.

Mis à part cette période tardive, dans son obscurcissement favorable à une nouvelle forme d'introspection, nous voyons que la problématique de l'Antiquité est très différente de la nôtre pour tout ce qui touche à la psychologie, et donc très éloignée de ce que nous appelons la psychanalyse. Oui mais… répondraient les psychanalystes, il ne suffit pas qu'un individu n'ait pas le sentiment d'avoir un inconscient pour que l'inconscient n'existe pas.

D'une part, ce n'est pas parce qu'un homme met en avant, pour expliquer le monde, un système de spiritualité, une relation au sacré, qu'il est exempt d'autres types de relations, inconnues de lui, cachées, refoulées et répertoriées sous le terme d'inconscient. On sait bien que le catholicisme lui-même a été un terreau fertile pour les névroses, et que Freud a construit une bonne partie de sa théorie de l'inconscient à partir de situations vécues dans un contexte religieux.

D'autre part, les psychanalystes nous diraient que la représentation que les Anciens se faisaient du monde était directement liée à l'état de leur propre société ; et maintenant l'avancement des sciences nous

4. Cf. P. Veyne, *Les Grecs ont-ils cru à leurs mythes ? Essai sur l'imagination constituante*, Paris, Seuil, 1983.

permet de faire, pour tous les hommes, un état des lieux différent, plus performant, et prenant en compte l'inconscient. En quelque sorte, les Grecs et les Romains étaient comme Monsieur Jourdain qui faisait de la prose sans le savoir : ils avaient un inconscient, mais ils ne le savaient pas. Dans ce contexte, peu importe le sens qu'avait pour les Grecs tel ou tel épisode mythologique, par exemple l'épisode d'Œdipe, ou celui de Méduse, du moment que des générations d'analystes et de lecteurs ont éprouvé cette réaction que Freud analyse. On ne saurait donc dire que Freud a inventé un sens que personne n'avait perçu avant lui, mais au contraire que ce sens, relevant du domaine de l'inconscient, avait été occulté par le refoulement jusqu'à ce que la psychanalyse l'amène à la lumière de la conscience. En quelque sorte, la lecture freudienne du mythe d'Œdipe avait toujours existé, mais les Grecs ne l'avaient pas vue, et lui avaient substitué d'autres exégèses symboliques, mieux en accord avec leur *Zeitgeist* et leur imaginaire collectif.

Mais le point de vue est lui-même discutable. On mesure en particulier ce qu'il peut y avoir de solipsiste dans une telle interprétation, et ce qu'elle a de condescendant (d'inconsciemment condescendant ?...) pour la civilisation gréco-latine. Nous sommes presque dans une situation d'impérialisme ou de colonialisme culturel, où les lumières de la science viendraient faire le bonheur de populations encore dans les ténèbres. Prudence, donc.

Dans ce besoin de précautions épistémologiques, nous sommes confortés par l'histoire des sciences, et plus particulièrement celle de l'optique. On y retrouve le même décalage entre deux paradigmes scientifiques. La science du XXe siècle nous a appris l'importance de l'observateur, jusque dans le champ de son observation. Or, d'une certaine façon, Grecs et Romains ne regardent pas comme nous. Il suffit pour s'en convaincre d'étudier leurs théories sur la vision et de les confronter à nos propres modélisations. Notre expérience moderne du regard est influencée par une conception de l'optique datant pour l'essentiel de Descartes puis du XVIIIe siècle. Pour nous, la modélisation est celle d'un récepteur : le regard est frappé par l'objet qui émet de la lumière ou la réfléchit. Rien de tel pour l'homme de l'Antiquité : son explication du phénomène de la vision passe par la logique d'un émetteur (qui ressemblerait un peu à un radar), ou d'un mixte émetteur-récepteur : c'est le regard qui émet, et qui se porte au-devant de ce qui lui est proposé. Une variante souvent attestée décrit alors le phénomène de la vision comme le point de rencontre entre ce qui émane du sujet et ce qui émane de l'objet[5]. Mais les exégètes et les critiques contemporains ont, là encore, une propension à analyser la situation en termes de supériorité implicite de notre point de vue ; par exemple, G. Simon, excellent analyste de l'optique de l'Antiquité, a tendance à proposer une lecture manichéenne du problème (les Anciens contre les Modernes), ce qui peut le fermer à l'originalité spécifique de la vision des Anciens[6].

LE THÈME DU REGARD

Car nous savons bien que nous sommes dans des processus de représentation. Certes, les protocoles scientifiques nous donnent une lecture bien plus exacte du processus de la vision que celle que les Grecs et les Romains pouvaient en avoir. Mais on connaît, dans ce domaine, la part de l'imaginaire et l'influence de l'observateur sur son observation. Sur ce plan, nous rejoindrions volontiers la psychanalyse lorsqu'elle nous dit que la vision ne se ramène pas à une stricte explication rationnelle et qu'elle nous parle des racines inconscientes de tout ce qui se trame autour de l'acte de regarder.

Or les Grecs et les Romains ont été fascinés par ce thème du regard. Il tient une place importante dans leurs mythes. Mentionnons, et de façon non exhaustive, le regard de Méduse, et son antidote, le miroir de Persée ; l'œil unique des trois sœurs Grées ; Argos, le dieu aux yeux multiples ; toute la série des voyeurs de déesses : Erymanthos, Orion, Aristée, Actéon, Tirésias[7], Penthée ; le regard interdit d'Orphée sur

---

5. Cf. sur ce point G. Simon, *Le Regard, l'être et l'apparence dans l'optique de l'Antiquité*, Paris, Seuil, 1988 ; M. Milner, *On est prié de fermer les yeux*, Paris, Gallimard, 1991, p. 10-12. Sur le phénomène de la vision dans l'Antiquité, cf. F. Frontisi-Ducroux et J.-P. Vernant, *Dans l'œil du miroir*, Paris, 1997 ; J.-P. Vernant, *Figures, idoles, masques*, Paris, Julliard, 1990.

6. Cf. G. Simon, *op. cit.*

7. Cf. N. Loraux, « Ce que vit Tirésias », *L'Esprit du temps*, 2, 1982, p. 116.

Eurydice, qui le conduit à la perdre ; le regard transgresseur de Psyché sur Amour ; et bien sûr l'aveuglement d'Œdipe.

Il nous semble que l'épistémologie antique a amené les auteurs anciens à proposer des interprétations particulièrement originales de ces regards et de ce qu'il faut bien appeler la pulsion scopique. D'un point de vue ontologique, les textes de l'Antiquité ont en commun un imaginaire qui présuppose une harmonie préétablie entre l'homme et le monde, une harmonie dont les hommes auraient perdu le secret. C'est sans doute pour cela que le regard, cette trace si importante que nous portons sur le monde et grâce à laquelle nous en prenons connaissance, est un échange. Comme nous l'avons dit, de Lucrèce aux pythagoriciens, matérialistes et spiritualistes se rencontrent pour définir le phénomène de la vision comme un point de rencontre entre ce qui émane du sujet et ce qui émane de l'objet. Le regard est donc le pont entre l'homme et le cosmos, il les met en relation. Il n'est ni subi ni projeté ; il s'inscrit dans un partenariat, un pacte entre le macrocosme et le microcosme qui est son reflet.

S'il y a une réciprocité entre le regardant et le regardé – Gilbert Durand parle d'une « dialectique du voyeur-voyant » –, elle prend une ampleur toute particulièrement dans deux situations, qui mettent en relation le profane et le sacré : l'éblouissement mortifère du sacré (celui qui foudroie Sémélé portant les yeux sur Zeus son amant divin) et la fascination des Ténèbres et de la mort, à travers le regard insondable de Méduse. La mythologie a réussi à exprimer dans ces situations tous les phantasmes et toutes les angoisses d'un peuple grec habitué à la lumière mais hanté par les ténèbres. Car si le rayonnement, l'éblouissement issu d'un être divin, sont capables d'apporter aux mortels la cécité et le trépas, le danger est encore pire du côté de ces monstres que sont la Méduse, ou les Grées, et dont toutes les attaches se situent du côté du noir absolu[8]. Le regard de la Gorgone, c'est le symbole de la béance qui nous regarde : on pense à la Bouche d'ombre de Hugo, et à Nietzsche écrivant dans *Par-delà le bien et le mal* (4e section) : « Si tu regardes longtemps dans l'abîme, l'abîme regarde aussi en toi. »

8.Cf. C. Ramnoux, *La Nuit et les Enfants de la Nuit dans la tradition grecque*, Paris, 1959.

Le regard fixe de Méduse est donc, pour les Grecs, associé à la mort et au chaos. Comme l'explique J.-P. Vernant[9], elle est, avec Artémis et Dionysos, une figure de l'altérité, de ce qui échappe au monde civilisé, ordonné, habitable, ce monde dont la cité deviendra le centre. Le monde de la cité est un monde d'alliances et de compromis, ces compromis qui font la civilisation. Mais avec la mort, pas de compromis possible. Le pouvoir qu'a Méduse de transformer en pierre celui qui la regarde symbolise cette appartenance au monde du Tout-Autre, identifiée à la rigidité définitive de la mort : le souple est le symbole du vivant, et le rigide celui de la mort[10]. Virgile l'avait déjà dit autrement en opposant la souplesse et la chaleur du monde méditerranéen des *Bucoliques* et la pétrification glaciale de l'hiver scythe, dans les *Géorgiques*. On se souvient de Tityre sous son arbre, dans l'ambiance chaleureuse et paisible d'une fin de journée méditerranéenne :

> « Toi, Tityre, étendu sous le couvert d'un vaste hêtre, tu essaies un air sylvestre sur un mince pipeau [...] Déjà, là bas, les faîtes des métairies fument, et les ombres, tombant du haut des monts, s'allongent » (trad. de Saint-Denis) (*Buc.*, I, 1-2, 82-83).

L'hiver de Scythie est en quelque sorte le contrepoint mortifère de cette Méditerranée tiède :

> « Cependant il neige sans cesse à travers tout le ciel. Les bêtes périssent ; enveloppés de givre, les grands corps des bœufs sont paralysés ; et les cerfs, en troupe serrée, sont immobilisés sous une masse de neige qui se renouvelle sans cesse et d'où émerge à peine la pointe de leurs ramures » (*Géorg.*, III, 367-370).

Mais, de même qu'en face du transfert psychanalytique existe un contre-transfert, de même il existe un antidote au danger de la pétrification par Méduse. C'est la suite du récit mythologique lié à Méduse, l'histoire de Persée. À travers le miroir de Persée, la Gorgone se pétrifie elle-même. En

---

9. Cf. J.-P. Vernant, *La Mort dans les yeux. Figures de l'autre en Grèce ancienne*, Paris, Hachette, 1998, p. 47.

10. Lao-Tseu, *La Voie et sa vertu*, 76.

opposant, par la *metis*, l'intelligence adaptatrice, son bouclier-miroir au regard de la Gorgone, Persée vient à bout du phantasme et de l'angoisse de la mort, symbolisée par la pétrification. Gorgone pétrifiée, c'est notre mort apprivoisée.

Ces quelques exemples montrent, nous l'espérons, la force de la fascination des Grecs et des Romains pour tous les non-dits, tous les domaines inexplorés, toutes les peurs inavouées. Ils affirment à l'évidence que, selon la belle formule de R. Caillois, « le Labyrinthe est grec autant que l'Acropole [11] », et que le Dionysos ténébreux tient dans l'imaginaire des Romains une place aussi importante que l'Apollon lumineux. Il y a plus : M. Detienne a montré [12] qu'il ne fallait pas les opposer ; il y a des traces de Dionysos chez Apollon et d'Apollon chez Dionysos. Tout est donc complexe, et cela nous autorise à définir à la fois la psychanalyse et les théories de la complexité comme deux stratégies heuristiques, justement parce qu'elles respectent cette poétique de la relation à laquelle les Grecs étaient déjà sensibles.

L'outil psychanalytique est donc pertinent, dans la mesure où il rencontre, et met en évidence, une caractéristique de l'imaginaire grec : l'œil n'est pas seulement un organe matériel qui mesure les distances. C'est aussi un organe lié à l'imaginaire, qui fait voir un invisible aussi vrai que le monde visible. La problématique antique de la vision prend en compte – mieux sans doute que notre optique géométrale « moderne » – toute la dimension et l'épaisseur des relations entre le sacré et le profane. Les développements actuels du mythe de Méduse dans notre imaginaire montrent alors que les questions que se posent nos contemporains sont sans doute moins éloignées qu'on ne pourrait le croire de celles des Grecs du ve siècle av. J.-C. J. Clair a contribué, dans un ouvrage pénétrant, à la soudaine promotion de cette figure mythologique qui n'avait jusqu'ici inspiré que les peintres et les sculpteurs, et il y voit, de façon générale,

11.R. Caillois, *Le Mythe et l'homme*, Paris, Gallimard, 1938, p. 179.
12.M. Detienne, *Apollon le couteau à la main*, Paris, Gallimard, 1998.

« le paradigme de la vision de l'artiste [13] » : l'envers ténébreux du monde visible. C'est bien ainsi que les Grecs eux aussi lisaient le mythe.

LIMITES D'UNE PSYCHANALYSE FREUDIENNE APPLIQUÉE À L'ANTIQUITÉ

Mais, si la psychanalyse a droit de cité dans l'exégèse anthropologique, ce n'est sans doute pas la psychanalyse freudienne qui est la mieux placée pour jouer ce rôle. Trop souvent, elle se caricature elle-même dans son obsession – bien étrangère à la problématique de l'Antiquité – de ramener toute exégèse à des problèmes sexuels. C'est là où l'on peut parler d'une science datée, qui était sans doute pertinente pour la Vienne bourgeoise de Freud et pour ses patients ployant sous les interdits judéo-chrétiens, mais pas dans d'autres contextes. Revenons au mythe de Méduse. Freud lui a réservé un sort tout particulier, dans « La tête de Méduse [14] », où il nous livre son interprétation du mythe. Pour lui, le désir de voir a toujours pour objet le sexe, et la différence sexuelle. Cela conduit Freud, dans son commentaire, à insister davantage sur le regard du spectateur que sur celui du monstre : le spectateur, devant ce visage entouré de serpents, retrouverait le saisissement de l'enfant à la vue d'un sexe de femme (de préférence, celui de la Mère), entouré de poils. La pétrification serait alors l'équivalent de l'érection qu'entraîne cette vision. Tout cela reste très schématique et surtout partiel. C'est peut-être, au mieux, une des lectures symboliques possibles, dans le cadre d'une surdétermination au sens psychanalytique, mais on est surtout tenté de dire que Freud a plaqué une signification sexuelle sur un corpus qui ne la comportait en aucune manière. Systématisant son interprétation avec une certaine ingéniosité, Freud, dans un autre article, rapproche la figure de Méduse de celle de Baubô, dont la connotation sexuelle est, cette fois, obvie : elles ont en commun d'être des femmes

13. R. Clair, *Méduse. Contribution à une anthropologie des arts du visuel*, Paris, Gallimard, 1989, 4e de couverture.

14. S. Freud, « La tête de Méduse », *Résultats, idées, problèmes*, 1921-1938, Paris, PUF, 1985.

repoussantes et grimaçantes, et (tout au moins si l'on suit Freud dans son interprétation de Méduse) exhibant un sexe à la fois grotesque et effrayant qui n'est pas sans rappeler le « vagin denté ».

UNE LECTURE PERTINENTE : L'ANALYSE JUNGIENNE

Donc, à bien y regarder, ce n'est pas du côté de la psychanalyse freudienne que nous trouverons les meilleures approches exégétiques de la mythologie, mais plutôt du côté de la psychanalyse jungienne, fondée sur la mise en évidence anagogique d'une *coincidentia oppositorum*, qui est précisément, comme on l'a vu, la préoccupation première de l'imaginaire gréco-romain. Beaucoup de mythes s'éclairent dans cette dimension anagogique ; par exemple, l'histoire d'Orphée ramenant Eurydice et ne résistant pas à la tentation de se retourner nous renvoie à Méduse : Eurydice, symbole de la psyché, sera ramenée dans l'univers des Ténèbres et de la mort parce que son libérateur n'a pas pu s'empêcher de porter son regard sur cette Nuit dont elle est enveloppée. À l'inverse du mythe de Persée, le contre-transfert n'a pas lieu ; et la faute d'Orphée n'est pas seulement la sanction de l'impatience passionnelle (ou sexuelle, aurait dit Freud) : elle prend une dimension eschatologique.

Le mythe d'Œdipe, terrain d'élection du freudisme, mérite mieux, lui aussi que des exégèses qui l'enfermeraient dans des interprétations réductrices. Certes, les freudiens en ont fait l'emblème de leurs théories. G. Devereux[15] associe aveuglement et inceste, et souligne que l'auto-aveuglement punit également l'inceste. Il y a donc un lien entre aveuglement et castration. Et il est vrai que le lien œil-pénis n'est pas une invention arbitraire des psychanalystes puisqu'il était fortement ressenti dans une civilisation où les crimes sexuels se paient souvent par la perte des yeux[16]. On se souvient de Properce, décrivant Cynthie qui arrive comme une furie dans une petite partie fine que Properce avait organisée à son insu :

---

15. G. Devereux, « The Self-Blinding of Oedipous in Sophocles' *Oedipous Tyrannos* », *The Journal of Hellenic Studies*, 1973.

16. Cf. M. Milner, *op. cit.*, p. 79.

> « Elle revient sur moi et du revers de la main elle me fait saigner la bouche, me met sa marque sur le cou, me mord jusqu'au sang, et frappe surtout mes yeux, qui sont les grands coupables » (*Élégies*, IV, 7, 64-66).

Mais où, comme souvent, la lecture freudienne perd son crédit, et tombe même dans le ridicule, c'est dans ses exagérations et ses systématisations. Œdipe se frappe plusieurs fois les yeux, et Devereux assimile ce geste à une activité auto-érotique masturbatoire : le sexe, toujours et partout... Il serait plus intéressant de remarquer que la cécité d'Œdipe n'est pas seulement une castration-expiation volontaire. Elle l'est, certes, mais pas seulement dans une dimension sexuelle : en continuité avec toute une thématique de la pulsion scopique, des séductions du regard et des dangers de l'aveuglement, dont la pensée grecque fait pour ainsi dire le paradigme de sa *Weltanschaaung.* On comprend alors la force de Sophocle : il ne laisse de côté aucune interprétation, et nous raconte l'histoire d'Œdipe à travers la thématique de l'aveuglement, comme puissant « ne pas vouloir dire » qui symbolise toutes les angoisses, tous les phantasmes humains devant l'inavouable et l'indicible en nous ; il revient au dramaturge grec d'en avoir pris la mesure et saisi toute l'étendue. Le spectacle opère alors le tour de force de donner à voir à la fois le visible et son envers.

Comme la cure psychanalytique, la lecture du mythe se fixe aussi une valeur thérapeutique. Comprendre le mythe, c'est le faire sien, et guérir. C'est pour cela que, si certains mythes (celui d'Orphée, celui d'Icare, de Phaéton) nous montrent ce qu'il ne faut pas faire, d'autres nous proposent une voie à suivre pour construire notre espace symbolique. Par exemple, Psyché, qui elle aussi a porté un regard de transgression sur Amour, dans le récit d'Apulée, a plus de chance qu'Orphée ou que Narcisse : il lui est donné de reconnaître son erreur, et de partir à la reconquête de cet amour, qui est au-delà de tout ce que le désir humain (et en particulier charnel) peut se proposer comme objet. Le regard de Psyché a failli être destructeur, mais de ce qu'il a détruit a pu naître autre chose : on assiste à une émergence, chère aux théories de la complexité. Finalement, la faute de Psyché est une *felix culpa*, dépassée dans l'initiation. E. Neumann a proposé une interprétation jungienne du mythe de Psyché[17] : alors qu'Éros se suffit de sa relation avec Psyché, celle-ci demeure insatisfaite, et prête à obéir à un vieux réflexe de domination matriarcale sur l'homme, jusqu'au moment où son éveil à la conscience l'amène à trouver l'équilibre androgyne dans sa relation à Amour : on retrouve dans ce mythe la recherche grecque de l'harmonie et de la *coincidentia oppositorum.*

C'est dans cette perspective que s'inscrivent les travaux du psychanalyste R. Desoille[18], fondés sur la technique du rêve éveillé : le psychanalyste suggère au patient, en hypnose légère, de faire un voyage. Or il est remarquable de voir le thème du voyage devenir le centre pour ainsi dire indispensable du scénario thérapeutique mis au point par Desoille. Il invite le sujet à imaginer une piste en spirale, qu'il gravit ou qu'il descend. Il l'oriente suivant une montée ou une descente et, faisant de ces symboles ascendants ou descendants les deux visages complémentaires d'une structure agonistique, il crée par le mouvement la différence de potentiel qui permet l'évolution : exploration du « bas » (de l'espace du voyage, métaphore de la psyché), puis remontée vers le « haut ». Nous retrouvons les épisodes du voyage initiatique ; et les tentations qui assaillent le sujet analysé nous rappellent les épreuves que connaît le héros de l'épopée initiatique au cours du voyage.

Enfin, la lecture jungienne insiste sur le fait qu'il ne s'agit pas d'opposer conscient et inconscient, encore moins d'arracher la pensée claire aux abîmes de l'obscurité : clair et obscur sont les deux visages d'une même réalité ultime. Comme l'a dit J. Rudhardt, c'est au cœur des périodes les plus classiques qu'on trouve au plus haut point cette capacité d'admettre la coexistence du clair et de l'obscur[19] ; c'est sans doute pour cela qu'une lecture psychanalytique de l'*Énéide*, ce chef-d'œuvre de la culture clas-

17. E. Neumann, *Amor und Psyche. Deutung eines Märchens. Ein Betrag zur seelischen Entwicklung des Weiblichen*, Freiburg, Olten, 1984.

18. R. Desoille, *Le Rêve éveillé en psychothérapie. Essai sur la fonction de régulation de l'inconscient collectif*, Paris, PUF, 1945. Cf. J. Thomas, « L'*Énéide* et le rêve éveillé de R. Desoille : épopée initiatique et psychothérapie », *Euphrosyne*, XVII, Lisboa, 1989, p. 245-254.

19. J. Rudhardt, « Une approche de la pensée mythique : le mythe considéré comme un langage », *Studia philosophica*, 1966, p. 208-237.

sique augustéenne, est si éclairante[20] : Énée s'efforce de tout dire, même l'indicible, afin de tout comprendre, ce qui est bien la base même de la cure psychanalytique.

On le voit, une relecture psychanalytique qui s'appuie sur ces bases, loin de nous éloigner anachroniquement du sens symbolique des mythes, nous permet d'entrer dans leur mystère, à condition de le faire dans le respect des différences et dans la sympathie pour les analogies. Elle a en plus l'avantage d'échapper à l'une des apories qui retiennent souvent les historiens : l'insuffisance des occurrences. Car nous ne sommes pas dans le domaine du quantitatif. Les historiens se fixent souvent des limites en fonction du nombre des témoignages qu'ils ont pu relever : plus il est grand, plus la fiabilité scientifique des observations est élevée. Or le grand naufrage de l'Antiquité, en matière de transmission de textes, ne nous rend pas la tâche facile : « Il est indéniable que le matériel à notre disposition impose des limites qualitatives à la compréhension que l'on peut en avoir[21]. » Mais dans le domaine des mythes, un seul témoignage suffit. Un seul récit va être véhiculé dans l'imaginaire collectif, et y opérer son alchimie. Foucault a montré que, depuis le XIXe siècle, la science avait été dominée par l'impérialisme du regard, assisté par des appareillages optiques de plus en plus performants. La psychanalyse nous aide à retrouver ce que les mythologies nous avaient toujours dit, ce que les mystiques n'avaient pas oublié : il y a deux sortes d'œil, un œil externe (le seul dont parle la science moderne) et un œil interne. C'est cet œil interne qu'évoque la mythologie, et la lecture psychanalytique, dans sa connaturalité avec le monde mythique, apparaît bien comme un médiateur, un adjuvant qui nous aide à redécouvrir ce regard complexe.

Il y a plus. Nous prenons conscience de ce que la lecture des mythes n'est pas datée (au moins dans sa dimension symbolique). Elle a en commun avec l'exégèse moderne de promouvoir, comme outil heuristique, cette notion de *coincidentia oppositorum*, que retrouvent, par d'autres

---

20. Cf. J. Thomas, *Structures de l'imaginaire dans l'*Énéide, 1981.

21. M. Béard, J. North et S. Price, *Religions de Rome* (trad. française ; éd. originale Cambridge, 1998), Paris, Picard, 2006, p. 91.

voies, la systémique et la pensée du complexe. Un courant de la pensée « claire » positiviste avait cru pouvoir conduire une herméneutique, dans le domaine des arts et lettres, à travers une pensée exclusivement logique. C'était une erreur. Milan Kundera, Edgar Morin, Gilbert Durand, George Steiner (pour ne citer qu'eux) ont écrit de façon décisive là-dessus. Ils ont tous insisté sur l'émergence de la complexité, dont les arts et les lettres sont le lieu privilégié. Le recours aux méthodes comptables des sciences exactes est donc, dans ce domaine, une erreur de perspective, et pour ainsi dire de paradigme. Cette prise de conscience s'est opérée dès le XIXe siècle, en particulier chez les romanciers, qui ont adopté ce pari en forme de paradoxe : souligner que la vraie complexité du monde nous était donnée à voir justement dans les profondeurs cachées de l'être humain. C'était une nouvelle relation au monde qui se faisait jour, à l'encontre de la vision scientiste, fondée sur un progrès indéfini, et une élucidation toujours plus grande. Les romanciers osaient nous dire, d'une autre façon, que Dionysos est indissociable d'Apollon : on ne pouvait espérer tout élucider, il fallait accepter la part d'ombre de l'humanité. Comme le dit E. Morin :

> « Alors que la science ignorait l'individuel, le singulier, le concret, l'historique, la littérature et singulièrement le roman les ont restitués et ont révélé la complexité humaine, de Balzac à Dostoïevski et Proust. Les sciences accomplissaient ce qu'elles croyaient être leur mission, de dissoudre la complexité des apparences pour révéler la simplicité cachée de la réalité ; la littérature s'était donné en fait pour mission de révéler la complexité humaine cachée sous des apparences simples[22]. »

Un des mérites – et non des moindres – de la psychanalyse, c'est de nous donner à voir – sans anachronisme, nous espérons l'avoir démontré, au moins pour ce qui concerne la psychanalyse jungienne – que les mythes classiques nous tenaient déjà ce discours.

22.E. Morin, *La Tête bien faite. Repenser la réforme. Réformer la pensée*, Paris, Seuil, 1999, p. 103.

Liance, déliance, reliance : avatars et émergence du héros[23]

« Les hommes meurent parce qu'ils ne savent pas unir la fin au commencement. »

ALCMÉON DE CROTONE

Parmi les approches heuristiques développées par la psychanalyse, il en est une qui est particulièrement intéressante pour les études sur l'Antiquité classique en général, et pour les récits de type initiatique en particulier. Ce sont les notions de liance, de déliance et de reliance. On connaît l'importance de ce système triparti en psychanalyse. On sait aussi comment E. Morin en a proposé une pertinente application élargie aux sciences humaines et à l'anthropologie.

Revenons rapidement sur la définition de ces notions de liance, déliance et reliance. En psychanalyse[24], la liance correspond au sentiment fusionnel, amniotique, d'immersion heureuse dans le corps maternel, ce sentiment qui est perturbé par la déliance, la « chute » et le traumatisme de la naissance, qui projette l'individu dans le monde et crée un sentiment d'abandon et de déréliction par rapport au bien-être du sentiment fusionnel. La lente construction de la psyché sera ensuite la reliance : placé sous le double signe de la liance heureuse et de la déliance traumatisante, l'individu s'efforce de renouer avec la fusion originelle, et de surmonter le traumatisme de la naissance ; certitude de l'amour et incertitude du risque sont les deux tropismes à partir desquels il va construire son espace personnel.

23. Ce développement est une version révisée et remaniée de l'article « Liance, déliance, reliance : l'émergence du héros. Construction de soi et construction du monde, des *Bucoliques* à l'*Énéide* de Virgile, et à *La Pharsale* de Lucain », in *Héros voyageurs et constructions identitaires*, (G. Jay-Robert et C. Jubier-Galinier éd.), Perpignan, Presses Universitaires, 2014, p. 167-183.

24. Cf. M. Bolle de Bal (éd.), *Voyages au cœur des sciences humaines. De la reliance*, tome I, Paris, L'Harmattan, 1996.

E. Morin a insisté sur la reliance[25], et il en a donné une dimension anthropologique plus vaste. Pour lui, la liance évoque le vide primitif, l'état originel d'indifférenciation ; quant à la déliance, elle est une rupture de la perfection, comme la « chute » du péché originel dans la Bible, et comme le retrait de Dieu, le *Tsimsum*, dans la kabbale hébraïque. À partir de là, la reliance est une démarche fondamentale de toutes les cultures et de toutes les civilisations : un processus de reconquête et de reconstruction, comme le *Tikkun* de la kabbale. Pour Morin, notre monde est donc bien marqué dès l'origine par la rupture et la séparation, qui génèrent une aspiration à retrouver l'unité originelle perdue ; d'où la pertinence heuristique de ce circuit liance-déliance-reliance.

La psychanalyse ajoute que le circuit de la reliance peut prendre des formes paroxystiques, qui évoquent la résilience chère à B. Cyrulnik[26]. On sait que ce terme de résilience désigne, à l'origine, la capacité de résistance des matériaux aux chocs violents. Dans la psyché humaine, elle caractérisera l'aptitude à se construire en surmontant des traumatismes particulièrement douloureux. Dans le récit héroïque, la résilience désignera tout naturellement la capacité du héros à surmonter un monde hostile où tout ce qui ne le tue pas le rend plus fort.

Nous voudrions insister sur la dimension heuristique de cette triade liance-déliance-reliance, quand on l'applique au monde de l'épopée fondatrice et héroïque gréco-romaine : à l'*Énéide* de Virgile.

L'IMAGINAIRE HÉROÏQUE DE L'*ÉNÉIDE*, COMME RELIANCE

Dans l'*Énéide*, le monde de la liance, c'est clairement Troie, la Troie d'avant la guerre : le monde de l'enfance heureuse, qui évoque par connotation le mythe de l'âge d'or, et prend une dimension affective et nostalgique de Paradis perdu. On relève alors une coïncidence entre le

25. Cf. E. Morin, *Reliances*, Paris, Éd. de l'Arbre, 2000. Le concept de reliance a été proposé pour la première fois en 1963 par Roger Clausse, et il est dérivé de l'anglais *to rely*, « s'appuyer sur, faire confiance », marquant ainsi une relation interpersonnelle, l'état de ce qui est relié, connecté. Nous ne sommes pas loin de la systémique.

26. Cf. par exemple Boris Cyrulnik et Claude Seron (dir.), *La Résilience ou Comment renaître de sa souffrance*, éd. Fabert, coll. « Penser le monde de l'enfant », Paris, 2004.

monde fusionnel idéal (l'âge d'or) et le monde fusionnel lié à l'expérience personnelle (le monde de l'enfance, l'affection des parents, et leur remémoration nostalgique). Ce monde trouverait un équivalent dans une autre œuvre de Virgile : les *Bucoliques*, comme évocation du monde édénique de l'Arcadie heureuse.

La déliance, dans l'épopée virgilienne, c'est bien sûr la chute de Troie et l'exil douloureux qui s'ensuit. Énée est littéralement jeté sur les routes de l'exil, sans possibilité de retour en arrière. Cette chute prend une dimension existentielle : elle est la *Geworfenheit* de Heidegger, le sentiment de déréliction. Elle fait du héros un roi en exil. On retrouverait le même scénario dans les *Bucoliques*, à travers l'évocation de l'exil de Mélibée, dans la *Ire Bucolique* : lui aussi est chassé de l'Arcadie heureuse, où Tityre a encore sa place, mais pour combien de temps ? Le Paradis devient fragile, vaporeux, il s'éloigne au contact de la dure réalité historique.

L'ACTION HÉROÏQUE, COMME RENAISSANCE

Mais le message essentiel que Virgile a voulu développer dans l'*Énéide*, c'est celui de la reliance. Elle passe par une forme d'inversion de l'exil qui, de sentiment négatif, devient un moteur qui aide le héros à se reconstruire. Le héros est un roi en exil, et il reconquiert sa royauté ; liance et déliance, paradis et chute, sont toujours les deux pôles à partir desquels s'organise le voyage initiatique du héros ; mais ils n'ont de sens que s'ils se développent en un sentiment positif, où la trajectoire de l'exil devient féconde. Les traces du passé ne sont pas pour autant abolies : c'est pourquoi on peut parler de reconquête, plutôt que de conquête (dans le sens où la connaissance platonicienne est d'abord re-connaissance). L'histoire d'Énée n'est ni une aventure *ex nihilo*, ni des retrouvailles avec le passé. C'est une émergence à partir de ces deux aspirations vers l'avenir et vers le passé. Elle réalise le rêve d'identité entre passé et futur ; le futur coïncide avec le passé, dans une forme d'*ouroboros*, de mouvement circulaire du temps. C'est pour cela qu'Énée décrit Rome à construire comme *Troia melior*, Troie, mais en mieux. Cette reconquête est légitime, car elle n'est pas seulement due au hasard, elle est méritée par tous les efforts consentis par le héros.

On trouverait une autre forme de reliance dans la *IVe Bucolique*, qui est bien l'évocation du retour de l'âge d'or, mais un nouvel âge d'or, mérité et reconquis par l'aventure de la romanité. Après la chute, la diaspora qui suit la perte de l'unité originelle, et au terme d'une inversion sacrificielle, déjà bien présente dans les textes virgiliens, à travers la mort de Daphnis, les exils de Gallus, de Mélibée, de tous ces poètes-chanteurs qui ne devaient pas mourir mais qui ont connu l'abandon ou la mort, la trajectoire héroïque s'identifie à une remontée maîtrisée, ascétique, vers l'unité perdue mais reconquise. De même, la diaspora du judaïsme se définit non pas comme une punition, et comme la pierre de touche d'une épreuve, mais comme une mission : partout, une étincelle de la *Schekina* attend d'être rapportée et restituée par un acte religieux[27].

LA PHASE DE « GERMINATION » HÉROÏQUE

Nous disions que la liance et la déliance restaient en germe dans l'histoire de la reliance, comme geste héroïque de la fondation-reconstruction. On le voit clairement dans le voyage d'Énée, et plus particulièrement dans la phase difficile de sa navigation, qui est un peu comme l'hiver de son histoire, et où (on l'a dit *supra*) tout le processus du voyage en exil est conçu sur le modèle d'une germination (thème typiquement initiatique) ; pendant les sept ans que dure le voyage d'Énée, il concentre sur sa personne tout ce qui était déployé auparavant, et sera redéployé ensuite,

27. Cf. G. Scholem, *La Kabbale et sa symbolique*, Paris, Payot, 1966 (2003). Il est curieux de remarquer ces similitudes de pensée entre la romanité et le judaïsme, ces deux phares de la Méditerranée antique, qui se sont toujours combattus, mais qui nous apparaissent souvent si proches. Rome est fondée par un voyageur, un passeur ; or l'Hébreu, étymologiquement, c'est celui qui passe – et qui fait passer. Ce sont peut-être ces similitudes mêmes qui expliquent l'antagonisme de ces deux peuples, à travers le syndrome de la cité jumelle, concurrente, dont la mort est le prix à payer pour la vie de Rome. C'est aussi l'histoire de Carthage, et c'est l'histoire de Romulus et Rémus, les jumeaux ennemis, dans le récit même de la fondation de Rome.

et qui se ramène aux trois fonctions duméziliennes définissant une cité totale : celle du prêtre roi, celle du guerrier, et la fonction économique. Au terme du voyage de l'exil, c'est un véritable métissage fonctionnel qui a été rendu possible, et préparé par l'exil ; l'exil est bien le terreau d'une reconstruction, et le ferment d'un espoir.

INCERTITUDE DU RISQUE ET CERTITUDE DE L'AMOUR

De façon plus générale, pour se construire, le héros voyageur se situe constamment par rapport au monde du Père, héroïque, ascétique, celui qui lui enseigne la nécessaire incertitude du risque. Mais en même temps il se situe aussi par rapport au monde de la Mère, et à la certitude de l'amour, l'amour maternel de Vénus pour son fils, et qui l'aide à ne pas renoncer quand c'est trop difficile[28]. Le héros s'efforce alors, comme voyageur et comme passeur, de relier ces deux mondes, dans une émergence, qui sera justement l'espace de la fondation. En même temps, il est lui-même soutenu par ces deux principes vitaux qui accompagnent l'éducation et l'apprentissage initiatique : l'incertitude du risque, qui projette dans l'action, et la certitude de l'amour, qui soutient le héros et donne un sens à ses épreuves. Pour se construire, il a besoin que son environnement lui apporte à la fois agression et affection[29]. On retrouverait ces deux tropismes, celui du chef et celui du protecteur, dans la statue de l'Auguste de la *Prima Porta*, qui, d'un bras, désigne l'œuvre à accomplir, mais, de l'autre bras, fait un geste qui évoque celui d'une mère portant son enfant.

28.Même si leur différence de statut ontologique constitue une sérieuse entrave à la communication. Cf. J. Thomas, « L'aorasie ou la Leçon de Ténèbres. Du sens caché dans l'*Énéide* », in *Être romain. Hommages in memoriam. Charles Marie Ternes* (R. Bedon et M. Polfer éd.), Remshalden, Greiner, 2007, p. 19-26.

29. Cf. E. Morin : « Plus les êtres sont complexes, plus ils tolèrent, utilisent, nécessitent pour leur comportement et leur développement des événements non seulement aléatoires mais perturbateurs et agressifs. Ceux-ci jouent le rôle de défi, qui apporte soit la défaite soit le dépassement. Le risque et la lutte développent la ruse et l'intelligence stratégique. Mais le véritable épanouissement de l'intelligence et de l'être humain appelle la conjonction de l'incertitude du risque et de la certitude de l'amour » (*La Méthode*, II. *La Vie de la vie*, Paris, Seuil, 1980, p. 64).

On peut repérer une situation assez semblable dans les *Géorgiques*. Elle passe par une contrainte. C'est la contrainte qui cintre, forge, aménage, greffe, et fait passer la nature de l'état sauvage à celui de cosmos, d'ordre harmonieux dans une civilisation. Elle le fait par un travail lent, dur, opiniâtre, comme la marche des bœufs ; travail de prévision et d'anticipation, aussi. Mais cette contrainte est toujours, si on ose risquer le mot, écologique : elle n'arrache rien à la nature, elle est ferme, mais pas brutale. C'est particulièrement manifeste dans l'épisode de la taille de la vigne ; le paysan recourt en alternance à la taille et au tuteurage ; d'un côté, il tranche, de l'autre il soutient. On aura reconnu les deux tropismes de l'imaginaire durandien : monde du Père et monde de la Mère ; postulation « héroïque » et postulation « mystique » et amoureuse. Le but de ces deux approches apparemment opposées est le même : élever, fortifier, inculquer une *paideia*, un apprentissage. Le paysage et les techniques de l'*agricola* dans les *Géorgiques* sont bien à l'image de la conception virgilienne de la civilisation : un équilibre de tensions.

UNE « LOGIQUE D'ANTAGONISMES »

On le voit, le processus de reliance est, d'abord, un tissage, un rééquilibrage constant entre des instances antagonistes, sous forme de constellations imaginaires qui deviennent complémentaires, et se nourrissent de leurs différences. Nous retrouvons une constante anthropologique (et physique) : celle du conflit générateur, qui peut se définir à travers ces deux propositions :

– tout système (ici, un système social) provient du conflit de deux attracteurs antagonistes ;

– mais en même temps ce conflit tend à son propre dépassement.

Donc un monde ne peut advenir que par la séparation, et ne peut exister que dans la relation entre les éléments séparés. Il n'y a pas de circulation et d'organisation s'il n'y a d'abord tension et polarisation. Nous avons déjà souligné l'étonnement d'une partie de la critique virgilienne devant le fait que le « doux Virgile » ait longuement décrit la guerre du Latium et ses atrocités, dans la seconde partie de l'*Énéide*. On a voulu y voir un souci d'imiter l'*Iliade*. C'est bien plutôt le constat que, dans un système du vivant en train de s'organiser (ici, Rome à construire), la guerre précède nécessairement l'alliance ; l'homme y est donc condamné à une sorte de « logique d'antagonismes », pour reprendre l'expression du physicien S. Lupasco[30].

La caractéristique du héros comme passeur et fondateur, c'est donc d'abord sa capacité à gérer des couples d'opposés, à créer un dynamisme organisateur à partir de constellations différenciées, dans une sorte d'*agôn*, de chant amébée créateur. Dans les *Bucoliques*, c'était le chant des bergers qui créait l'harmonie ; dans l'*Énéide*, c'est le mouvement lié à la trajectoire orientée du héros qui joue ce rôle, en mettant en œuvre :

– ordre et désordre, bien sûr (un couple fondamental, dans la polarisation entre sauvagerie et civilisation qui est une base de l'univers héroïque) ;

– mais aussi, on l'a vu, monde du Père et monde de la Mère, les Fils et Filles créant la nécessaire circulation et régulation entre ces mondes ;

– et, de façon générale, tous les antagonismes : mobilité et immobilité, continuité et discontinuité, lumière et ténèbres, homogénéité et hétérogénéité.

Les couples d'antagonismes deviennent complémentaires à mesure que le héros avance. Le vecteur du héros, son navire, résume en lui cette situation, dans une structure holiste, à travers l'opposition-complémentarité entre la cavité maternelle et protectrice de la coque, qui évoque par connotation le monde protecteur de la Mère, et fait en quelque sorte du navire un berceau ; et d'autre part l'axe dressé du mât, comme une arme ou un sexe, qui relie au monde héroïque du Père. Incertitude du risque et certitude de l'amour sont incluses dans la symbolique du navire vecteur du héros.

LE LIEN ENTRE LA MÉTAMORPHOSE DE SOI ET LA MÉTAMORPHOSE DU MONDE

Ce travail de mise en ordre du monde et d'organisation des forces sauvages se situe dans un double espace :

---

30. Cf. S. Lupasco, *Le Principe de l'antagonisme et la logique de l'énergie*, Paris, Hermann, 1951.

– l'espace géographique que le héros conquiert, et qu'il géométrise, discipline, souvent par le pouvoir de la nomination, qui est une des formes de l'appropriation ;

– et, parallèlement, l'espace intérieur de la psyché du héros, qui connaît une métamorphose spirituelle parallèle à la modification de l'espace géographique. Pour la romanité, et conformément au principe de la *mimèsis*, de l'harmonie imitative entre le microcosme du moi et le macrocosme de l'univers, on ne peut être maître du monde si l'on n'est pas maître de soi. On pense à un des préceptes de l'islam, qui distingue deux formes de *djihad* : la petite guerre sainte, la guerre contre les infidèles, et la grande guerre sainte, la guerre intérieure à mener contre ses propres pulsions. La première ne peut être menée que quand la seconde est accomplie.

LA SYMBOLIQUE DU TISSAGE

Cette organisation par le héros d'un espace complexe de la fondation culmine dans le schéma de la complémentarité entre une mémoire et une respiration. Elle nous ramène à la symbolique du tissage. De même qu'un métier à tisser est constitué d'une chaîne verticale immobile et d'une trame horizontale mobile, de même l'espace du héros est polarisé entre une mémoire de l'absolu, qui l'ancre dans un système de références et de valeurs, et une respiration, un rythme alterné, qui incarne son action dans le monde créé. Ainsi, loin de s'opposer, permanence et mouvement sont les deux volets d'un même diptyque. Cela, les Romains l'ont fort bien compris. Nous en reparlerons quand nous aborderons la relation entre mythe et histoire.

LE RÔLE DE LA MÉMOIRE DANS L'*ÉNÉIDE*

D'où le rôle de la mémoire dans l'*Énéide*. Nous l'avons souligné dans notre approche mythocritique. La mémoire fonde toute l'action d'Énée, et lui donne du sens. Rome sera la mémoire incarnée et ressuscitée de Troie. Donc le héros (dont on a vu la capacité à être un vecteur, un germe) a un devoir sacré de mémoire. Les choses sont encore plus complexes, car il lui faut distinguer une mémoire profane, celle de son petit moi, qui doit s'oublier lui-même, et une mémoire sacrée, celle des valeurs qui le conduisent, et dont l'oubli serait le grand péché ontologique, la vraie mort. On pense à la devise de saint Jean de la Croix, « *Olvido de lo criado. Memoria del Criador* », « oubli de la créature ; mémoire du Créateur ». C'est pour cela qu'à Rome la mémoire a une telle importance dans les processus de construction identitaire[31]. Sans être divinisée – il n'y a pas de dieu Mémoire à Rome ; Junon *Moneta* en serait la plus proche (*moneta* est dérivé de *moneo* : avertir, rappeler), mais elle n'est pas honorée comme divinité de la Mémoire –, la mémoire est plutôt perçue comme l'agent indispensable d'une relation correcte entre les énergies créatrices et la cité des hommes. D'où l'importance des hommes-mémoire (dont les empereurs), des techniciens de la mémoire, des arts de la mémoire, des récits de mémoire et, de façon générale, de tout ce qui relie mémoire et *paideia* à Rome.

RELIANCE ET STRUCTURES DE L'IMAGINAIRE

Pour conclure ce développement, relevons la stricte coïncidence qu'il y a entre le schéma liance-déliance-reliance et le schéma durandien ; liance, déliance et reliance ont une homologie structurelle évidente avec les trois constellations de l'imaginaire telles que les définit G. Durand : structures mystiques (fondées sur la fusion), héroïques (fondées sur l'opposition et la séparation) et synthétiques (fondées sur la médiation et le dépassement des contraires). Cette symétrie valide la pertinence de ces schémas, qui décrivent les dynamismes organisateurs du vivant à partir d'une base biologique (la réflexologie mise en évidence par l'école russe de Betcherev et Oukhtomsky), mais en se prolongeant dans l'émergence complexe de la pensée symbolique. Il ne convient donc pas d'opposer un homme structural « culturel » (tel que le définit Lévi-Strauss) et un homme neuronal « naturel » ; bien plutôt, on constate que, avec la réflexologie, ce sont les structures génomiques qui déterminent notre imaginaire.

31. Cf. C. Baroin, *Se souvenir à Rome. Formes, représentations et pratiques de la mémoire*, Paris, Belin, 2010.

Imaginaire et neurosciences
L'émergence du vivant : mythe et biologie[32]

« Une idée n'a pas plus de valeur qu'une métaphore,
en général, elle en a moins. »

A. Machado

« Le fait de connaître de nombreuses sciences nous sert même
lorsque nous traitons d'autres sujets. »

Tacite, *Dialogue des orateurs*, XXXII, 1

« Je vois le monde comme je suis, je ne le vois pas comme il est. »

P. Éluard

---

32. Ce développement reprend dans ses grandes lignes l'article « Les intuitions de la civilisation antique, au miroir du structuralisme et des neurosciences », in *Science et imaginaire*, Cahiers du CEIL, Lisboa, 2013, http://www.ceil.fcsh.unl.pt/cadernos/PDF/5_CCEIL2_2012_JT.pdf.

Il est frappant de constater que l'évolution des mythes présente beaucoup de similitudes avec celle des êtres vivants, avec tout ce que cela comporte de richesse, donc de recherches, d'hypothèses de discussions. Voici qui nous conduit tout naturellement aux neurosciences. Car le paysage de notre connaissance change à un rythme toujours accéléré, jusqu'à rendre rapidement obsolètes les références qui prévalaient encore hier : le structuralisme a été supplanté par la systémique ; et maintenant, ce sont les neurosciences qui tiennent une place de plus en plus grande dans le discours scientifique. Ont-elles quelque chose à nous dire, quand il s'agit de relire l'imaginaire de l'Antiquité classique ? Je voudrais le montrer. Il est donc important de faire le point, pour prendre la mesure de ces avancées. Nous tenterons d'en prendre la mesure dans le domaine de l'Antiquité classique. Ce serait une erreur de penser qu'il échappe à ces débats ; au contraire, les relectures liées au développement de la critique et de ses herméneutiques permettent d'entrer dans des aspects encore méconnus des œuvres, et de les considérer avec un autre regard. Nous ferons donc le point sur ces nouvelles méthodologies, plus particulièrement dans leur rapport avec l'imaginaire antique ; puis nous prendrons deux exemples précis, montrant que les neurosciences peuvent permettre une relecture très éclairante de la mythologie classique, et de façon plus générale, de la pensée gréco-latine.

LE STRUCTURALISME DE CL. LÉVI-STRAUSS

Il y a quelques décennies, la référence incontournable dans le domaine des sciences humaines était le paradigme structuraliste, tel que Cl. Lévi-Strauss l'avait proposé, en particulier dans *Les Structures élémentaires de la parenté*[33]. La caractéristique essentielle de l'école structuraliste repose sur le fait que l'homme se définit comme antinature[34]. En ceci, le structuralisme s'accorde d'ailleurs sans peine à la pensée de l'Antiquité, où l'homme n'est pas seulement un animal différent des autres : comme

---

33. Paris, Mouton, 1967.

34. Sur cette page et sur celles qui suivent, cf. F. Wolff, *Notre humanité. D'Aristote aux neurosciences*, Paris, Fayard, 2010.

nous l'avons vu, il se pose contre l'animalité qui est en lui ou hors de lui. L'homme antique se verrait volontiers nietzschéen : « L'homme, c'est quelque chose qui est fait pour être surmonté » (*Ainsi parlait Zarathoustra*, 3). Sur un autre point, le structuralisme ne se sent pas dépaysé, lorsqu'Aristote définit l'homme antique comme un « animal politique », le seul qui possède le langage articulé (parce qu'il a la raison, le *logos*) ; le seul aussi qui perçoive, pour la même raison, les valeurs morales ; le seul enfin qui soit un être capable de science. Il est donc, ajoute Aristote, au centre du monde, il n'est pas un animal comme les autres.

Bien sûr, le structuralisme ne suit pas la pensée antique sur ce chemin de la hiérarchie des valeurs, et sur une définition de l'humain comme la finalité de l'existence de toutes les autres espèces vivantes[35]. Il n'en professe pas moins que l'institution sociale, la culture, s'opposent à l'instinct des animaux et que l'homme n'est pas un animal comme les autres. Un exemple : alors que l'animal se nourrit de tout ce qu'il trouve cru dans la nature, l'homme fait cuire ses aliments, et même il se contraint à des codes alimentaires liés à ses croyances, et très variables d'une société à l'autre ; donc le culturel est à la fois divers et arbitraire, alors que les seules manifestations de l'universel se trouvent dans la nature sauvage[36]. Dans cette perspective, le travail du scientifique sera, d'abord, d'étudier les codes culturels, d'écrire une histoire des âges de la vie (Delumeau ; Duby), des goûts alimentaires (Veyne ; Corbin) et évidemment de la sexualité (Foucault ; Veyne), à travers l'histoire et les sociétés. Il est clair que, dans ce contexte, on fait la part belle au symbolique.

LES NEUROSCIENCES

Puis les neurosciences sont montées en puissance, sur des bases notionnelles apparemment opposées. Tirant parti des impressionnantes

---

35. Pour d'autres raisons, la pensée du christianisme reprendra ce discours aristotélicien sur la prééminence de l'homme dans l'ordre de la nature.

36. « Partout où la règle se manifeste, nous savons avec certitude être à l'étage de la culture. Symétriquement, il est aisé de reconnaître dans l'universel le critère de la nature » (Cl. Lévi-Strauss, *op. cit.*, p. 10).

avancées réalisées dans le domaine de la neurobiologie, elles se fondent sur un nouveau paradigme, qui ne repose plus sur les sciences humaines mais sur un retour aux sciences « dures », et en particulier sur le remarquable développement des sciences du vivant. L'homme redevient alors – comme du temps de Darwin – un animal comme les autres ; d'une certaine façon, il perd l'*aura* dont l'avait réinvesti le structuralisme (qui en faisait l'« inventeur » de la culture), et dont il avait déjà été dépouillé lorsque les Lumières avaient remis en question les discours prêtant à l'homme une essence unique et éternelle, fussent-ils platoniciens ou chrétiens. Sur ce plan, le postulat des sciences cognitives est terrible pour notre sentiment de différence par rapport aux autres espèces animales ; il constitue en quelque sorte une quatrième « blessure narcissique » au sens freudien : les processus de la connaissance, de la mémoire, de l'apprentissage, de l'imagination, du langage, sont des phénomènes naturels, et non plus culturels, comme l'affirmait le structuralisme. La culture est alors un développement naturel, et elle est déjà présente dans le règne animal : on peut parler de « cultures animales », puisqu'il n'y a plus cette barrière qu'Aristote et la pensée antique posaient comme un principe entre le monde humain et le monde animal. Avec la montée en puissance de ce nouveau paradigme épistémologique, il semble bien que l'homme soit définitivement « découronné » et qu'il perde le dernier territoire où s'affirmait son prestige. En particulier, il n'y aurait plus rien d'universel dans l'homme. Pour Platon et Aristote, l'homme avait une essence éternelle. Avec le naturalisme contemporain, néo-darwinien, on ne peut jamais dire ce qu'est l'homme, puisque, comme tout le vivant dont il fait partie, il évolue sans cesse. À la limite, tout ce qu'on pourrait en dire, c'est qu'il n'y a rien dans l'homme de fixe ou de constant, un peu de même que Socrate disait que tout ce qu'il savait, c'est qu'il ne savait rien. Tous les animaux se valent, et ils valent ce que vaut l'homme, c'est-à-dire à peu près tout – ou à peu près rien[37].

---

37. Là-dessus, cf. aussi A. Prochiantz, *Qu'est-ce que le vivant ?*, Paris, Seuil, 2012.

L'EXAPTATION

On le voit, sur leur conception de la cognition, structuralisme et sciences de l'homme neuronal se heurtent frontalement. Les secondes, bénéficiant de l'apport d'une technologie plus avancée, renvoient-elles le premier dans le cimetière des sciences obsolètes ?

À vrai dire, c'est une notion fort intéressante, empruntée justement à la biologie elle-même, qui peut nous permettre de dépasser cette apparente aporie en forme de contradiction entre culture et nature, et plus particulièrement entre structuralisme et neurosciences. C'est la notion d'exaptation. On en connaît le principe : dans le monde de l'évolution des espèces, à la différence de l'adaptation, qui se situe dans une continuité, l'exaptation est fondée sur une solution de continuité ; ou, plus précisément, sur un détournement de la fonction originelle : un organe anatomique (aile, queue) peut trouver une autre finalité que celle pour laquelle il avait été initialement programmé. L'exaptation pourrait donc se définir comme une reconversion fonctionnelle. Un des domaines particulièrement intéressants pour nous où elle se manifeste est l'histoire de l'évolution du cerveau humain. Sans qu'elles soient structurellement modifiées, certaines des zones de ce cerveau ont été en quelque sorte reconverties, pour des fonctions manifestement non sélectionnées à l'origine, tout simplement parce qu'elles n'existaient pas. Les neuroscientifiques ont ainsi montré que des zones qui avaient une vocation initiale pour la reconnaissance des formes, le langage ou l'audition, sont aujourd'hui réutilisées pour la lecture ou la musique.

Je serais tenté de dire que toute l'histoire de la symbolique est une vaste exaptation : des images, des récits qui avaient à l'origine une autre fonctionnalité ont acquis un nouveau niveau de sens, souvent fort éloigné de leur valeur première ; ou, plus exactement, le récit possède sa surdétermination, au sens psychanalytique : il contient virtuellement plusieurs niveaux de sens, non exclusifs les uns des autres. Le voyage d'Énée n'est pas le simple récit d'un déplacement de Troie à Carthage (même s'il est aussi cela) ; par le génie créateur de Virgile, il devient l'histoire de la construction identitaire du héros, qui crée un espace cohérent, pour lui et pour les autres, entre monde de la Mère et monde du Père, entre Orient et Occident, entre naissance et mort. On voit que la symbolisation a créé un surcroît de sens, et qu'elle a considérablement enrichi le récit originel en lui donnant une nouvelle résonance. Comme le dit H. Godinho, finalement, on peut même aller jusqu'à dire que le sens n'arrive qu'avec le symbole. Par exemple, l'amour humain n'arrive que quand la relation entre deux individus sort de l'anecdotique et de l'insignifiant, entre alors dans une forme d'intemporalité, de non-contingence, et devient un symbole : celui de deux individus qui incarnent l'Amour[38].

C'est bien la psychanalyse qui nous permet de comprendre que le message symbolique est au-delà des contradictions entre genres, ou des conflits image-discours. Elle y parvient en posant le principe de cette surdétermination que nous venons d'évoquer : un message peut être vrai sans exclure son contraire. Dans l'inconscient de la psyché humaine, le principe aristotélicien du tiers exclu n'a pas cours, et l'adage fondamental est : « Je sais bien… mais quand même. » Sur ces bases, et compte tenu de la modification liée à l'exaptation, un message symbolique (récit mythique ; épopée de type initiatique) peut avoir plusieurs niveaux de sens, qui ne s'excluent pas les uns les autres : un niveau immédiat (le plaisir ludique de la lecture ou du récit d'une suite d'aventures), un niveau moral (le texte sert de support à une *paideia*, il est un des éléments régulateurs et formateurs sur lesquels la cité construit sa loi, et qui servent de justification au système social), et un niveau eschatologique (il est le reflet de lois plus générales, qui régissent le système du vivant ; transposé dans le discours de l'Antiquité, il est *mimèsis*, imitation par l'humain du divin qui irrigue la matière cosmique).

LE LIEN AVEC LES STRUCTURES ANTHROPOLOGIQUES DE L'IMAGINAIRE

Mais l'imaginaire symbolique qui émerge ainsi, sous forme d'exaptation, n'est pas pour autant arbitraire, ni coupé de nos origines bio-

38. Cf. H. Godinho, « La narrativité des images », in *Transports. Mélanges offerts à Joël Thomas*, Perpignan, Presses universitaires, 2012, p. 495-510.

logiques (comme le disait le structuralisme, qui en faisait un strict phénomène culturel, qu'il opposait à la nature). Au contraire : c'est la structure génomique qui détermine notre imaginaire. Celui qui, en pleine période structuraliste, en a, le premier, déjà eu l'intuition, c'est sans doute Gilbert Durand. On sait que – comme Jung – il est parti d'une phénoménologie, et plus particulièrement de la réflexologie de l'école russe (Betcherev, Oukhtomsky) qui pose trois types de réflexes fondamentaux : posturaux (l'aptitude de l'homme à se redresser, contrairement aux autres animaux), sexuels (destinés à faire perdurer l'espèce) et digestifs (destinés à la nourrir). À partir de ce contexte très matériel et prosaïque, le trait de génie de G. Durand est d'avoir repéré la façon dont les trois grandes constellations symboliques fondent tout l'imaginaire humain : structures « héroïques » privilégiant l'opposition et développant le réflexe postural ; structures « mystiques » féminines, privilégiant l'assimilation, la fusion, et développant le réflexe digestif ; enfin, structures « synthétiques », mondes des « fils » et « filles », avant tout rythmiques, et par là même susceptibles d'établir un passage, une relation entre les deux autres constellations. La Chine nous donne une description très voisine avec le *Yang*, le *Yin*, et, entre eux, le vide médian. Les figures emblématiques que l'on va retrouver dans les récits mythiques sont alors le Héros, l'Amant et le Voyageur. Il s'agit bien d'une exaptation, puisque par rapport aux données originelles (des réflexes indispensables à la construction du vivant), ces représentations ne « servent » à rien ; elles sont en quelque sorte détournées de leur fonction première. Mais, à un autre niveau, psychique celui-là, elles se retrouvent réinvesties d'un rôle tout aussi important : assurer le développement de la psyché, permettre sa régulation, sa capacité de se comprendre et de comprendre le monde. Sans cette fonction symbolique, l'homme n'existe pas ; il reste un animal comme les autres. Nous avons bien là ce que la systémique définit comme une émergence : un résultat qui est plus que la somme des données initiales. Nous sommes passés du biologique au psychique, du mécanique au complexe. Sans faire de l'homme un être supérieur, comme le voulait la pensée antique, la compréhension de ce processus permet d'en faire un être différent, qui accède à un autre niveau de sens (et d'une certaine façon à un autre monde) que l'animal.

DEUX EXEMPLES

Il y a donc un lien, obscur, mais nécessaire, entre une vie biologique primale et les constructions les plus sophistiquées de notre imaginaire. Alors les récits mythologiques reprendraient-ils des schémas, des dynamismes organisateurs, que l'on pourrait observer à des niveaux apparemment élémentaires du vivant ? Ils n'ont pu le faire, bien sûr, qu'à travers une forme d'intuition philosophique et poétique, puisqu'ils n'avaient pas les moyens scientifiques d'y parvenir, et même d'entrevoir cette réalité. Mais ils l'ont quand même fait. Nous en prendrons deux exemples.

La mort, comme sculpture du vivant

Nous irons chercher le premier dans la biologie, et ce qu'elle nous apprend des structures du vivant. Ses dernières avancées nous montrent que les frontières qui séparent les notions apparemment antagonistes de vie et de mort, de bâtisseur et de destructeur, d'égoïsme et d'altruisme, sont brouillées et que ces antagonismes sont sommaires. Ce qui semble mortifère sur la scène est en fait vivifiant derrière la scène, à un autre niveau de complexité. Ainsi, la biologie nous fait découvrir que la mort est créatrice. Elle l'est d'abord, avant même la naissance, comme « sculpteur[39] ». En tuant des cellules de l'embryon, elle le modèle, elle fait émerger l'anatomie de l'enfant à naître, non pas en ajoutant, mais en enlevant (ce qui est bien le propre de la sculpture, par rapport, par exemple, à la peinture). Donc, la vie est l'ensemble des fonctions capables d'utiliser la mort (plutôt que de lui résister, comme on le pensait auparavant). À l'origine, les cellules seraient immortelles. Leur mort n'est pas inscrite en elles. Elle vient de l'extérieur, et provient de l'« altruisme » d'une cellule par rapport au groupe complexe d'une colonie, ce qui correspond aussi au renoncement d'un individu à sa chance d'immortalité, au profit de la collectivité. La mort est donc le prix que les cellules doivent payer pour

39. Cf. J.-C. Ameisen, *La Sculpture du vivant. Le suicide cellulaire ou la mort créatrice*, Paris, Seuil, 2003, à qui nous empruntons les grandes lignes de ce paragraphe.

passer de la simplicité originelle à la complexité des corps. Complexité et mort sont liées. Au début était l'immortalité potentielle. Puis la mort s'est inscrite au cœur du vivant. On pense bien sûr au mythe de l'âge d'or : au début, les hommes étaient immortels, puis, à la suite de l'épisode prométhéen, ils perdirent ce privilège, en même temps qu'ils étaient assujettis à leur ventre, à leurs appétits. La mythologie nous décrit sur le mode poétique l'anticipation intuitive d'une réalité scientifique que nous n'avons découverte que récemment.

Prolongeons la comparaison. Les êtres vivants unicellulaires mènent d'abord un combat élémentaire pour la survie. Avec l'émergence de la complexité, on passe à la construction de nouvelles sociétés dont l'interdépendance absolue, la solidarité complexe, selon l'expression d'E. Morin, n'ont toujours pour autre terme alternatif que la mort. De même, dans les sept derniers livres de l'*Énéide*, la guerre entre les cités précède l'alliance de tous les belligérants pour créer Rome à venir ; mais on ne pouvait faire l'économie de cette première phase potentiellement mortifère : la vie de Rome sort de sa mort ; de même encore, la prédiction liée à la naissance de Rome (Romulus voit douze vautours) contient en elle-même la chronique de la mort de Rome annoncée (Rome mourra au bout de douze siècles), et, dans le cours historique, elle est bien comprise comme cela par les exégètes, même s'ils n'en saisissent le sens que de façon confuse, ce qui alimentera les spéculations millénaristes tout au long de l'histoire de Rome[40]. Dans les deux cas (l'histoire d'Énée ; l'histoire de Romulus), vie et mort sont liées dans l'épisode fondateur.

Dans une colonie de bactéries, lorsque les nutriments se raréfient, des bactéries s'autodétruisent pour que la colonie ne soit pas menacée. Les survivants sont plus forts, car ils se nourrissent des morts. La décision collective du « suicide » n'est prise que quand un certain nombre de décisions individuelles est atteint. De même, dans le Sénat romain, une décision ne pouvait être adoptée qu'à deux conditions : le quorum atteint et le vote majoritaire des présents. Revenons à la biologie. Lorsque

40. Cf. J. Thomas, *L'Imaginaire de l'homme romain. Dualité et complexité*, Bruxelles, Latomus, 2006, p. 214-217.

la décision de l'organisme est prise de sacrifier certaines cellules au profit de l'entité collective, ces cellules se dédoublent en une grande cellule, qui s'autodétruit, et une petite cellule, qui est une sorte de spore capable de résister à un environnement défavorable, et portant en elle la mémoire génétique de la cellule. Elle a en charge l'avenir de la colonie. Plongée dans son sommeil, elle attendra, sans se nourrir ni se dédoubler, que l'environnement devienne favorable pour donner naissance à une nouvelle colonie. Toujours dans l'*Énéide*, on songe au voyage d'Énée, le Fondateur, qui concentre sur sa personne les trois fonctions assurant, à Troie, la vie de la cité : celle du prêtre-roi, celle du guerrier et la fonction économique. Comme on l'a déjà vu, quand il arrive sur le site de Rome et qu'il a réglé la rivalité qui l'oppose aux Latins, il redéploie ces trois fonctions et les répartit à nouveau entre trois groupes ethniques : Troyens, Étrusques et Latins. Là encore, la métaphore mythologique coïncide avec un schéma fondamental attesté par la biologie. On est impressionné de voir comment une société régit ses lois en harmonie avec les structures élémentaires du vivant, qu'elle « reconnaît » et reproduit avant d'avoir eu la possibilité scientifique de les définir formellement.

Un dernier point : les modifications aléatoires, accidentelles, qui surviennent dans les informations génétiques, sont en fait un des moteurs essentiels de l'évolution du vivant. Ce sont ces altérations, ces erreurs, liées à la mauvaise duplication des copies, qui ont fait naître la métamorphose des espèces, en augmentant la diversité. L'acte de créer un nouveau « je » porte donc en lui, intrinsèquement, le risque inévitable de donner naissance à « un autre », pour paraphraser Rimbaud. *Felix culpa*. Et là nous sommes en contradiction avec le discours platonicien, qui opposait « bonnes » et « mauvaises » copies, et ne voyait dans les secondes, les idoles (par opposition aux premières, les icônes), que perversion mortifère, par éloignement du modèle idéal[41]. C'est une des limites de la pensée

---

41. Cf. J. Thomas,« Icône et idole. Les avatars de la copie, de Platon à notre monde contemporain », in *Imaginaire, mythe, utopie, rationalité. Hommages à J.-J. Wunenburger, Echinox*, vol. 22, Cluj-Napoca, 2012, p. 207-217, et en ligne, http://phantasma.lett.ubbcluj.ro/?p=4068.

antique que d'être obsédée par l'idée d'ordre du monde[42] (même si elle sait reconnaître les formes d'un désordre constructeur[43]).

L'architecture de la psyché : comment le cerveau fabrique l'esprit

Si l'on passe des formes élémentaires du vivant au monde hypercomplexe de la psyché, les neurosciences ont là encore beaucoup à nous apprendre. Il est intéressant de voir ce qu'elles nous disent sur les rites et les mythes, ces marqueurs fondamentaux du monde de l'Antiquité. Les structures du cerveau transforment des informations sensorielles brutes en une perception intégrée du monde : ce que nous considérons comme la réalité n'est en fait qu'une interprétation de la réalité créée par le cerveau.

Rituels et construction sociétale

Dans ce contexte, un rituel religieux efficace porte le cerveau à ajuster les perceptions cognitives et émotionnelles du moi, en sorte qu'une personne à l'esprit religieux interprète le rituel comme une réduction de l'espace qui sépare le moi et le sacré. La plupart des rituels ont des connotations sociales. Vécus sur le plan séculier, ils tendent à promouvoir la cohésion du groupe. Dans les sociétés premières, ils alimentent au sein d'un clan, ou d'une tribu, un sentiment de singularité, de destin commun : appartenir au peuple préféré de Dieu, au peuple élu. En ceci, ils aident à maintenir une identité stable du groupe, par-delà le remplacement des chefs. Vivant dans la communion procurée par la pratique des rituels, le clan fonctionne de façon coopérative, et il augmente ses chances de réussite. De surcroît, les rituels humains (et animaux…) tendent, par des marques de déférence et de respect prodiguées à l'autre (les génuflexions, la poignée de main, les cadeaux ; et, pour les animaux, l'épouillage, les

---

42. Cf. R. Brague, *La Sagesse du monde. Histoire de l'expérience humaine de l'univers*, Paris, Fayard, 1999.

43. Cf. E. R. Dodds, *Les Grecs et l'irrationnel* (trad. de l'anglais), Paris, Aubier-Montaigne, 1965, et J. Thomas, *L'Imaginaire de l'homme romain. Dualité et complexité*, *op. cit.*

postures de soumission...), à éviter des malentendus susceptibles de créer des conflits, et donc à réduire les actes d'agressivité au sein du groupe. Là encore ils contribuent à créer un lien social fort. Le partage est plus efficace que l'isolement.

À un degré supplémentaire de complexité, et lorsqu'on entre dans la période historique, c'est toute la société gréco-romaine qui, dans ses protocoles, va se construire autour de cette notion d'effacement de l'individu devant la collectivité. On sait que c'est un des moteurs forts de la mise en place de la romanité : ce n'est pas l'abeille qui est importante, c'est la ruche. Tant que *l'Imperium Romanum* s'est ainsi relié à ses origines, et s'est conçu comme un vaste corps social, dont la tête est Rome, dont les membres sont les cités alliées, admises au droit de cité, et dont les artères sont ce magnifique réseau des voies romaines, cet empire a été fort.

Ce processus que nous saisissons dans une dimension sociétale n'est qu'un des aspects d'un système anthropologique plus large ; pour en prendre conscience, dans ses résonances biologiques, on consultera avec profit les travaux de V. C. Wynne Edwards sur ce qu'il appelle, dans les sociétés animales, la sélection de groupe[44] : la cible de sélection change de niveau, elle ne se situe pas au niveau de l'individu, mais au niveau du groupe. On voit tout l'intérêt de cette théorie dans l'élaboration des notions d'imaginaire collectif, voire d'inconscient collectif, telles que C. G. Jung a pu en poser les bases.

Mythes

Donc les rituels ont une origine biologique avant d'être culturelle. Il en va un peu différemment avec les mythes. On l'a vu, le rituel provoque et facilite l'état unitaire et l'appartenance de l'individu au groupe. Mais ce sentiment s'accompagne aussi de celui de la séparation. Nous l'avons dit *supra*, notre psyché obéit à la fois à un double mouvement vers la liance, la fusion, et vers la déliance, la déréliction, pour parler dans le langage de la psychanalyse. Paradis perdu et Terre promise sont les deux

44. Cf. V. C. Wynne Edwards, *Evolution through Group Selection*, Oxford, Blackwell, 1986. Les travaux de Wynne Edwards font d'ailleurs débat dans la communauté scientifique.

grands tropismes de la plupart des religions. L'objet des mythes et des religions est alors la reliance : une restauration de cette union originelle entre les individus et ce qu'ils perçoivent comme leur origine, leur source spirituelle. Les textes sacrés, les récits mythologiques affirment ce lien. Mais, pour être crues par notre psyché, ces idées doivent être transformées par la neurobiologie du rituel en expériences ressenties qui « prouvent » leur réalité. Cette forme de compréhension des mythes nous conduit au-delà d'une interprétation strictement sociale (qu'il ne faut pourtant pas exclure : l'affirmation qu'ils sont avantageux pour le groupe), vers un enjeu plus ambitieux et plus profond. Pour cela, les motifs mythologiques sont interprétés par des poètes qui leur donnent une forme symbolique, qui les magnifient dans des textes littéraires, des chants, des peintures. Leur efficacité s'en trouve accrue. Car, dans cette perspective, l'individu qui prend connaissance du mythe (par une lecture, ou par voie orale) doit le vivre comme s'il était écrit ou récité pour lui seul, s'identifier au héros, entrer dans l'histoire racontée, faire face à ses mystères, puis en ressentir la résolution d'une façon forte, capable de transformer sa vie. C'est pour cette raison que les mythes ont presque toujours le même schéma. Ils tendent d'abord à soulager cette angoisse existentielle que nous relevions *supra* comme sentiment d'abandon et de déréliction. Pour cela, ils proposent une réconciliation des opposés, le tout en trois points, toujours les mêmes :

– identifier une inquiétude existentielle ;

– formuler cela en une paire d'opposés incompatibles ;

– trouver une solution qui soulage l'anxiété, par une *coincidentia oppositorum*, et dépasse l'opposition initiale.

Mystiques

On le voit, les enjeux sont plus ambitieux que dans la forme socialisée des rites. Il s'agit de confronter l'individu à des mystères qui (comme la mort) sont au-delà de ce monde. C'est en ceci que les mythes, plus que les rites, touchent à une forme de mysticisme, avec cette idée que le mécanisme de fusion unitaire qui était déclenché par le bas dans le rituel (le corps, soumis à des rythmes, des répétitions, etc.) peut être déclenché par le haut (l'esprit) dans la démarche mystique. On sait que Freud définit le mysticisme comme le besoin régressif névrotique de retrouver le bonheur fusionnel de l'amour maternel que l'on connaissait enfant. C'est une explication un peu courte. La neurobiologie nous dit que le mysticisme est un processus biologique qui tend à l'apogée parfait, à une relation consciente de l'homme avec l'absolu : un état de ravissement, une élévation au-dessus du matériel visant à une unification avec l'absolu[45]. C'est l'enseignement des grands mythes cosmogoniques, et des formes mystiques des religions. Or les neurobiologistes nous apprennent que ces états unitaires sont rendus possibles quand le sentiment de soi est affaibli, et que le soi est absorbé dans un sens plus large de la réalité. Cet accès à une surréalité n'est donc pas plus « vrai » que notre façon de percevoir le réel au quotidien, mais d'une certaine façon il ne l'est pas moins. On n'a pas encore de meilleure définition du réel que : ce qui est ressenti comme plus réel que le reste. Or la caractéristique du réel perçu par le mystique, c'est l'entrée dans une existence unitaire absolue, sans temps, sans espace, sans sensations physiques. Seul l'esprit peut faire ce voyage. Cette réalité de l'expérience mystique n'a pas été démontrée. Mais elle n'est pas absurde, dans l'état de nos connaissances : il est possible que la conscience existe en l'absence des focalisations subjectives d'un moi. La science contemporaine entrevoit que l'union spirituelle décrite par les mystiques peut être aussi réelle que toute autre expérience de la réalité[46]. Sur ces bases, le réel des mystiques serait, au-delà des oppositions, un plan d'existence dans lequel les niveaux de différence se résolvent. Alors le moi et le monde seraient peut-être créés par la réalité d'une existence unitaire absolue. L'esprit et la matière seraient une seule et même chose. « *Mens agitat molem*[47] » : Virgile (et avant lui Platon) le disait déjà. Une fois de plus, nous aurions une fulgurance géniale de l'intuition poétique de l'Antiquité.

45. Ce développement, et les pages qui suivent, sont inspirés du livre d'A. Newberg et E. d'Aquili, *Why God Won't Go Away*, New York, Ballantine Books, 2001 (trad. française Éd. Sully, 2003).

46. Sur le détail des mécanismes neurologiques de cette « biologie de la transcendance », cf. Newberg et d'Aquili, *op. cit.*

47. Virgile, *Énéide*, VI, 727 : « L'esprit anime et habite la matière. »

Cela fait beaucoup de « peut-être », dira-t-on[48]. Mais, par définition, nous sommes dans un domaine à peine entrouvert, où la validation par l'expérience scientifique suppose d'autres protocoles que ceux qu'on utilise de façon classique. Il nous faudra apprendre à explorer cet inconnu (qui n'est d'ailleurs, comme le disait Lucrèce, que du « non encore connu ») pour faire progresser notre connaissance. Car, sur ce plan, un des axiomes des religions garde sa valeur : ce que, faute de mieux, les spiritualités définissent comme un principe transcendant, est inconnaissable, « parce qu'il n'est ni un fait objectif, ni un être affectif. Il est l'existence même, l'unicité absolue et indifférenciée[49] ».

Même si beaucoup des perspectives envisagées sont encore à l'état embryonnaire, une réflexion qui explore ces nouveaux territoires et les confronte aux *terrae cognitae* de notre culture gréco-romaine et à ses vieux parapets a quand même le grand mérite de tirer des conclusions sur la vanité de la présomption d'une solution unique, d'une vérité exclusive. En particulier, la science ne s'oppose pas à la poésie, pas plus que la raison à l'intuition. Loin de renvoyer la mythologie à une enfance de l'humanité, comme on l'a cru pendant longtemps, la science serait en fait elle-même une sorte de mythologie, un ensemble d'histoires explicatives que nous nous donnons à voir pour expliquer le monde, un horizon d'attente qui recule à mesure que nos connaissances progressent. « Et cela reste vrai même si la réalité matérielle était le niveau le plus élevé de réalité, parce que notre esprit est incapable d'observations purement

48. On pourrait aussi objecter que le mystique est peut-être, simplement, un psychotique, un malade mental. Mais l'expérience du mystique se distingue en bien des points de celle du psychotique. Le mystique est joyeux, serein, alors que le psychotique est effrayé par sa vision ; par une inflation égotique, le psychotique se voit comme un émissaire, un élu, alors que les mystiques ont renoncé à leur ego. De façon générale, les expériences mystiques ont un degré de complexité sensorielle dans lequel tous les sens sont activés, à la différence des hallucinations des psychotiques. Les visions du mystique restent perçues comme réelles, y compris après le retour à la conscience normale, à la différence de l'état du psychotique, qui a peur de sa vision. « Elles semblent être le résultat neurologique prévisible et convenable d'un esprit stable et cohérent s'efforçant de progresser vers un plan spirituel plus élevé » (Newberg et d'Aquili, *op. cit.*, p. 167).

49. Newberg et d'Aquili, *ibid.*, p. 234.

objectives[50]. » Toute connaissance est donc métaphorique, et, en ceci, on pourrait dire, en cultivant le paradoxe, que la science est une forme de mythologie. Prises au pied de la lettre, les hypothèses fondatrices de la science et de la mythologie sont le plus souvent en conflit ; mais si nous les comprenons comme des représentations métaphoriques, et comme un discours polysémique pour « dire » un monde complexe qui échappe à toute explication unique, nécessairement insuffisante, à ce moment, leurs incompatibilités deviennent des complémentarités qui nous permettent d'avancer. Il est clair que, dans cette affaire, nous sommes, pour parler comme E. Morin, en dialogique : les physiciens, les biologistes, ne doivent pas renoncer à leur spécificité, ni les poètes à la leur.

> « Science et spiritualité sont deux manifestations complémentaires de l'esprit humain, dans ses facultés rationnelles et intuitives. [...] Aucune des deux approches n'englobe l'autre, elles ne peuvent être réduites l'une à l'autre ; mais toutes deux sont nécessaires, s'épaulant mutuellement pour une compréhension exhaustive du monde. Comme dit l'adage chinois, les mystiques comprennent les racines du Tao, mais non ses branches ; les savants comprennent ses branches, mais non ses racines. La science n'a pas besoin de la mystique, et la mystique n'a pas besoin de la science ; mais l'homme a besoin des deux. Ce dont nous avons besoin, ce n'est pas une synthèse, mais une interaction dynamique[51]. »

On le voit, tout se tient dans la grande chaîne du vivant : de l'histoire des cellules aux récits les plus sophistiqués de nos grands poètes, et à la grande tradition des épopées classiques, la même logique est à l'œuvre. Nous en saisissons encore mal les linéaments extraordinairement complexes. Mais cette complexité n'est pas complication. Il nous appartient d'apprendre à la lire, et de dénouer lentement, patiemment, ce nœud gordien. La biologie et les neurosciences sont, assurément, un adjuvant puissant, dans l'état actuel de nos connaissances.

---

50. Newberg et d'Aquili, *ibid.*, p. 250.

51. F. Capra, *Le Tao de la physique*, Paris, Tchou, 1979, p. 312.

Chapitre IV

LE MONDE ANTIQUE :
UN IMAGINAIRE DE LA COMPLEXITÉ

Maintenant, nous sommes mieux à même d'utiliser ces nouveaux outils méthodologiques pour appréhender certaines constantes de l'imaginaire gréco-latin et esquisser ce que nous désignons comme une mythanalyse de la pensée antique. Un des premiers traits que nous repérerons, c'est une capacité à présenter le monde comme une relation, sous toutes ses formes, et en particulier celle du métissage. Lorsque l'Europe se construira, elle se souviendra de cet imaginaire relationnel, pour s'en inspirer ou au contraire pour s'en démarquer.

La romanité comme métissage[1]

On considère trop souvent les Romains selon des modes de représentation simplifiés, sur lesquels nous devrions pourtant être circonspects. Si l'on y regarde de près, nous sommes souvent, dans le regard que nous portons sur eux, victimes de nos propres préjugés culturels et sociaux, et d'une série d'idées reçues (à moins que nous n'en fassions, ce qui est pire, des prétextes pour justifier nos propres idéologies) : notre société serait l'héritière de celle des Romains et des Grecs ; nous aurions avec eux une relation de type vertical, ils seraient nos Pères. De surcroît, ils nous auraient transmis, comme valeurs premières, celles sur lesquelles la pensée européenne dominante s'est construite en partie, depuis le XVIe siècle : un esprit de géométrie, de clarté, identifié au « miracle grec » et à l'ordre juridique de l'*Imperium Romanum*. Or les considérer de la sorte, c'est en faire des justifications *a posteriori*, plus que des référents[2].

Il est vrai que l'idée des racines gréco-romaines de l'imaginaire européen, figure communément admise et utilisée, ne nous avait

---

1. Ce développement reprend en le réactualisant l'article « Racines ou rhizomes ? La romanité comme métissage », in *Arquetipologia general de la dinàmica transcultural : el problema de l'Altre, Anuari de filologia*, vol. XXIV, n° 12, Barcelona, 2002, p. 57-70.

2. C'est aussi injuste et limitatif que de ne voir en eux que des traîneurs de sabre et des impérialistes bornés, tout juste bons à donner des juristes de talent aux générations à venir.

pas personnellement choqué jusqu'ici, et que nous y avions même souvent recours, lui reconnaissant par là même une relative pertinence épistémologique. Son insuffisance nous est apparue lors d'un colloque intitulé *Société et littérature antillaise aujourd'hui*, organisé à l'université de Perpignan, en 1994, où intervenaient les grandes figures de cette littérature : Edouard Glissant, Patrick Chamoiseau, Ernest Pépin. Or tous étaient d'accord pour dire que, dans l'imaginaire caraïbe, la notion de racines n'avait pas de sens. Comme le rappelait de façon imagée E. Glissant, « nos racines s'arrêtent à la cale des bateaux négriers ». Et d'expliquer comment, amputés de cette dimension verticale de racines, la pensée caraïbe s'était organisée sur une structure décentralisée, horizontale, faite de communication, de contact et de métissage : une structure en rhizome, ces sortes de racines caractéristiques de la végétation tropicale de la mangrove, qui poussent horizontalement, et puisent la substance dont ils ont besoin et se diffusant et non pas en s'enracinant. À terme s'organisait une figure en archipel, à la manière même de l'archipélisation géographique des Caraïbes.

En reconsidérant l'imaginaire gréco-romain à la lumière de ce dialogue, nous avons mieux compris ce que M. Detienne voulait dire lorsque, reprenant une formule de Lévi-Strauss, il définissait les Grecs comme des êtres « à deux têtes »[3] : il repérait leur capacité à situer leur imaginaire dans un mode non exclusif, associant vision en racines et vision en rhizomes, référence à une verticalité de la mémoire et à une horizontalité du métissage, de la respiration d'une culture et d'une société, selon le schéma suivant :

Mémoire (racines)

Respiration (rhizomes)

3. Cf. M. Détienne, article « Mythes », *Encyclopaedia Universalis*, 12, 1985, p. 891.

dont on remarquera qu'il trouve une métaphore remarquable dans la figure, à la fois symbolique et enracinée dans le quotidien, du métier à tisser dit de haute-lice, tel qu'il est utilisé dans les sociétés traditionnelles, et qui est conçu à partir du croisement d'un fil de chaîne, vertical et immobile, et d'un fil de trame, horizontal et mobile, l'intersection des deux déterminant l'émergence d'un *textum*, selon ce modèle:

Chaîne (immobile, verticale)

Trame (mobile, horizontale)

Les Romains n'étaient pas seulement un peuple enraciné, ni seulement un peuple métissé ; ils étaient les deux ; et leur puissance, leur émergence dans le monde méditerranéen, résultaient justement de cette aptitude à gérer deux modes d'être en même temps, sans en exclure un au profit de l'autre.

En un mot, l'imaginaire des Romains est, avant tout, complexe, un mot dont l'étymologie nous renvoie au latin *complexus*, « tissé ». On a vu comment les versions les plus récentes du schéma anthropologique proposé par G. Durand évoluent vers les théories de la complexité en proposant un schéma de type dialogique[4], dans lequel se résorbe l'ambiguïté du schéma initial des *Structures anthropologiques de l'imaginaire*[5], qui hésite de manière féconde (mais déroutante pour le néophyte) entre structures binaires (deux régimes d'imaginaire : diurne et nocturne) et ternaires (trois dominantes : héroïques, synthétiques et mystiques, ces deux dernières structures participant du régime nocturne). On l'a vu, cette ambiguïté se résout et s'éclaire dans le schéma relationnel établissant une tension

4. Selon le principe dialogique, deux ou plusieurs logiques différentes sont liées en une unité, de façon complexe, sans que la dualité se perde dans l'unité, dans un jeu non seulement complémentaire mais aussi concurrent et antagoniste entre des instances qui ont chacune sa propre logique. Le terme, comme néologisme, se justifie : la notion de dialogue est insuffisante pour exprimer la conflictualité ; et celle de dialectique est insuffisante pour exprimer la persistance et l'opposition dualiste au sein de l'unité.

5. Paris, Dunod, 1992 (11e édition)

entre deux instances opposées et potentiellement complémentaires. Ainsi, le schéma binaire est surdéterminé par une instance relationnelle, et la résultante qui s'ensuit n'est pas la simple somme des deux instances initiales ; elle constitue un *tertium non inclusum* bien différent du tiers exclu d'Aristote, et définissant ce qu'il est maintenant convenu d'appeler une émergence, c'est-à-dire une entité qui est plus que la somme de ses composantes : dans les mathématiques non aristotéliciennes de la complexité, un et un ne font pas deux, mais trois, et la logique binaire est constamment surdéterminée par une logique ternaire, seule capable de rendre compte des processus complexes[6]. Par exemple, les instances d'ordre et de désordre sont mises en tension par un principe d'organisation qui les éclaire en même temps qu'il se nourrit d'elles, selon un schéma

Ordre → Organisation ← Désordre

Ainsi, dans l'Antiquité classique, la relation à l'Autre s'établit à travers trois figures archétypales, autour desquelles on constate une forte et significative cristallisation : les figures d'Apollon solaire (Phébus Apollon), opposées à celles d'un Dionysos nocturne, mises en tension par l'intermédiaire d'une troisième constellation : les figures d'Hermès, médiateur et psychopompe, le tout s'organisant selon le schéma suivant :

Figures d'Apollon		Figures d'Hermès		Figures de Dionysos
Monde du Père		Monde du Fils		Monde de la Mère
« masculin »		Transformationnel		« féminin »
Ordre	←	Tension	→	Désordre
Loi		Organisation		Jeu
Diurne		Nocturne synthétique		Nocturne mystique
Le Héros		Le Voyageur		L'Amant

6. Là-dessus, cf. J. Thomas, « L'imaginaire et les autres concepts exploratoires (systémique, complexité) », in *Introduction aux méthodologies de l'imaginaire* (J. Thomas dir.), Paris, Ellipses, 1998, p. 161-164.

Alors apparaissent les émergences, en particulier à travers la figure du voyageur, qui est en même temps, le plus souvent, un fondateur de cités. Il est capable de transformer le monde, en même temps qu'il se transforme lui-même.

Nous dirons que son voyage est de type transitionnel, au sens où Winnicott parle d'objets transitionnels : le voyageur ne cesse de créer de la relation, et donc du sens, en créant des liens, par son voyage même. Il circule, entre un centre fortement lié au sacré, et une périphérie plus obscure, que sa vocation de voyageur, d'*homo viator*, est de vivifier, de relier au centre. Les voyages d'Héraklès, les incursions des chevaliers de la Table ronde dans la forêt, ne sont pas conçus autrement.

C'est le moment de souligner que la figure du voyage coïncide – et nous n'en serons pas autrement surpris – avec celle du tissage, repérée *supra*. L'*Énéide* de Virgile est construite autour d'une complémentarité entre un voyage vertical et axial dans le monde du sacré et de la mémoire, et un voyage horizontal, géographique, dans le monde des hommes. Et le voyageur ne peut pas faire l'économie de l'un d'entre eux : ils sont tous deux constitutifs du processus initiatique d'individuation, ils se nourrissent l'un de l'autre, entre mémoire et respiration, entre immobilité et mouvement, selon un schéma :

Livre VI (Descente, verticalité, mémoire)

Livres I-XII (horizontalité, respiration)
Monde des hommes, rhizomes

On le voit, sur cette base symbolique, le *limes*, la frontière entre le monde romain et le monde barbare, n'est pas une limite infranchissable, mais au contraire un lieu d'échange, une sorte de peau pour l'*Imperium*. Ainsi est déterminée une relation en métissage, en rhizomes, liée par ailleurs à une relation en racines, et donc à la fois centralisée et décentralisée. Toute l'histoire de Rome (avec la pratique du droit de cité, le règne des empereurs provinciaux, l'association des provinces à la vie de l'Empire, la création d'une figure de l'*Urbs*, Rome, exportable dans tout l'Empire, et reproductible au fin fond de l'Espagne ou de l'Afrique) s'est construite sur ce métissage vivifiant.

À partir de là, on repère un intéressant effet spéculaire entre les mythes de fondation, qui transcrivent cette structure, et les institutions, la construction historique. La légende et l'histoire, la mémoire et la respiration de la société romaine, se vivifient mutuellement.

LE RÉCIT FONDATEUR, OU L'ORDRE DE LA MÉMOIRE

Le récit fondateur, qui est de l'ordre de la mémoire, nous propose d'emblée un schéma complexe, faisant intervenir une structure en racines et en rhizomes. Rome est reliée au sacré, et en même temps elle est métissée.

Les racines apparaissent clairement dans une forme d'axialité qui ouvre le profane sur le sacré et sort le processus de fondation de la banalisation. Le prodige des douze vautours (qui fixe la durée assignée à Rome, et donc sa mort, au moment même de sa naissance), la mort surnaturelle de Romulus, « enlevé » au ciel lors d'un orage, établissent cette relation. C'est cet aspect qui a été surtout mis en évidence par la critique, et nous n'insisterons donc pas outre mesure.

Mais en même temps, dès sa naissance, Rome s'affirme comme ville métisse, à travers l'épisode de l'*asylum*, de l'asile. Tite-Live (confirmé par Plutarque et par Denys d'Halicarnasse) nous explique que

> « pour ne pas laisser vide cette ville immense, et pour y attirer une population nombreuse, Romulus prend la vieille méthode des fondateurs de ville, qui rassemblaient autour d'eux un grand nombre de gens obscurs et de basse condition, et prétendaient qu'une race était sortie pour eux de la terre ; à l'endroit où il y a maintenant un enclos quand on monte entre les deux bois sacrés, il ouvre un asile. Là vient se réfugier des contrées voisines une foule de toute sorte, mélange indistinct d'hommes libres et d'esclaves, tous en quête d'aventure. Telle fut la première population qui répondit à l'ampleur du dessein de la ville » (*Histoire romaine*, I, VIII, 4-6).

Ovide reprend le même récit, mais avec plus de lyrisme, dans ses *Fastes* :

> « Quand Romulus eut entouré le bois d'une haute muraille, il dit : "Cherchez refuge ici, quel que vous soyez, vous y serez en sûreté." Ah, de quelle humble origine le Romain a-t-il pris son essor ! » (III, 430-432).

Lorsque Rome se crée, elle le fait en accueillant les démunis, les *outlaws*, et même les esclaves, dans un métissage spontané. Le très aristocratique Fustel de Coulanges en était choqué, et il éprouve le besoin, dans sa *Cité romaine*, de nous préciser que cet asile n'était pas dans l'enceinte du *pomerium* romain, et qu'il y avait donc eu deux peuplements séparés : les Quirites, aristocrates représentant les véritables racines romaines ; et la plèbe, seul peuplement provenant de l'*asylum*. Mais Fustel de Coulanges est le seul à nous rapporter les choses de cette façon, contre Tite-Live, Ovide, Plutarque et Denys d'Halicarnasse... Plus près de nous, Michel Serres nous livre une belle méditation sur cette capacité des Romains à être un peuple métissé[7].

Ainsi, dès son origine, Rome se présente comme ayant une capacité à accéder à la totalité du pouvoir (et donc symboliquement à la royauté), car intégrant tous les postes de ce que Virgile appelle *imperium sine fine*, et qui, pour nous, correspond au schéma dynamique organisateur, tel qu'il est décrit par l'anthropologie durandienne :

– conquérir et régner (régime diurne héroïque), dans la justice et l'ordre respectés. C'est le but qui est assigné aux Romains, dans le célèbre passage du livre VI de l'*Énéide* :

> « Et toi, Romain, qu'il te souvienne de diriger les peuples sous ta loi (ce seront là ton rôle et ta mission) et de donner ses règles à la paix : respecter les vaincus, et dompter les orgueilleux » (*Énéide*, VI, v. 851-853) ;

– créer de la relation, du métissage (régime nocturne synthétique) : comme Thésée à Athènes, Romulus est avant tout fédérateur d'une *unitas multiplex* ;

---

7. M. Serres, *Rome, le livre des fondations*, Paris, Grasset, 1983.

– créer de l'assimilation (régime nocturne mystique), « digérer » le monde : l'épisode des Sabines, prises et mariées de force, est assez révélateur à ce propos.

LE CONTEXTE HISTORIQUE, OU L'ORDRE DE LA RESPIRATION

Ensuite, dans le contexte historique, Rome va s'employer à commémorer et faire vivre ce schéma fondateur, en le reproduisant dans les institutions, la littérature, l'iconographie, mais aussi dans les exploits des grands hommes ; Pour Tite-Live, dans ses *Histoires,* la discipline est fondée sur l'imitation et le souvenir du héros fondateur. Cette mémoire, transmise à de nouvelles générations, contribuera à régénérer les énergies qui sont au cœur de la cité romaine,[8] Sur ces bases, la capacité d'assimilation relevée dans le comportement du héros fondateur va s'étendre à tout l'*Imperium*, lors des conquêtes territoriales. Rome, comme empire, s'est construite à la fois sur le principe d'un pouvoir centralisé et absolu, et sur le recours à ce métissage fédérateur qui avait marqué ses origines. C'est peut-être même cette aptitude à se penser comme *unitas multiplex*, une et multiple, centralisée et décentralisée à la fois, qui explique la réussite politique de l'*Imperium*[9].

Car le fondement même de l'imaginaire romain repose sur l'idée que Rome est le centre du monde. Athènes elle-même, du temps de sa splendeur, n'a jamais été qu'une puissance influente parmi d'autres dans le synœcisme, la fédération des cités grecques alliées. Mais Rome apparaît bien comme le centre de l'*Imperium* et de la *Romanitas*, l'archétype d'une structure exportable partout dans le monde. Que les Romains l'aient appelée *Urbs*, la Ville, est révélateur. Effectivement, toutes les cités qui se construiront aux quatre coins du monde méditerranéen, en Afrique du Nord, en Germanie, en Lusitanie ou en Bétique, seront

8. Là-dessus, cf. J. Gaillard, *Rome, le temps, les choses*, Paris, Actes Sud, 1997.

9. Servius, le commentateur de Virgile, ne s'y trompait pas, quand il écrivait, à propos d'un passage de la *Ire Bucolique* (19-20, 22-25) où Tityre fait l'éloge de Rome, « il veut dire que la ville de Rome diffère de toute autre cité non seulement par la grandeur, mais aussi par la qualité, et il l'assimile à un second univers ou à un ciel particulier ».

toujours à l'image de l'*Urbs*, de Rome, la grande Mère. On a souligné que c'était un modèle de sociabilité auquel les populations indigènes étaient ainsi conviées à adhérer. C'est vrai, mais il n'y a pas que cela. Nous y verrions volontiers une structure holiste : chaque petite ville se reflète dans la Ville, qui n'est elle-même que le modèle d'une structure archétypale du vivant. Nous retrouvons le figuier Ruminal et l'arbre de vie, qui sont une des figures symboliques liées au récit de la fondation de Rome : des racines au feuillage, tout est distinct ; et en même temps tout est relié, tout est un.

Mais l'axialité n'existe, comme puissance, que si elle est nourrie par une structure décentralisée. Ainsi, l'architecture romaine ne va cesser de décliner deux figures reines de la rhétorique :

– *l'oxymore*, comme *coincidentia oppositorum*, logique d'antagonismes ; à travers l'imbrication architecturale entre

- une Rome monumentale, diurne, géométrisée (cf. l'intersection orientée entre le *Decumanus* est-ouest et le *Cardo* nord-sud, les deux grands axes autour desquels s'organise le plan de la *Roma quadrata*), affirmant la relation « héroïque » de l'*Urbs* à sa mémoire, à travers les grands monuments religieux et publics : temples, basiliques, forums,
- une Rome labyrinthique, intestinale, relevant d'un imaginaire nocturne mystique, et liée à cette respiration que nous avons définie comme complémentaire de la mémoire. Cette Rome populaire, privée, faite de ruelles et de culs-de-sac, cette Rome des petites gens, dont nous parlent Horace et Juvénal dans leurs *Satires* vient s'insérer entre les axes de la Rome monumentale.

– *la métonymie*, comme mise en abîme, où chaque figure, par sa nature et sa position, est une partie de la structure, en même temps qu'elle est à elle seule un résumé de toute la structure. Ainsi, dans la villa romaine, une fresque s'inscrit dans le mur de la *domus* où l'artiste l'a placée ; le mur ne se comprend lui-même que par rapport à l'ensemble organique de la pièce ; la pièce se replace dans la structure d'ensemble de la *domus* ; quant à la villa, elle prend place dans l'architecture de la ville. L'*Imperium* dans son ensemble reproduit, comme on l'a vu, la structure de l'*Urbs* ; et lui-même est à l'image du cosmos. Du plus grand au plus petit, tout se correspond, tout est en relation.

De façon générale, les institutions romaines et les processus civilisationnels qu'elles mettent en place reposent sur cette tension entre instances antagonistes, génératrice d'émergence et de complémentarité. Elles mettent en place une stratégie d'harmonisation, d'équilibre au sein de l'espace sauvage ; il s'agit bien de trouver l'*aequilibritas*, de maîtriser l'art de l'acrobate, entre deux gouffres potentiellement mortifères : celui de l'ordre et celui du chaos, tous deux indispensables par ailleurs à l'instauration d'un espace civilisé [10].

L'agriculture, la chasse, sont autant d'exemples de ce trajet relationnel, comme mécanisme de dépassement de l'altérité, comme chemin de l'Autre au Même.

L'agriculture, en géométrisant le sol (comme le représentent déjà les réticulés, ces figures des champs labourés en forme de filets, dès les figures rupestres du mont Bego, vers 1800 av. J.-C. [11]), transforme l'espace sauvage en territoire ; de même, l'élevage apparaît comme une autre mise en ordre : la domestication de la nature sauvage.

L'activité du chasseur symbolise un trajet à la fois semblable et inverse : dans la chasse, on risque une incursion dangereuse en zone sauvage. On peut ne pas en revenir, être submergé, englouti par les forces du chaos ; Adonis, Actéon l'apprendront à leurs frais, ces chasseurs tragiques qui finiront dévorés par les bêtes sauvages (un sanglier, pour Adonis). Le cas d'Actéon est encore plus exemplaire : il est mangé par ses propres chiens, après avoir été métamorphosé en cerf par Diane. Le récit prend une forme totalement spéculaire et circulaire, en même temps qu'il vire au cauchemar : Actéon devient ce qu'il chassait, il régresse jusqu'à être absorbé dans l'indifférencié, englouti par ce chaos animal contre lequel il se battait.

C'est pour cela que l'animal que sacrifie Énée, sous un chêne, au livre VIII de l'*Énéide*, est particulièrement intéressant. La scène étant

10. Cf. J. Thomas, « Deux figures de l'imaginaire romain : l'acrobate et le plongeur », in *Études sur l'imaginaire. Mélanges offerts à Claude-Gilbert Dubois* (G. Peylet dir.), Paris, L'Harmattan, 2001, p. 77-89.

11. Cf. J. Thomas, « La symbolique des gravures rupestres du mont Bego », *L'Anthropologie*, Elsevier, n° 107, Paris, 2003, p. 271-290.

située sur le futur site de Rome, elle est clairement liée à un rituel de fondation. Or cette femelle, dite *sus*, en latin, est soit une laie, animal sauvage, soit une truie, animal domestique (en latin, le sens du mot est ambigu). Mais les deux symboliques convergent. Dans le premier cas, nous assistons à un rituel totémique de chasse royale d'un animal qui est lui-même « royal » (comme le cerf, l'ours ou le loup, autres animaux associés à la fondation de Rome), et blanc de surcroît. Dans le second cas, nous sommes en présence d'un sacrifice prométhéen classique, comme condition nécessaire et préalable à la mise en ordre du monde. Ces deux cas de figure ont bien en commun d'être des rituels propitiatoires d'appropriation, pour apprivoiser l'espace sauvage et le transformer en territoire[12].

Nous prendrons un autre exemple, emprunté au domaine institutionnel, et plus particulièrement juridique : le sens symbolique de l'annexion du butin de guerre à Rome. La gestion du butin s'inscrit dans un vaste schéma qui gère la violence au sens large : le butin est dit *res nullius*, il est réputé n'appartenir à personne, donc il est dans la zone du chaos, et sa répartition s'inscrit dans la vaste stratégie d'appropriation de l'espace déjà évoquée. Cette stratégie s'inscrit dans tous les rituels de passage et de régulation qui régissent la guerre et gèrent ses tabous, à travers le symbole de la position des portes du temple de Janus, le passeur, le dieu de la porte et du mois de janvier ; on sait que les battants de ces portes étaient ouverts en temps de guerre et fermés en temps de paix. Ce rituel rejoint celui de l'ouverture (en mars) et de la fermeture (en octobre) du cycle guerrier, symbolisé par le double mouvement *arma movere/arma condere* (sortir les armes/remiser les armes).

Dans ce souci de régulation de la violence, d'une part le pillage doit, comme tout processus de passage, être pratiqué avec modération, pour éviter la démesure (*hybris)*, la sauvagerie, et le désordre qui ne peuvent manquer de s'ensuivre ; d'autre part il est important que le butin soit redistribué, pour participer à la vie du pays, à son expansion, et perdre ainsi

12. Cf. J. Thomas, « La truie blanche et les trente gorets dans l'*Énéide* de Virgile », in *Mythologies du porc*, Actes du colloque de St-Antoine-l'Abbaye (avril 1998), Grenoble, J. Millon, 1999, p. 51-72.

son tabou, lié à son appartenance au monde du chaos. D'où l'évergétisme des *imperatores*, dont les considérations sont certes électorales, mais pas seulement : l'enjeu est bien, aussi, l'ordre du monde à maintenir. Ainsi, le butin doit se situer par rapport à un centre, un point d'équilibre, comme c'était déjà le cas dans l'*Iliade*, où il était *es meson*, au milieu du cercle des guerriers, comme enjeu d'une parole alternée et plurielle, où chacun faisait valoir ses arguments pour avoir la part qu'il revendiquait. Ce processus archaïque du partage du butin est d'une certaine façon à l'origine de la parole démocratique qui lui succédera, en assemblée cette fois ; et, sous l'Empire, il est toujours, même si c'est de façon plus abstraite, au centre du processus de métissage et d'assimilation, qu'il nourrit et entretient.

En manière de conclusion, revenons-en à la notion d'émergence. Elle est à rapprocher du projet romain de métissage que nous avons évoqué : de A + B naît C, qui est plus que leur somme. C'est toute l'histoire de Rome, et sans doute l'explication du génie de la civilisation romaine et de sa réussite : la romanité est plus que ses constituants. Déjà, lors de la fondation mythique par Énée, Troyens, Étrusques et Latins s'associent dans une alliance (ternaire), au terme d'une guerre (binaire)[13]. Incapables de s'imposer s'ils sont isolés, ils forment une totalité cohérente en se fédérant. De même, Thésée avait créé Athènes à partir des tribus locales, et avait scellé cet accord en faisant un repas commun, où ses compagnons de voyage avaient consommé en un repas rituel tous les restes de leurs

---

13. G. Dumézil nous explique qu'ils symbolisent les trois fonctions de la souveraineté indo-européenne : royale et religieuse (Troyens) ; guerrière (Étrusques) ; fécondité (Latins). Cf. *Mythe et épopée*, I, Paris, Gallimard, 1968. Donc Rome est bien une vraie cité, dans sa plénitude, à la différence de Carthage, dont une légende (qui sent beaucoup la propagande romaine) disait que, lors de sa fondation, on avait trouvé deux crânes, en creusant le *sulcus*, le sillon du rempart originel : un crâne de cheval et un crâne de bœuf. Carthage connaîtrait la fortune des armes et la prospérité économique ; mais il ne lui appartiendrait pas de prétendre régner sur la Méditerranée. Ce rôle était dévolu à Rome, où Romulus avait trouvé, toujours en traçant le *sulcus*, un crâne d'homme, un crâne de cheval et un crâne de bœuf : en plus de la fonction guerrière et de la fonction économique, il revenait à Rome d'avoir la fonction de commandement royal, dans ses origines sacrées. Voilà comment on écrit l'histoire (et comment les Romains justifiaient la troisième guerre punique, et le génocide de Carthage)…

provisions, cuits en un seul pot. Ainsi, Énée et ses compagnons acquièrent une force insoupçonnable jusqu'alors. Par un schéma analogue, la Rome historique trouvera sa force dans le métissage de peuples fédérés par le droit de cité, et dont les différences canalisées en diversités deviennent une force. De même, le *limes* est une zone de communication et d'échange avec le monde « barbare », qui est ainsi en dialogue avec le monde romain. Le *limes* fonctionne davantage à la manière de la peau humaine et animale que comme une barrière : il permet les échanges entre « intérieur » et « extérieur », qui sont la base même de la vie. Cette périphérie est reliée au centre, à la tête (Rome) par un vaste réseau d'irrigation, sous forme des fameuses voies romaines. La langue commune, enfin, est un autre vecteur de ce métissage, qui fait que la romanité fonctionne comme une énorme machine à assimiler la différence et à transformer, intégrer l'Autre, les forces neuves venues du monde « barbare ». C'est le contraire d'un racisme ; il suffit de voir le nombre des empereurs étrangers, la multiplication du droit de cité, pour comprendre, comme nous l'avons dit, que l'Empire romain a été un vaste lieu de métissage. Cette constante capacité d'assimilation saura rajeunir le corps social et économique de l'Empire qui, tant qu'il aura cette souplesse, échappera à la sclérose d'une dichotomie binaire, opposant le sanctuaire et les barbares, dans laquelle finira par sombrer le Bas-Empire.

La Rome antique et la construction de l'Europe [14]

> « Un grand destin commence, un grand destin s'achève.
> L'Empire est prêt à choir, et la France s'élève. »
>
> CORNEILLE, *Attila*

LES RÉFÉRENCES À ROME, EN EUROPE ET AUX ÉTATS-UNIS

La mythanalyse de la Rome antique nous aide à mieux comprendre celle de l'Europe émergente. Ce développement prolonge donc naturellement notre analyse sur la romanité comme métissage. Par rapport à Rome, l'histoire de l'Europe est elle-même celle d'un métissage plus que d'une filiation. Mais l'Europe ne se ramène pas à une carte. Donc, plutôt que d'évoquer des faits, nous parlerons de leur interprétation, en n'oubliant pas, on l'a dit, que notre imaginaire se nourrit non de faits objectifs mais de représentations ; et à ce titre, dans la construction de l'Europe,

14. Ce développement est une version révisée et remaniée de l'article « La Rome antique et l'Europe : un héritage et des malentendus », in *Des mythes politiques* (F. Monneyron et A. Mouchtouris dir.), Paris, Imago, 2010, p. 60-72.

l'héritage romain tient une place bien plus grande que celle des stricts vestiges objectifs de sa présence. Un simple calcul comptable ne suffit pas à mesurer l'importance de l'image de Rome dans notre mémoire collective. Il n'est pour s'en persuader que de constater l'impact sur l'Europe naissante des trois grandes périodes historiques de la romanité :

– d'abord, la Rome royale, dont les légendes ont nourri la légitimité de nos premières dynasties : les Mérovingiens se revendiquaient d'un ancêtre Francus qui, comme le Brutus des Bretons, serait venu de Troie. Autant dire que Rome et les Francs avaient la même origine illustre, puisque Énée lui aussi venait de Troie[15] ;

– les révolutionnaires de 1789, eux, étaient fascinés par la Rome républicaine, et la prenaient pour modèle. Cette fascination va jusqu'à la souffrance devant un idéal impossible à atteindre et totalement magnifié. On se souvient de la phrase de Saint-Just : « Le monde est vide depuis les Romains, et leur mémoire le remplit et prophétise la liberté » (*Rapport sur Danton*) ; et Babeuf avait pour prénom Gracchus, en hommage au modèle républicain des Gracques ;

– enfin, l'Empire, qui n'était pas absent du rêve européen de Napoléon, inspira ensuite des épigones peu recommandables, de Mussolini, reconstituant la structure de l'armée romaine dans ses légions, à Hitler, s'inspirant lui aussi du modèle romain pour le Reich.

Dans tous ces cas, on le voit bien, ce n'est pas la rigueur historique qui prévaut, mais une représentation, une image de Rome que nos sociétés se donnent à voir, et qui est une sorte de miroir déformant : Rome devient le reflet de ce qu'ils voudraient être, et ils projettent leurs désirs, leurs idéologies sur un passé qui leur sert de caution, voire d'alibi. D'après les deux niveaux de mémoires dont nous parle Platon, ce n'est pas la mémoire iconique, c'est la mémoire phantasmatique qui recrée l'image de Rome.

Donc, pour comprendre l'influence réelle de Rome sur nos propres structures mentales, nous devons prendre en compte des paramètres anthropologiques au sens large, et excéder le domaine strictement historique pour aborder celui des structures de l'imaginaire.

---

15. Cf. Cl. Nicolet, *La Fabrique d'une nation. La France, entre Rome et les Germains*, Paris, 2003.

Que nous disent-elles ? Que, a priori, les références à Rome seraient presque plus vivaces aux États-Unis qu'en Europe. On sait le nombre des peplums, bons ou moins bons, qui y ont été produits ; si l'imaginaire américain n'était pas fasciné par l'image romaine, les producteurs américains, qui sont de bons commerciaux, ne l'auraient pas autant exploitée. L'image de Rome peut d'ailleurs être très négative : quand John Lennon dit que New York est la nouvelle Rome, ce n'est certes pas un compliment dans sa bouche. La critique peut prendre une forme plus subtile, voire inconsciente : dans la saga cinématographique de *Star Wars*, les quatre premiers épisodes sont d'inspiration médiévale, et ils sont suivis d'un cinquième, plus romain (ou, plus précisément, lié à une représentation imaginaire de l'Empire romain) ; or ce cinquième épisode explique les quatre premiers. On peut en déduire dans un premier temps la préférence implicite des Américains pour le cinquième épisode « romain », auquel les autres sont subordonnés, puisqu'il en est le principe fondateur, l'*archè*. Mais il s'en dégage une critique également implicite de la part de l'auteur, à travers l'idée que l'impérialisme américain conduit au Moyen Âge, perçu comme « âge obscur ».

Dans le même esprit, le titre du film de Denis Arcan, *Le Déclin de l'Empire américain*, tisse de façon transparente le parallèle entre Empire romain et Empire américain, associés dans le mouvement entropique d'un déclin.

Il est vrai que l'imaginaire politique romain tourne autour de quelques axes forts qui ne contribuent pas à le rapprocher de l'Europe, mais qui évoquent davantage certaines thématiques nord-américaines. En particulier, Rome s'est développée à partir d'un centre géographique, qui irrigue l'ensemble de l'Empire. La situation est en apparence différente, mais finalement assez semblable aux États-Unis, où Washington est le lien qui rassemble la fédération. Comme à Rome, les citoyens ont le sentiment fort d'appartenir à une même entité. Être citoyen américain, comme être citoyen romain, c'est une valeur incontestablement ressentie. La capacité de se sentir à la fois membre d'un État et citoyen d'un pays, d'être en quelque sorte à deux têtes, les Américains la partagent avec les Romains. Cicéron disait déjà joliment qu'il avait deux patries : sa petite patrie, Arpinum où il était né, et sa grande patrie, Rome (E. Morin dirait que Cicéron avait à la fois une patrie et une matrie). Je cite le passage (*De legibus*, II, 2, 5), qui est un bon exemple de la capacité des Romains à se sentir à la fois pluriels et unis en une même entité, et qui mérite sans doute d'être médité dans le cadre d'une réflexion sur l'entité complexe d'une fédération :

> « De même nous regardons comme notre patrie à la fois le lieu où nous sommes nés et la cité qui nous a conféré la qualité de citoyens. Cette dernière est nécessairement l'objet d'un plus grand amour, elle est la république, la cité commune ; pour elle nous devons savoir mourir, nous devons nous donner à elle tout entiers, tout ce que nous avons lui appartient, il faut tout lui sacrifier. Mais la terre natale qui nous a engendrés n'en a pas moins une douceur presque égale, et certes je ne la renierai jamais, ce qui n'empêche que Rome ne soit ma grande patrie, où ma petite est contenue. »

Ce sentiment d'une double appartenance trouve son expression dans le tissage territorial constituant l'*Imperium* et rappelant que tout s'y trouve lié au centre, à Rome. Et la stratégie romaine d'occupation du territoire, par centuriation (à partir d'un tracé cadastral géométrique qui trouve ses origines dans le plan hippodamien de délimitation de la cité, puis qui s'étend jusqu'aux confins de l'Empire), cet immense maillage se retrouve davantage dans le découpage franc des États d'Amérique que dans les sinuosités de nos frontières européennes.

Les Américains ont encore en commun avec les Romains le sentiment d'avoir une mission à assumer, un devoir d'ordre à maintenir sur les territoires de l'Empire, et même sur ceux qui y sont associés. On se souvient de la fameuse mission qu'Anchise assigne aux Romains dans l'*Énéide* :

> « À toi, Romain, qu'il te souvienne d'imposer aux peuples ton empire. Tes arts à toi sont de promouvoir les lois de la paix entre les nations, d'épargner les vaincus et de dompter les orgueilleux » (VI, 851-853).

Ce propos, une partie des Nord-Américains le reprendraient volontiers à son compte. Mais c'est là que les chemins américain et romain divergent, et que nous revenons à l'Europe. D'abord, les historiens américains ont développé cette référence à la romanité avec, souvent, plus d'imprudence que de rigueur scientifique. Cela a été relevé par un récent état des lieux : le livre de l'historien Jean-Marc Robert, *Rome, la gloire et la liberté. Aux sources de l'identité européenne*[16].

Le malentendu vient souvent de ce que le paradigme américain est fortement marqué par l'influence judéo-chrétienne : le bien et le mal, Dieu et le Diable, sont les référents de l'action politique. En conséquence, le monde nord-américain a une propension à se penser en termes dualistes, comme l'axe du bien face à l'axe du mal. Les Romains sont beaucoup plus nuancés là-dessus, du fait des structures de leur imaginaire religieux et politique. Quant à l'Europe, elle a certes elle aussi longtemps été marquée par une forte empreinte religieuse ; mais, à partir du XVIIIe siècle et des Lumières, elle s'en est en partie dégagée, avec l'émergence de ces grandes notions de laïcité, de liberté, de tolérance qui ont forgé la spécificité européenne, et en ont, sur ce plan, fait un modèle qui perdure encore pour les autres nations.

Or, dans ce domaine qui est donc celui des idéaux, et non plus celui de la *Realpolitik*, l'imaginaire européen se rencontre plus qu'on ne le croit avec celui des Romains, et il est intéressant de souligner à cette occasion toute une dimension humaniste de la romanité qui est souvent méconnue, mais à laquelle devaient se référer nos révolutionnaires dans leur admiration de la République romaine. C'est pourquoi lorsque le grand historien de la romanité qu'est Paul Veyne écrit : « Une structure comme l'Empire romain n'a rien à voir avec l'Europe[17] », il a raison sur le seul plan historique (par exemple, celui de la localisation géographique de l'Empire romain, qui est loin de se superposer avec nos États européens). Par contre, à mon sens, sur le plan des idées, l'imaginaire politique des Romains a développé beaucoup de thématiques qui sont en résonance avec la construction de la pensée européenne. J'en prendrai quelques exemples.

---

16. Paris, Les Belles Lettres, 2008.

17. Cf. P. Veyne, « *Humanitas* : les Romains et les autres », in *L'Homme romain* (A. Giardina dir.), Paris, Seuil, 1982, p. 457.

QU'EST-CE QU'ÊTRE UN CITOYEN ROMAIN ?

D'abord, et pour revenir au schéma liance-déliance-reliance, que nous avions développé *supra*, on pourrait dire que le sentiment d'appartenance d'un citoyen romain à sa nation passe par deux entrées :

– une entrée bio-physique, qui renvoie à la liance, à son sentiment d'immersion heureuse dans une race, une famille, une patrie, un territoire, un paysage d'enfance ; on peut citer à l'appui le beau texte de Tite-Live où Camille rappelle aux Romains toutes les bonnes raisons qu'ils ont de chérir leur terre natale (*Hist. rom.*, V, 54) ;

– et d'autre part une entrée psycho-socio-culturelle. Elle s'impose quand l'extension spatiale de l'*Imperium* fait évoluer la notion de patrie en rendant trop petit l'*orbis* défini par la terre natale. Alors, le sentiment de l'appartenance à la cité va nécessairement passer par l'abstraction, et donc l'idéal. C'est pour cela que, dès les discours politiques de Cicéron, on voit s'affirmer une très belle idée : la romanité, c'est un idéal, un certain nombre de valeurs partagées par la communauté romaine. Pour être romain, il faut avant toute autre chose reconnaître comme siennes ces valeurs et les respecter. Ceux qui les transgressent seront exclus de la communauté ; dans le *Pro Balbo*, 51, Cicéron écrit :

> « Plût aux dieux que tous les défenseurs de notre empire, où qu'ils se trouvent, puissent recevoir notre droit de cité, et qu'au contraire les agresseurs de la république puissent être rejetés de la communauté. »

Le mot d'ordre de Rome est donc : justice dans la fermeté. Les Romains ont des droits, mais cela implique des devoirs. On pense au programme assigné aux Romains, dans le passage de l'*Énéide* que nous avons déjà cité. Claudel, lui, écrivait : « Rome, au centre de tout, longuement, patiemment et puissamment, mesure, pèse et prévaut. » Peser, la notion est d'importance ; elle évoque la justice et son fléau ; et il est vrai que, si les Romains sont des juristes, c'est en accord avec cet idéal du *suum cuique*, « à chacun son dû », base de toute organisation sociale qui dépasse la brutalité. Le même Cicéron a, dans le même esprit, la phrase fameuse : « *Cedant arma togae* », « Que les armes s'effacent devant la toge » (*De officiis*, I, 22) : pour la première fois, ailleurs que dans le cercle des philosophes, on ose à Rome un éloge de l'intellectuel, et il est beau qu'il vienne d'un homme politique. Platon avait aussi promu l'image de l'intellectuel, mais il avait piteusement échoué à réaliser son rêve de le voir gouverner. Cicéron, moins grand penseur, mais meilleur homme politique (quoique…), réussira pour la première fois à subordonner l'action à des idées. Et ces idées sont très belles, elles constituent ce qu'on appellerait volontiers un idéal : Rome ne se ramène pas à un territoire, à des questions de géographie. Elle n'est définie ni par des fleuves, ni par des montagnes, ni par des mers. Elle n'est pas non plus une question de sang, de race ou de religion. Rome est un idéal. Rome est la plus haute incarnation de la liberté et de la loi à laquelle l'homme ait pu parvenir. Il n'est pas étonnant que, en latin, *natio* et *natura* aient la même étymologie, qui les rattache à *nascor*, « naître » : c'est une loi cosmique qui situe la nation dans un ordre naturel plus général, dont elle est un maillon et un reflet. Et ce lien, cette interdépendance créent une éthique des droits et des devoirs : comme le rappelait le grand intellectuel et homme politique Bronislav Geremek, Rome est la république des droits et des devoirs, et elle le demeure comme modèle pour les nations européennes.

UNE CIVILISATION DE LA TOLÉRANCE ET DU PLURALISME

Être Romain, ce n'est donc pas une question de sang, ni de race. Cela nous conduit au deuxième thème fondateur qui anime la romanité : la tolérance. Il faut prendre le mot avec quelques précautions et *mutatis mutandis*, car les Romains ne connaissent pas l'idée de tolérance – ou d'intolérance – telle que nous pouvons la concevoir. L'imaginaire des Romains leur préfère deux autres références :

– la notion de licite et d'illicite, mieux en rapport avec les origines sacrées d'une pensée qui se pense encore comme traditionnelle ;

– et aussi l'idée pragmatique de l'utilisation des compétences, au mieux du bien et du développement de la cité. Rome elle-même prend son origine dans un tel processus. Comme nous l'avons déjà vu, Tite-Live nous raconte que, dès la fondation, Romulus créa, pour peupler Rome, un asile où il accueillit des parias de toutes sortes (*Hist. rom.*, I, VIII, 4-6)[18]. Par la suite, le droit de cité fut justement là comme principe d'intégration. Il n'y avait pas d'exclusive : tout le pourtour du Bassin méditerranéen, dans la mosaïque de ses races et de ses religions, était pris dans cette alliance, dans ce réseau d'intégration qui tisse une unité en respectant les différences et les particularités : *unitas multiplex*, une unité tissée dans la diversité. Le seul critère est le respect des valeurs qui unissent ces peuples. Les citations ne manquent pas, qui revendiquent ce respect des personnes : Cicéron fait dire à Scipion, dans le *De republica* (I, 58) : « Ce n'est pas la nationalité qui nous intéresse, ce sont les qualités naturelles (*ingenia*) » ; et Apulée écrit deux siècles plus tard dans l'*Apologie* (24) : « Ce qu'il faut examiner, ce n'est pas le lieu d'origine, mais le caractère qu'on a. » L'État romain jouera vraiment le jeu : il suffit de considérer la liste des empereurs pour voir que beaucoup d'entre eux, et non des moindres, étaient des provinciaux, venus d'Illyrie, d'Afrique, de Libye ou de Gaule. Rome a compris qu'elle trouvait dans ces provinciaux les forces vives qui la garantissaient contre son propre épuisement endogame, et qui la régénéraient. En même temps, les peuples intégrés dans la romanité ont donné des exemples de l'adhésion et du choix consenti qu'ils faisaient. Il n'eût pas été possible par rapport à un modèle inhumain. Nous trouvons là une préfiguration du fameux théorème de Tocqueville : un groupe humain n'adopte les valeurs d'une autre civilisation qu'à la condition de ne pas se retrouver, après sa conversion, relégué au dernier rang de cette civilisation. Mais, à vrai dire, la structure même de l'Empire romain garantissait la validité du théorème, puisqu'un village barbare romanisé devenait de plein droit une cité, c'est-à-dire une des cellules constitutives de l'*Imperium* : ses citoyens étaient des acteurs, non des spectateurs de l'Empire. Ainsi, des deux côtés, on a joué le jeu ; sur ces bases, on n'est pas romain, on le devient, on mérite de l'être, on doit sans cesse justifier cette appartenance. C'est peut-être un trait que les Romains partageaient avec les chrétiens disant eux aussi : « *Fiunt, non nascuntur christiani* », « On ne naît pas chrétien, on le devient » ; dans les deux cas, on retrouve le même idéal exigeant et pour ainsi dire initiatique. Déjà, César l'avait

18. Cf. J. Thomas, *L'Imaginaire de l'homme romain. Dualité et complexité*, Bruxelles, coll. Latomus, 2006, p. 201-204.

compris, comme le rapporte Salluste dans le *De conjuratione Catilinae* (LI), où il lui fait dire :

> « Nos ancêtres n'ont jamais manqué ni de sagesse ni d'audace, et aucun orgueil ne les empêchait d'adopter les institutions étrangères, à condition qu'elles fussent bonnes [...]. Bref, tout ce qui leur semblait bien fait tant chez leurs alliés que chez leurs ennemis, ils s'empressaient de le réaliser chez eux, préférant imiter les bons exemples que d'en être jaloux. »

Tant que Rome raisonna ainsi – laissons de côté les excès militaristes et l'*hybris* de ses chefs –, elle rayonna et fut la métaphore hyperbolique de la Méditerranée. Transposée en civilisation euro-méditerranéenne, elle reste aujourd'hui un enjeu : un pôle à construire pour l'équilibre du monde, un ancrage dans lequel chacun peut se reconnaître sans perdre son originalité ; ce sont une « dialogique » au sens morinien du terme, et une stratégie du décentrement, qui peuvent aider à concevoir, puis à conduire un tel idéal politique pour le monde de ce qui serait une euro-méditerranée [19].

Et c'étaient la langue latine, les voies de communication reliant les membres de ce corps multiple, qui étaient le tronc reliant les racines de la romanité au feuillage de ses diversités. Le *limes*, lieu même de la limite de l'assimilation, est susceptible de bouger, de se déplacer. C'est justement lorsqu'il n'est plus perçu que comme une barrière protégeant Rome des hordes barbares, au Bas-Empire, que Rome se coupe de ses forces vives, qu'elle se sclérose et meurt, au moment même aussi où, dans le temps et dans son imaginaire, elle se dépolarise par rapport à ses mythes fondateurs, qui ne la nourrissent plus en *feed back*.

Équilibre : c'est le maître mot de la romanité. Cet équilibre qui préside au métissage social, on le retrouve dans les pratiques politiques, et particulièrement dans cette invention romaine de la séparation des pouvoirs, fondatrice d'une justice républicaine. On sait que les Romains, par *odium regni*, par crainte de la tyrannie, sont les inventeurs de l'auto-contrôle des institutions entre elles : les pouvoirs législatif, judiciaire et exécutif

19. Cf. P. Voisin, *Il faut reconstruire Carthage. Méditerranée plurielle et langues anciennes*, Paris, L'Harmattan, 2007, p. 229.

relèvent d'instances autonomes, ce qui garantit leur indépendance. Et même les chefs de l'exécutif, les consuls, sont à l'abri d'une dérive totalitaire, puisqu'ils sont deux, et se surveillent donc mutuellement.

Ce respect de l'autre dans le domaine politique va de pair avec une tolérance religieuse (ou plutôt, compte tenu de ce que nous avons dit *supra*, une liberté accordée dans la pratique des cultes). Elle est réelle et considérable : tout culte nouveau peut être admis, après avoir été soumis à l'examen des *decemviri*, un collège chargé de veiller essentiellement à ce que le nouveau venu ne soit pas un facteur de trouble dans la cité. Le pullulement des cultes orientaux dans la Rome impériale montre que la censure des *decemviri* (devenus *quindecimviri*) était bénigne. Paul Veyne insiste à la fois sur le non-fanatisme et le non-prosélytisme de la société romaine : des valeurs qui préfigurent celles d'un état laïc, en quelque sorte[20]. Une telle attitude n'était possible à Rome que dans le cadre d'un polythéisme. Le polythéisme romain apportait une réponse différente de celle des monothéismes aux grandes questions existentielles : aux yeux des Romains, le divin est trop complexe pour être expliqué par un seul principe ; on y parvient mieux en multipliant les éclairages, à travers la notion d'énergies complémentaires, sous forme des différents dieux. Ainsi, à Rome, les dieux sont autant des figures de types de socialité, que des instances de la plénitude psychique et de la construction de soi. Nous en retiendrons surtout ici que ce modèle excluait tout risque de sectarisme et de communautarisme, personne ne pouvant se prétendre détenteur de la vérité. Elle ne pouvait être saisie que dans le pluralisme. Les philosophes des Lumières s'en souviendront. On mesure par ailleurs toute la différence de l'éthique romaine avec celle des États-Unis dont nous parlions tout à l'heure. Certes, l'Amérique promeut les grandes valeurs démocratiques. Mais elle les intègre dans un autre ensemble, hérité de ses racines religieuses, qui jugent en termes de bien et de mal. Rien de tel chez les Romains : chacun pratique le culte qui lui convient, dans la mesure où il ne constitue pas une atteinte à la sécurité de l'État. La religion d'État des Romains distingue le *jus* et le *fas*, la justice des

20. P. Veyne, art. cit., p. 449.

hommes et celle des dieux, le profane et le sacré ; ils sont liés, mais relèvent de compétences différentes.

Les Romains sont allés encore plus loin, en menant une très belle réflexion sur la barbarie. On pourrait croire que le concept de barbarie est d'abord fondé sur une exclusion de l'autre, comme différent. C'est peut-être vrai chez les Grecs. Mais les Romains ont su donner à ce concept une acception plus haute et plus exigeante[21]. Pour un Romain, la barbarie, c'est d'abord une tendance que l'on a en soi, qui nous tire vers l'animalité et qu'il faut dépasser. La pire barbarie, c'est donc une barbarie intérieure, c'est contre elle qu'il convient de mener le grand combat vers lequel culminent toutes les valeurs de la romanité. L'islam tient un discours assez semblable quand il distingue la grande guerre sainte, celle que l'on mène contre soi, et la petite guerre sainte, la guerre contre les infidèles, qui ne saurait être menée que quand la première est acquise. L'Autre est alors comme un miroir dans lequel nous voyons nos propres imperfections ; et, pour les Romains, la connaissance des barbares a été un outil d'analyse et de critique vis-à-vis d'eux-mêmes.

LA NOTION DU TEMPS

L'imaginaire gréco-romain du temps participe lui aussi à la fois de la même complexité et de la même plasticité que les figures sociétales. Alors que notre monde « moderne » oscille entre une vision unidimensionnelle du temps (le temps linéaire) et une vision bidimensionnelle (temps profane et temps sacré), l'imaginaire antique est capable d'intégrer au moins trois dimensions du temps (linéaire, cyclique, et un temps « absolu » englobant les deux autres, qui flottent en quelque sorte à sa surface)[22]. Nous en

---

21. Sur ce point, cf. deux ouvrages fondamentaux, Y.-A. Dauge, *Le Barbare. Recherches sur la conception romaine de la barbarie et de la civilisation*, Bruxelles, coll. « Latomus », 1981 ; et J.-F. Mattéi, *La Barbarie intérieure. Essai sur l'*immonde *moderne*, Paris, PUF, 1999.

22. Cf. là-dessus J. Thomas, « L'imaginaire gréco-romain du temps », in *Hekateia. Au carrefour des savoirs* (P. Carmignani et J. Thomas dir.), Perpignan, Presses universitaires, coll. « Études », 2003, p. 57-104.

retiendrons ici un repérage intéressant dans le cadre de cette complexité : l'existence concomitante d'un temps hors du temps (le *kairos* grec, le *punctum* romain) et d'un temps de l'attente, de la réceptivité (l'*otium*). Ainsi, l'imaginaire gréco-romain a deux caractéristiques :

– l'importance qu'il attache à l'instant, au *punctum* (anticipé, dans une certaine mesure, par la notion de *kairos*), comme sortie du temps linéaire, et ouverture sur un temps hors du temps ;

– l'importance qu'il prête à un espace-temps périphérique, qui prépare cet instant du *kairos* : le temps de l'attente, qui correspond à cette notion d'*otium* pratiquement intraduisible en français.

Revenons d'abord quelques instants sur les caractéristiques essentielles du *punctum*. Déjà, en Grèce, l'accent a été mis sur une des particularités du *kairos :* il est réversible ; c'est un instant qui ne se limite pas à la minuscule portion qu'il occupe sur un vecteur du temps linéaire, c'est une sorte de trou noir, qui s'élargit instantanément aux dimensions des autres mondes sur lesquels il s'ouvre, à la manière du *bindû* de l'hindouisme.

Ainsi, le *punctum* est indissociable du temps prophétique, dont il est un des fondements essentiels. Une des particularités de ce temps, nous le relevions, est d'être réversible, et de marquer ainsi l'ambiguïté du *punctum* repéré et énoncé par l'oracle. À Rome, la Fortuna Primigenia de Préneste, qui est une très ancienne divinité, et aussi un des plus grands oracles de la romanité, est dite à la fois « la première née », mais également « la première à donner la vie » : c'est l'ambiguïté de son épiclèse *primigenia*, dont la traduction a ces deux sens. Cette ambiguïté annonce celle des oracles délivrés : les *sortes*, baguettes taillées dans du chêne, étaient sorties mystérieusement d'un rocher, dans une grotte ; elles y avaient été trouvées par un noble de Préneste, Numerius Suffustius, qui avait eu en songe la révélation de leur existence. Dans le cadre du fonctionnement institutionnel du temple et du sanctuaire oraculaire qui s'étaient ensuite installés sur les lieux, les *sortes* étaient tirées par de jeunes enfants, selon une technique qui n'est pas sans nous rappeler celle du *Yi-King* : lorsque parle l'oracle, ou lorsque s'opère le miracle, lorsque s'accomplit la prophétie, nous sommes dans un temps apparenté à ce que C. G. Jung a fort heureusement défini à travers la notion de synchronicité[23]. Aristote remarque déjà opportunément ce phénomène d'arrêt ou d'abolition du temps, à propos de l'oracle de Sardes (*Physique*, V, 218 b 24-26) : les consultants dorment à côté des tombes des héros, et il leur semble qu'entre le moment où ils s'allongent pour l'incubation[24] et celui où ils se réveillent, le temps ne s'est pas écoulé. Ainsi, on peut dire que, dans la logique prophétique, qui n'a rien d'aristotélicien, l'espace n'a pas trois dimensions, mais quatre, la quatrième étant le temps. Donc, l'avenir n'est pas du futur contenu virtuellement dans le présent en raison du principe de causalité ; il coexiste avec le présent, mais ailleurs, dans une quatrième dimension. La parole de l'oracle ne se situe pas seulement dans le temps des hommes qui l'écoutent. Elle va au-delà, dans le passé et dans l'avenir, et se situe dans une sorte de circularité relationnelle, dans un temps « total », un intemporel contenant tous les possibles, les virtuels de notre temporalité, ainsi que toute la mémoire du monde. C'est pour cela que la prophétie est si difficile à dater : elle est donnée dans une globalité et dans un souffle du grand large qui exclut nos repères et nos parapets habituels[25].

Les stoïciens retrouvent cette importance de l'instant. Il tient, on l'a vu, une place centrale dans leur conception du temps. Pour eux, la perfection n'est pas solidaire du temps qui s'écoule. Mais elle n'est pas hors du temps. En fait, elle se situe exactement dans l'intersection entre l'éternité et la durée, entre le temps de l'*Aiôn* et le temps humain, à l'instant précis où l'initiative s'accorde parfaitement avec l'événement. L'infini de l'*Aiôn* se concentre alors dans cet instant qui se charge de

---

23. Cf. M. L. Von Franz, *Nombre et temps*, Paris, La Fontaine de Pierre, 1978.

24. Sur l'incubation, cf. J. Thomas, « Der Traum. Wege der Erkenntnis im klassischen Altertum », in *Die Wahrheit der Traüme*, Actes de la *Tagung* 1995 d'*Eranos*, München, Wilhelm Fink Verlag, 1997 p. 155-159.

25. Un poète comme Virgile l'a si bien compris qu'il a choisi, pour mieux nous expliquer la prophétie, de la restituer en termes d'espace et non en termes de temps : au livre VIII de l'*Énéide*, comme le dira plus tard le vieux Gurnemanz à Parsifal dans l'opéra de Wagner, « le temps se fait espace » ; comme nous l'avons relevé *supra*, les scènes de l'avenir de Rome gravées sur le bouclier prophétique que Vénus donne à son fils Énée sont disposées en orbes concentriques. Ainsi, aucune n'est privilégiée plus qu'une autre par rapport au centre du bouclier ; symboliquement, l'avenir de Rome est donné comme un tout, sans qu'il soit possible de le répartir sur la flèche du temps. Seul un grand poète pouvait ainsi jouer avec l'espace pour exprimer un problème temporel.

l'épaisseur de l'éternité, mais sans pour autant cesser d'être un instant, de sorte que l'écoulement, la limitation qui lui sont propres sont aussi conservés. Alors l'homme est un dieu. Sa seule différence avec le dieu, c'est que le dieu vit dans cette plénitude, alors qu'elle ne peut être donnée à l'homme que comme un instant, un éblouissement, une sorte de *satori*. Elle n'en a que plus de prix, d'autant qu'il faut la conquérir et la mériter[26]. C'est, pour les stoïciens, la définition du bonheur : l'instant soudain où l'homme est en accord avec le cosmos, où il éprouve un sentiment de plénitude, un *plenum* temporel tellement grand qu'il est irréversible, et qu'après cela la vie n'a plus guère d'importance. C'est sans doute une des raisons pour lesquelles, parvenu au faîte du bonheur, le sage stoïcien peut si facilement décider de son suicide. Nous ne sommes pas loin de certains aspects du radicalisme zen : pour le méditant, le *nirvanâ* est *hic et nunc*. Selon le bouddhisme zen, nous vivons aujourd'hui même en *nirvanâ* : c'est notre choix de faire le « bond » qui nous libère et nous sort du temps des apparences pour nous faire accéder à la réalité suprême. Ce courage, cette lucidité et cette exigence, le stoïcisme les a en commun avec le bouddhisme zen.

Avec Virgile, le *punctum* retrouve la dimension du temps de la prophétie, en même temps qu'il se charge de résonances platoniciennes, et d'une profondeur qui en fait l'intersection du profane et du sacré. Ces images exprimant la sortie du temps valent également pour dire le passage de l'ignorance à l'illumination, de la « mort » à la « vie ». Elles sont souvent accompagnées par d'autres séries, soulignant la rupture des niveaux, à travers une situation inconcevable : deux soleils dans le ciel, ou le soleil arrêté au zénith, ou encore l'inversion ou l'arrêt du courant du fleuve, comme au livre VIII de l'*Énéide*, lorsqu'Énée et ses compagnons remontent le Tibre vers le futur site de Rome. Le symbole le plus usité pour exprimer cette rupture des niveaux est l'épisode du « passage difficile ». Ce dépassement de l'impossible marque la nécessité de transcender les contraires, d'abolir les polarités et les rythmes qui

26. Sénèque allait jusqu'à dire qu'en ceci l'homme était plus grand que le dieu, car le dieu est et l'homme devient (cf. *Epistulae ad Lucilium*, 92, 30).

caractérisent la condition humaine pour accéder à la réalité ultime et sortir du temps. C'est ce qu'ose Énée lors de la Descente aux Enfers[27].

Les gnostiques centrent eux aussi, on l'a vu, toute leur mystique de la conversion sur ce moment ineffable qui est une sorte d'illumination, de *satori*, pour l'adepte. Il est décrit par le *Corpus Hermeticum* comme un bond, dont il a la soudaineté : « Par un bond qui t'anticipe de tout corps, élève-toi au-dessus du temps, deviens *Aiôn* : alors, tu comprendras Dieu » (XI, 20).

Nous retrouvons là l'aspect intemporel du salut pour les gnostiques. L'acte qui fonde ce salut est imprévisible et gratuit. Il ne se prépare pas dans le temps ; il n'y a pas de causalité évidente qui le relie aux actes et événements qui l'ont précédé. Cet épisode central du gnosticisme est donc bien emblématique de l'esprit gnostique : rupture, inversion, libération, éveil soudain. Sénèque, ce stoïcien qui connaissait bien le platonisme et le pythagorisme, a des accents assez semblables, mais moins sauvages, parce que reliés à une continuité de l'être ; et surtout, pour Sénèque, nous ne verrons la gloire de Dieu qu'après notre mort, alors que le *kairos* trouve sa réalisation *hic et nunc* :

27. Ce temps de l'illumination est en plus invisible à qui ne sait pas le voir. Apparemment, rien ne distingue un fragment quelconque du temps profane de l'instant intemporel obtenu par l'illumination, si ce n'est l'épaisseur de cet instant, ouvrant sur l'abolition des limites. Ainsi, au moment où Énée et ses compagnons arrivent sur le site de Rome, ils ont tellement faim qu'ils mangent les gâteaux consacrés sur lesquels étaient disposées les offrandes du sacrifice ; et Ascagne s'écrie : « Hola ! nous mangeons même nos tables ! » Cette parole, « Énée l'enleva d'emblée à la bouche qui venait de la proférer, l'arrêta, rempli d'un émoi surnaturel. Et sans tarder : "Salut, terre que me devaient les destins [...]. Car mon père Anchise, il m'en souvient maintenant, m'a confié autrefois ce secret des destins : 'Lorsque la faim, mon fils, aux rivages inconnus où tu seras conduit, te contraindra, tous vivres épuisés, à consommer tes tables, alors, du fond de ta fatigue, souviens-toi d'espérer une demeure, d'établir là de ta main tes premières maisons et de les fortifier d'un rempart.'" » (*Énéide*, VII, 117-127 ; trad. J. Perret). Tous les compagnons assistent à cette scène, mais seul Énée est prêt à en saisir l'« épaisseur » et la relation profonde avec ce qui lui a été prédit. Là encore, le temps s'est arrêté.

> « Un jour, la nature te découvrira ses mystères. Le brouillard qui t'entoure se dissipera ; de toutes parts une éclatante lumière te criblera de ses rayons. Imagine-toi l'éblouissant éclat de tant d'astres confondant leurs feux. Nulle tache d'ombre n'altérera cette sérénité. Toutes les parois du ciel projetteront une égale splendeur : l'alternance du jour et de la nuit est réservée à notre misérable monde. Tu diras : "Ma vie s'est passée parmi les ténèbres", à l'heure où, dans la plénitude de ton être, tu apercevras la pleine lumière qu'en ce monde tu entrevois obscurément par l'étroite ouverture de tes yeux » (*Epistulae ad Lucilium*, 102, 28).

On le remarquera, le but est toujours le même, et nous le repérons comme une constante de la problématique temporelle du *kairos*, puis de la notion d'instant chez les stoïciens et les gnostiques, en passant par le temps de la prophétie : il s'agit toujours, d'une certaine façon, de voir Dieu en face, dans sa lumière et dans l'instantanéité d'un éclair, car la condition humaine ne peut qu'entrevoir le sacré, sous peine d'être détruit par sa très haute intensité. Nous ne sommes pas dans une perspective fondamentalement différente du *satori*, ou des enseignements extrême-orientaux sur la Claire Lumière, qui ne brille qu'un très court instant dans une vie, comme un accès à la plénitude, en même temps que se révèle le *dharmakaya*, la nature ultime de l'esprit. Cette conscience est délivrance de l'individu vis-à-vis des voiles de l'ignorance, des cycles de l'existence et des liens du corps : on n'est pas loin du discours gnostique.

Le point commun à toutes les formes d'analyse de l'instant, telles que nous les avons repérées, c'est qu'elles représentent une brèche dans le temps linéaire, brèche grâce à laquelle la pensée, en se retranchant du mouvement de la vie, peut la surplomber en s'ouvrant vers l'infini. Cette brèche, joliment nommée par Hanna Arendt « une petite piste discrète de non-temps[28] », est aussi évoquée par Simone Weil à propos de l'*Iliade* : « L'homme n'échappe aux lois de ce monde que la durée d'un éclair. Instants d'arrêt, de contemplation, d'intuition pure, de vide mental, d'acceptation du vide moral. C'est par ces instants qu'il est capable de surnaturel[29]. »

---

28. H. Arendt, *La Vie de l'esprit*, vol. I, *La Pensée*, Paris, PUF, 1981, p. 235.
29. S. Weil, *La Pesanteur et la Grâce*, Paris, Plon, 1947 (rééd. 1988), p. 19.

Mais le *punctum*, comme passage, et comme rupture ontologique, n'est possible, pour un Romain, que dans la mesure où il est préparé par l'*otium*. Ce temps, consacré non au « loisir » mais plutôt à l'ouverture à la dimension spirituelle de son être[30], a en commun avec le *punctum* d'être une façon de dépasser le temps linéaire, de se battre contre lui ; mais par ailleurs il prépare et annonce le *punctum*, il est le calme qui permet de s'ouvrir à une autre dimension de l'être, en facilitant le vide intérieur. Il ne s'agit plus de gérer son temps, mais de prendre son temps, même si on a l'air de le perdre. C'est le moment de se rappeler que le terme de *scholè*, d'école, signifie « arrêt », « repos », et par conséquent « loisir », pause qui permet à l'homme de ne plus être soumis à l'urgence de la vie quotidienne. L'*otium* fait passer d'un espace-temps fermé et orienté, pris dans le fil du temps, à un espace-temps ouvert du « lâcher-prise » par rapport au quotidien, une ex-stase au sens étymologique de « sortie » de soi. Loin d'être futilité ou paresse, ce temps consacré à l'*otium* crée un pont entre le solipsisme, le renfermement sur soi, l'enfermement dans le temps linéaire du stress qui empoisonne la vie, et d'autre part une relation élargie au cosmos qui, pour les Grecs et les Romains, est la base de l'éducation, *paideia*, en même temps que l'irruption du sens donné au monde. L'*otium*, ce n'est donc, pour un Romain, ni le *farniente*, ni même la pratique d'un loisir, encore moins des vacances ; c'est une approche de l'expérience du temps essentiel, celui qui permet de passer au-delà des limites du mental diviseur. On ne peut donc dissocier l'*otium* et le *punctum*, ils constituent l'originalité même et le point central de la relation gréco-romaine à la notion de temps. Pour les Romains, contingence et absolu, action et méditation sont indissociablement *reliés*. C'est bien la relation qui préside à toutes les formes de l'imaginaire gréco-latin.

L'*HUMANITAS*

Cet édifice métaphysique et moral culmine dans la notion d'*humanitas*. On connaît le vers de l'*Heautontimoroumenos* de Térence (77), « *Homo*

---

30. Sur l'*otium*, cf. le livre classique de J.-M. André, *L'*Otium *dans la vie morale et intellectuelle romaine des origines à l'époque augustéenne*, Paris, PUF, 1965.

sum : humani nihil a me alienum puto ». Il marque un réel progrès éthique, dans le respect accordé à l'autre, et les stoïciens se feront les propagandistes de cette universalité de la *philanthropia*, qui passe, on l'a vu, par l'absence de racisme. C'est une des fiertés de l'*Imperium* que de l'avoir respectée : c'est au nom de l'*humanitas* que Cicéron présente Verrès comme un monstre parce qu'il a crucifié un citoyen romain.

Mais ne soyons pas dupes de la notion, elle a ses limites, et ces limites sont justement inhérentes à la différence des cultures entre les Romains et nous. Les historiens insistent avec raison sur ces différences : un de nos contemporains qui se retrouverait sur le Forum du temps d'Auguste se croirait dans un monde totalement étranger et ne se sentirait guère de connivence avec nos ancêtres les Romains. Donc prudence, quand on parle de l'*humanitas* ; il faut convenir qu'elle a plus de différences que de ressemblances avec l'humanisme de nos Lumières. Ou, plus exactement, nous ne sommes pas dans le même paradigme. D'abord, dans l'*humanitas*, on reste entre soi, entre hommes libres ; les esclaves en sont exclus, et lorsque Sénèque affirme (et il n'y a pas de raisons de ne pas le croire) qu'il traite ses esclaves comme ses fils, nous sommes sidérés qu'il ne soit pas choqué que ses fils soient dans la condition de l'esclavage. Nous sommes choqués, mais pas les Romains ; et Montaigne lui-même était un grand admirateur de Sénèque. Il faudra attendre le XIXe siècle pour que l'esclavage soit perçu, en lui-même (et encore, pas par tout le monde...), comme une abomination. De même, à Rome, c'est au nom de l'*humanitas* qu'on est clément avec les vaincus, mais rien n'y oblige ; Auguste peut renoncer, par *humanitas*, à son droit de vie et de mort, il ne l'en possède pas moins ; il est avec ses sujets dans une relation de clientèle, de confiance réciproque, de *fides*, presque de parrainage au sens mafieux ; et certaines des déclarations de son testament politique font frémir, tant elles relèvent d'une certitude intime d'être dans son droit, lorsqu'il écrit : « J'ai préféré laisser vivre les peuples étrangers auxquels on pouvait pardonner en toute sécurité, plutôt que de les anéantir » (*Res gestae*, 3, 2). On se souvient du principe de Tarski : aucun système ne peut se connaître complètement lui-même. Les Romains n'y ont pas échappé, et ce sont précisément ces zones d'ombre du système qui les ont peu à peu rendus étrangers à eux-mêmes et à l'essence de la romanité.

À ce stade, on peut se poser une question : est-ce bien l'Europe qui est le meilleur référent, lorsqu'il s'agit d'évoquer le devenir de l'imaginaire gréco-romain ? Est-ce que la notion de monde méditerranéen, ou d'Euro-méditerranée – très à la mode – ne serait pas plus pertinente, et plus efficace ? Il semble que la Méditerranée soit une bonne unité de mesure pour notre problématique, justement parce qu'une mer unit plus qu'elle ne sépare. A. Camus a bien montré ce caractère unique de la Méditerranée, contradictoire et complémentaire, nécessitant de savoir équilibrer l'ombre par la lumière. Mais Camus lui-même soulignait que la Méditerranée occidentale, dans sa complexité, n'était pas exclusivement romaine, et que l'Europe était loin d'être seulement la fille de la Grèce et de Rome. Il conviendrait donc, pour notre analyse, d'intégrer toutes les influences puniques, berbères, gauloises, ibères, qui ont elles aussi contribué à construire ce monde pluriel qu'était l'*Imperium Romanum*, mosaïque cohérente de cultures, de langues et de civilisations. Le génie de Rome, l'explication de la puissance et de la pérennité de cet empire, c'est que les Romains ont réussi à concilier la diversité et l'unité, suffisamment, suivant le théorème de Tocqueville, pour que les derniers de l'Empire ne se sentent pas exclus de cette « âme tigrée », pour reprendre le titre d'un beau livre de G. Durand[31].

Quoi qu'il en soit du débat sur une Euro-méditerranée, on mesure l'importance des points de convergence entre la construction d'un idéal commun des valeurs européennes et les propositions romaines. Certes, Rome n'a pas tenu toutes ses promesses ; et l'idéal de l'« impérialité » tel que le définit Virgile (nous créons ce néologisme faute de trouver un mot approprié) se dégrade, dès la fin du règne d'Auguste, en un impérialisme brutal et, serons-nous tentés de dire, malheureusement banal. Ainsi va le monde, vers l'entropie. Mais tout n'est pas perdu ; l'idéal ne meurt pas, il perdure jusque chez ces commentateurs plus obscurs qui nous ont transmis les textes et, avec eux, les valeurs de la romanité : Donat, Servius, Grégoire de Tours ; puis il refleurit à la Renaissance dans la pensée européenne, qui y reconnaît un modèle à suivre.

31. G. Durand, *L'Âme tigrée. Les pluriels de psyché*, Paris, Denoël, 1981.

Au terme de modèle, nous préfèrons celui de fraternité. Quant à l'image des racines, on peut avantageusement lui substituer celle des rhizomes, chère à G. Deleuze : un mode nourricier qui se développe horizontalement, en relation plus qu'en hiérarchie. Les Romains ne sont pas nos pères, ils sont plutôt nos frères dans une expérience commune où ils nous ont précédés. Sur bien des points, leur expérience constitue un beau programme pour l'Europe qui est encore à construire. C'est parce qu'il n'y avait pas de fanatisme, pas de religions s'excluant mutuellement, que les ethnies les plus diverses ont pu se rallier à Rome, comme à la civilisation universelle du temps. Le philosophe Rémi Brague a cette belle formule : « Être romain, c'est se percevoir comme grec par rapport à ce qui est barbare, mais tout aussi bien comme barbare par rapport à ce qui est grec[32]. » C'est savoir se remettre sans cesse en question. Pourrait-on définir ainsi l'Europe ?

32. R. Brague, *Europe, la voie romaine*, Paris, Criterion, 1992, p. 36.

Conclusion

On se souvient de la célèbre réplique du film *L'Homme qui tua Liberty Valance* : « Quand la légende est plus belle que la réalité, publiez la légende [1]. » Nous y verrions volontiers un résumé, et comme l'emblème de notre démarche méthodologique. Non point que nous voulions opposer démarche historique et études de l'imaginaire d'une période, comme jour et nuit, raison et imagination, tropisme apollinien et tropisme dionysiaque. Bien au contraire, il nous semble que cette belle formule montre qu'une nation se construit à travers une double projection : telle qu'elle est (et c'est aux historiens de le dire, au vu de faits objectifs [2]), mais aussi telle qu'elle se voit, se rêve, étant entendu que ce « rêve » est aussi vrai que la réalité, puisqu'il est souvent à l'origine de celle-ci. Les origines de Rome racontées par Virgile ne sont peut-être pas conformes à la réalité historique, mais elles ont lourdement pesé dans l'image que Rome s'est donnée à voir d'elle-même, et donc dans les réalisations qui en ont découlé.

Et ce visage, c'est la littérature qui nous le révèle. La poésie, le roman, nous rappellent que nous habitons la terre non seulement prosaïquement mais aussi poétiquement [3]. Pendant que la science officielle et la politique mettaient en évidence le visage monumental, de la nation romaine, ce sont les poètes, les romanciers qui s'intéressaient à la vie des réprouvés, des oubliés, des laissés-pour-compte, qui nous disaient toute la complexité de l'existence des individus. Ils nous donnaient à voir que l'être le plus

1. « *When the legend becomes fact, print the legend.* »

2. Même s'il y a tout un débat, chez les historiens contemporains, sur les limites de l'objectivité dans l'analyse des faits historiques.

3. Là-dessus, cf. M. Kundera, *L'Art du roman*, Paris, Gallimard, 1986.

quelconque a plusieurs vies, joue plusieurs rôles, vit une existence faite en partie de phantasmes, en partie d'actes, et donc qu'il est, à sa manière aussi, prodigieusement intéressant, qu'il est un monde à lui seul. Properce, Tibulle, l'ont particulièrement bien senti. Et Rome s'est construite dans ce visage janiforme fait d'un regard « apollinien » et d'un regard « dionysiaque ». Le second n'est pas moins intéressant que le premier pour qui veut comprendre la romanité.

Mais c'est sans doute le monde des mythes qui constitue, par excellence, cet espace « littoral », participant à la fois du réel et de l'imaginaire, et vivifiant l'un par l'autre. Le mythe est un espace relationnel, il est, comme le dit joliment J.-J. Wunenburger, le « lieutenant du monde », c'est-à-dire qu'il « tient lieu » du monde. Les Grecs et les Romains nous y donnent à voir leur monde tel qu'il est et tel qu'ils le rêvent et l'imaginent. Le mythe est donc une somme qui associe monde réel et monde rêvé dans la complexité d'un imaginaire.

Car l'exégète des mythes doit tenir compte de ce que, sur le fond d'une matrice fixe, archétypale, l'imagination recrée, régénère, construit de nouvelles histoires. Le mythe est donc à la fois une mémoire et une respiration, les deux étant indispensables à la vie. C'est pour cela que l'atlas mythique est en perpétuelle transformation, et que sa grammaire est une constante déclinaison. Suivant les périodes historiques, un mythe est mutable, à la fois le même et différent, il est constamment démultiplié en plusieurs versions. Il se conjugue au pluriel. C'est plus un thème qu'un texte. Il varie, il vit, il a une dissémination. C'est pour cela qu'il a besoin de la littérature, et plus généralement de la création artistique, pour s'incarner.

Les méthodologies de l'imaginaire nous permettent alors de mieux comprendre – nous espérons l'avoir montré – comment l'imaginaire des Romains doit être saisi à la fois dans ses contradictions et dans sa capacité à dépasser ces contradictions, à s'en nourrir. C'est même là une des caractéristiques essentielles expliquant l'extraordinaire réussite de l'*Imperium Romanum* : concilier à la fois le centre et la périphérie, l'endogène et l'exogène, la fermeture et l'ouverture (on se souvient des portes du temple de Janus…), la loi et le jeu, la Rome monumentale et la Rome labyrinthique, l'institution et l'invention.

Donc, comme le souligne Paul Veyne dans la préface de ce livre, historiens et spécialistes de l'imaginaire des sociétés ont tout à gagner à échanger et à construire ensemble, en dialogue, et dans une convivialité civilisée, une relecture plus complexe des mentalités antiques. Selon l'élégante formule d'E. Morin, « la pensée rationnelle a besoin de son double[4] ». Toutes les approches épistémologiques dont nous disposons ne seront pas de trop pour décrypter ces visages multiples et protéiformes. Puisse ce travail y contribuer modestement.

4. E. Morin, *La Méthode*, III, Paris, Seuil,1986, p. 175-176.

Bibliographie

AIGRISSE Gilberte, *Psychanalyse de la Grèce antique*, Paris, Les Belles Lettres, 1960.

BARDON Henry, *Le Génie latin*, Bruxelles, Latomus, 1963.

BÉARD Mary, NORTH John et PRICE Simon, *Religions de Rome* (trad. française ; éd. originale Cambridge, 1998), Paris, Picard, 2006.

BEAUJEU Jean, « L'enfant sans nom de la *IVe Bucolique* », *Revue des études latines*, 60, 1982, p. 173-197.

BERTALANFFY Ludwig von, *Théorie générale des systèmes*, Paris, Dunod, 1973.

BOAS George, *The Cult of Childhood*, Londres, Warburg, 1966.

BOIA Lucian, *Pour une histoire de l'imaginaire*, Paris, Les Belles Lettres, coll. « Vérité des mythes », 1998.

BOSETTI Gilbert, *L'Enfant-dieu et le Poète,* Grenoble, ELLUG, 1997.

BOULOGNE Jacques (dir.), *Les Systèmes mythologiques*, Lille, Presses universitaires du Septentrion, 1997.

CAILLOIS Roger, *Le Mythe et l'homme*, Paris, Gallimard, 1938.

CARCOPINO Jules, *Virgile et le mystère de la* IVe Églogue, Paris, L'Artisan du Livre, 1930.

CHAUVIN Danièle, Siganos André et Walter Philippe (dir.), *Questions de mythocritique*, Paris, Imago, 2005.

CLAIR Jean, *Méduse. Contribution à une anthropologie des arts du visuel*, Paris, Gallimard, 1989.

D'ANNA Nuccio, *Mistero e Profezia. La IVe Egloga di Virgilio e il rinnovamento del mondo*, Cosenza, Ed. Lionello Giordano, 2007.

D'ANTO Vincenzo, « Il puer della IVe Egloga virgiliana », *Latomus*, 1964, p. 258-270.

DEFORGE Bernard, *Le Commencement est un dieu. Un itinéraire mythologique*, Paris, Les Belles Lettres, coll. « Vérité des mythes », 2e éd., 2004.

DEONNA Waldemar, *Le Symbolisme de l'œil*, Paris, De Boccard, 1965.

DESOILLE Robert, *Le Rêve éveillé en psychothérapie. Essai sur la fonction de régulation de l'inconscient collectif*, Paris, PUF, 1945.

DETIENNE Marcel, *L'Invention de la mythologie*, Paris, Gallimard, 1981. – *Apollon le couteau à la main*, Paris, Gallimard, 1998.

DEVEREUX Georges, « The Self-Blinding of Oedipous in Sophocles' *Oedipous Tyrannos* », *The Journal of Hellenic Studies*, 1973.

DIEL Paul, *Le Symbolisme dans la mythologie grecque, étude psychanalytique*, Paris, Payot, 1952 (1975).

DODDS Eric R., *Les Grecs et l'irrationnel*, Paris, Aubier-Montaigne, 1965 (éd. originale, Berkeley, 1959).

DURAND Gilbert, *Les Structures anthropologiques de l'imaginaire*, Paris, Dunod, 1960 (11e édition, 1992). – *Figures mythiques et visages de l'œuvre. De la mythocritique à la mythanalyse*, Paris, Dunod, 1992. – *L'Imaginaire. Essai sur les sciences et la philosophie de l'image*, Paris, Hatier, 1994. – *Introduction à la mythodologie. Mythe et société*, Paris, A. Michel, 1995.

ELIADE Mircea, *La Nostalgie des origines*, Paris, Gallimard, 1971.

FREUD Sigmund, « La tête de Méduse », *Résultats, idées, problèmes*, 1921-1938, Paris, PUF, 1985.

FRONTISI-DUCROUX Françoise et VERNANT Jean-Pierre, *Dans l'œil du miroir*, Paris, 1997.

HADOT Pierre, *Exercices spirituels et philosophie antique*, Paris, Éd. Augustiniennes, 1981.

HILLMAN James, « *Senex* and *Puer*: an Aspect of the Historical and Psychological Present », *Eranos Jahrbuch, Polarität des Lebens*, Rhein Verlag, Zürich, 1968, p. 301-360. – *Le Polythéisme de l'âme*,

Paris, Mercure de France-Le Mail, 1982. – *Puer aeternus*, Florence, Adelphi, 1999.

JEANMAIRE Henri, *Le Messianisme de Virgile*, Paris, Vrin, 1930.

JUNG Carl Gustav et KÉRÉNYI Carl, *Introduction à l'essence de la mythologie*, Paris, Payot, trad. française, 1993 (1953 ; éd. originale, Zurich, Rhein Verlag, 1941).

JUNG Carl Gustav, *Métamorphoses de l'âme et ses symboles*, Genève, Georg, 1953.

KUNDERA Milan, *L'Art du roman*, Paris, Gallimard, 1986.

LORAUX Nicole, « Ce que vit Tirésias », *L'Esprit du temps*, 2, 1982.

LUPASCO Stéphane, *Le Principe d'antagonisme et la logique de l'énergie*, Paris, Hermann, 1984.

MAFFESOLI Michel, *Éloge de la raison sensible*, Paris, Grasset, 1996.

MANSON Michel, « L'enfant et l'âge d'or. La *IVe Églogue* de Virgile », *Présence de Virgile*, Paris, 1978, p. 49-62.

MILNER Max, *On est prié de fermer les yeux*, Paris, Gallimard, 1991.

MOREAU Alain, *La Fabrique des mythes*, Paris, Les Belles Lettres, coll. « Vérité des mythes », 2006.

MORIN Edgar, *La Méthode,* III. *La Connaissance de la connaissance*, Paris, Seuil, 1986. – *La Tête bien faite. Repenser la réforme. Réformer la pensée*, Paris, Seuil, 1999.

NEUMANN Eric, *Amor und Psyche. Deutung eines Märchens. Ein Betrag zur seelischen Entwicklung des Weiblichen*, Freiburg, Olten, 1984.

NICOLAIDIS Graziella et Nicolas, *Mythologie grecque et psychanalyse*, Neuchâtel, Delachaux et Niestlé, 1994.

NORDEN Eduard, *Die Geburt des Kindes*, Leipzig, Teubner, 1924.

NYBERG Bertel, *Kind und Erde*, Helsinki, Helsingfors, 1931.

PIGEAUD Jackie, *La Maladie de l'âme. Étude sur la relation de l'âme et du corps dans la tradition médico-philosophique antique*, Paris, Les Belles Lettres, 1981.

RAMNOUX Clémence, *La Nuit et les Enfants de la Nuit dans la tradition grecque*, Paris, Flammarion, 1959.

RANK Otto, *Le Mythe de la naissance du héros*, Paris, Payot, 1983.

ROBERT Jean-Marc, *Rome, la gloire et la liberté. Aux sources de l'identité européenne,* Paris, Les Belles Lettres, 2008.

RUDHARDT Jean, « Une approche de la pensée mythique : le mythe considéré comme un langage », *Studia Philosophica*, 1966, p. 208-237.

SIMON Gérard, *Le Regard, l'être et l'apparence dans l'optique de l'Antiquité*, Paris, Seuil, 1988.

THOMAS Joël

—, *Structures de l'imaginaire dans l'*Énéide, Paris, Les Belles Lettres, 1981.

—, « L'*Énéide* et le rêve éveillé de R. Desoille : épopée initiatique et psychothérapie », *Euphrosyne,* XVII, Lisboa, 1989, p. 245-254.

—, « Racines ou rhizomes ? La romanité comme métissage », in *Arquetipologia general de la dinàmica transcultural : el problema de l'Altre, Anuari de filologia*, vol. XXIV, n° 12, Barcelona, 2002, p. 57-70.

—, « Les Passeurs dans l'*Énéide* » in *Figures du Passeur* (P. Carmignani dir.), Perpignan, Presses universitaires, 2002, p. 199-216.

—, « Imaginaires de l'exil : Ovide chez les Scythes, revisité par David Malouf », in *Éclipses et surgissements de constellations mythiques – Littératures et contexte culturel – Champs francophones*, Actes du colloque international des CRI (Nice, 22-24 mars 2001), *Loxias*, revue du CRLP, n° 2-3, Nice, Publications de la faculté des lettres de Nice, 2002, p. 37-64.

—, « Lumières, rythmes et couleurs dans l'*Énéide* et *La Divine Comédie* », in *Rythmes et lumières de la Méditerranée* (P. Carmignani, J.-Y. Laurichesse et J. Thomas éd.), 2003, Actes du colloque de Perpignan (20-23 mars 2002), Perpignan, Presses universitaires, Coll. « Études », p. 27-38.

—, *L'Imaginaire de l'homme romain. Dualité et complexité*, Bruxelles, Latomus, 2006.

—, « Virgile, les Romains et la guerre », in *La Méditerranée à feu et à sang. Poétique du récit de guerre*, Actes du colloque international de Perpignan (2-4 juin 2005), Perpignan, Presses universitaires, 2006, p. 25-33.

—, « Corps humilié et corps de transfiguration dans l'*Énéide* », in *Le Corps dans les cultures méditerranéennes*, Actes du colloque international de Perpignan (30-31 mars et 1er avril 2006), P. Carmignani, M. Courrént,

T. Éloi et J. Thomas dir., Perpignan, Presses universitaires, 2007, p. 67-75.

—, « Le sentiment de l'exil chez Virgile et Ovide », in *Euphrosyne*, XXXVI, Lisboa, 2008, p. 199-209.

—, « Mémoire et travail d'écriture chez Virgile et Ovide », in *Mémoire et identité. Parcours dans l'imaginaire occidental* (P.-A. Deproost, L. Van Ypersele et M. Watthee-Delmotte dir.), Louvain, Presses universitaires, 2008, p. 347-356.

—, « Est-il légitime d'avoir recours à la psychanalyse comme mode interprétatif de la culture antique ? », in *Euphrosyne*, XXXVI, Lisboa, 2009, p. 279-290.

—, « La Rome antique et l'Europe : un héritage et des malentendus », in *Des mythes politiques* (F. Monneyron et A. Mouchtouris dir.), Paris, Imago, 2010, p. 60-72.

—, « Une relecture de l'*Énéide* : *La Créüside* de Magda Szabo », in *Euphrosyne,* XXXVIII, Lisboa, 2010, p. 391-398.

—, « De la déchéance à l'échéance : figures de l'exil dans l'*Énéide* », in *Exils* (H. Carrera dir.), Perpignan, Presses universitaires, 2010, p. 199-210.

—, « *Puer aeternus*. Figures de l'Enfant chez Virgile », in *Retour vers les enfances méditerranéennes* (I. Dubois dir.), Actes du colloque international de Perpignan (15-17 octobre 2008), Perpignan, Presses universitaires, 2011, p. 49-61.

—, « Les intuitions de la civilisation antique, au miroir du structuralisme et des neurosciences », in *Science et imaginaire*, Cahiers du CEIL, Lisbonne, 2013, http://www.ceil.fcsh.unl.pt/cadernos/PDF/5_CCEIL2_2012_JT.pdf.

—, (et Monneyron Frédéric), *Mythes et littérature*, Paris, PUF, « Que sais-je ? », 2e éd., 2012.

—, (dir.), *Introduction aux méthodologies de l'imaginaire*, Paris, Ellipses, 1998.

Vernant Jean-Pierre, *La Mort dans les yeux. Figures de l'autre en Grèce ancienne*, Paris, Hachette, 1998. – *Figures, idoles, masques*, Paris, Julliard, 1990.

VEYNE Paul, *Les Grecs ont-ils cru à leurs mythes ? Essai sur l'imagination constituante*, Paris, Seuil, 1983. – *L'Empire gréco-romain*, Paris, Seuil, 2005.

VON FRANZ Marie-Louise, *The Problem of the Puer Aeternus*, Inner City Books, Toronto, 2000.

WUNENBURGER Jean-Jacques, *La Raison contradictoire. Sciences et philosophie modernes : la pensée du complexe*, Paris, A. Michel, 1990. – *Le Sacré*, Paris, PUF, « Que sais-je ? », 1990. – *L'imaginaire*, Paris, PUF, « Que sais-je ? », 2003.

Table des matières

Deuxième partie
DE LA MYTHOCRITIQUE À LA MYTHANALYSE : L'IMAGINAIRE GRÉCO-ROMAIN

Cet ouvrage,
le quarante-cinquième de la collection
« Vérité des Mythes »
publié aux Éditions Les Belles Lettres
a été achevé d'imprimer
en juin 2015
sur les presses
de la Nouvelle Imprimerie Laballery
58500 Clamecy

N° d'éditeur : 8121
N° d'imprimeur : 506186
Dépôt légal : juillet 2015
Imprimé en France